教育部哲学社会科学研究后期资助项目"中部地区教育水平及其结构双
差距的影响研究：基于农村与城镇二维视角"（项目编号：18JHQ09

经济管理学术文库·经济类

中部地区教育水平及其结构 对收入水平、结构与差距的影响： 基于农村与城镇二维视角

The Impact of Education Level and Its Structure on Income Level,
Structure and Gap in Central China:
Based on the Two-dimensional Perspective of Rural and Urban Areas

阙大学　吕连菊／著

经济管理出版社
ECONOMY & MANAGEMENT PUBLISHING HOUSE

图书在版编目（CIP）数据

中部地区教育水平及其结构对收入水平、结构与差距的影响：基于农村与城镇二维视角/
阚大学，吕莲菊著．—北京：经济管理出版社，2022.1
ISBN 978 - 7 - 5096 - 8292 - 0

Ⅰ.①中…　Ⅱ.①阚…②吕…　Ⅲ.①乡村教育—影响—农民收入—研究—中国②城市教
育—影响—居民收入—研究—中国　Ⅳ.①G725　②F323.8　③G779.2　④F126.2

中国版本图书馆 CIP 数据核字（2022）第 012251 号

组稿编辑：郭　飞
责任编辑：郭　飞
责任印制：黄章平
责任校对：董杉珊

出版发行：经济管理出版社
　　　　　（北京市海淀区北蜂窝 8 号中雅大厦 A 座 11 层　100038）
网　　址：www. E - mp. com. cn
电　　话：（010）51915602
印　　刷：唐山玺诚印务有限公司
经　　销：新华书店
开　　本：720mm × 1000mm/16
印　　张：13.5
字　　数：205 千字
版　　次：2022 年 3 月第 1 版　2022 年 3 月第 1 次印刷
书　　号：ISBN 978 - 7 - 5096 - 8292 - 0
定　　价：88.00 元

序

目前，中部地区居民收入水平较低，居民收入结构不合理，收入差距相对较大。如何提高中部地区居民收入水平，优化居民收入结构，缩小收入差距，是一个极具研究价值的课题。

现有文献均是从单一视角来分析教育对收入的影响，本书首次基于农村与城镇二维视角，将农村与城镇两方面融合起来探究教育水平及其结构对收入水平、结构与差距的影响，研究视角较为新颖。现有文献鲜有实证研究农村教育结构对农民收入结构的影响、城镇教育对居民收入的影响、城镇教育结构对城镇居民收入结构的影响、教育结构对城乡收入差距的影响、农村教育结构对农村收入差距的影响、城镇教育结构对城镇收入差距的影响，而本书弥补了这些不足。本书首次对中部地区农村教育结构对农民收入来源结构和收入水平结构的影响、城镇教育水平及其结构对城镇居民收入及其来源结构和水平结构的影响、农村教育结构对中部地区农村收入差距的影响、城镇教育结构对中部地区城镇收入差距的影响进行实证分析，同时分省会地区、地级市地区和县级市地区进一步探讨，在研究内容上有较大的创新。同时，本书主要采用了计量经济学中的向量自回归模型、广义脉冲响应函数、方差分解方法、系统广义矩估计法研究，在研究方法上较为新颖。

在当前深化供给侧结构性改革重要时期，本书有助于及时出台各项有针对性的政策措施以推进中部地区农村教育与城镇教育改革，有助于中部地区及其各省会、地级市和县级市地区制定科学合理的教育发展政策，实现中部地区农民收入和城镇居民收入水平提高，农民收入结构与城镇居民收入结构优化，农村收入差距、城镇收入差距以及城乡收入差距缩小，有较高的学术价值。

罗良文

中南财经政法大学经济学院

前　　言

自改革开放以来，中部地区农村和城镇教育发展取得了显著成绩，农村居民和城镇居民平均受教育程度不断提高，但与东部地区相比，中部地区农村教育和城镇教育发展整体滞后。与此同时，中部地区农民收入和城镇居民收入较改革开放初期有了大幅增长，农民和城镇居民收入来源日趋多元化，但农民收入结构和城镇居民收入结构依然不合理，且中部地区农村收入差距、城镇收入差距以及城乡收入差距较大。那么，为了提高中部地区农民和城镇居民收入水平，优化农民收入结构和城镇居民收入结构，缩小农村收入差距、城镇收入差距以及城乡收入差距，中部地区应如何发展农村教育和城镇教育，侧重发展农村和城镇哪一层次教育，显然是一个值得思考和极具现实意义的问题。

基于上述思考，本书从农村与城镇两个维度探讨中部地区教育水平及其结构对收入水平、结构与差距的影响。首先，较为全面系统地分析教育水平及其结构对收入水平、结构与差距的影响机理。其次，以中部地区为样本，基于动态面板数据，运用系统广义矩估计等实证方法，克服现有文献中方法的不足，实证分析中部地区农村教育水平及其结构对农民收入水平和结构的影响、城镇教育水平及其结构对城镇居民收入水平和结构的影响。最后，实证研究农村教育水平及其结构对中部地区农村收入差距的影响、城镇教育水平及其结构对中部地区城镇收入差距的影响、教育水平及其结构对中部地区城乡收入差距的影响，进一步分地区类型（省会地区、地级市地区和县级市地区）研究。通过该项研究，有助于为中部地区及其各省会、地级市和县级市制定科学合理的教育发展政策，以提高农民收入与城镇居民收入水平，优化农民收入结构与城镇居民收入结构，缩小农村收入差距、城镇收入差距以及城乡收入差距。

目　　录

第1章　绪论

1.1　研究背景及研究意义

自改革开放以来，中部地区农村和城镇教育发展水平均得到了显著提高，其中农村 15 岁及以上文盲、半文盲人口占 15 岁及以上人口数比重不断降低，1982 年该比率为 38.25%，2018 年下降为 4.51%；农民平均受教育程度不断提高，1982 年农民平均受教育年限为 3.42 年，2018 年上升为 8.17 年。与东部地区相比，中部地区农村教育发展整体滞后[1]。与此同时，中部地区农民收入较改革开放初期有了大幅增长，农民收入年均增长 12.07%。2018 年，中部地区农村居民人均可支配收入达 13851.17 元，同比增长 8.99%。农民收入来源日趋多元化，非农收入比重不断提高，2018 年非农收入比重为 39.53%。但中部地区农村居民人均可支配收入依然较低，较全国平均水平和东部地区分别低了约 766 元和 6887

---

① 东部地区包括北京、天津、河北、上海、江苏、浙江、福建、山东、广东和海南 10 个省份；中部地区包括山西、安徽、江西、河南、湖北、湖南 6 个省份；东北地区包括辽宁、吉林、黑龙江 3 个省份；西部地区包括内蒙古、广西、四川、重庆、贵州、云南、西藏、陕西、甘肃、青海、宁夏、新疆 12 个省份。

元，同时，中部地区农民农业收入占比较高，其他收入占比较低，农民收入结构不合理。为了提高农民收入水平，优化农民收入结构，中部地区应如何发展农村教育，侧重发展农村哪一层次教育，显然是一个值得思考和极具现实意义的问题。另外，就城镇居民人均可支配收入而言，改革开放以来中部地区显著增加，2018 年为 33712.39 元，但较全国平均水平低了 5538.61 元，与东部地区差距更加明显，2018 年只有东部地区的 71.11%，相差约 13699 元；中部地区城镇居民收入结构也不合理。为了提高城镇居民可支配收入水平，优化城镇居民收入结构，中部地区又应如何发展城镇教育，侧重发展哪一层次教育，显然也是一个值得思考和极具现实意义的问题。此外，中部地区城乡居民收入差距较大，2018年城镇居民人均可支配收入是农村居民人均可支配收入的 2.43 倍，农村与城镇内部收入差距依然较大。那么在提高农民与城镇居民收入水平，改善农民与城镇居民收入结构的同时，中部地区该侧重发展农村教育和城镇教育中哪一层次教育，缩小农村收入差距、城镇收入差距以及城乡收入差距显然值得关注。基于上述思考，本书从农村与城镇两个维度分析中部地区教育水平及其结构和收入水平、结构与差距情况，探讨中部地区教育水平及其结构对收入水平、结构与差距的影响机理，并进行实证研究，为中部地区制定科学合理的教育发展政策提供对策建议。

本书的理论意义：就教育水平及其结构对收入水平、结构与差距的影响进行系统全面分析，有助于拓展现有文献的理论分析结论，充实教育理论以及完善收入分配理论的研究内容。为中部地区提高农民与城镇居民收入水平，改善农民与城镇居民收入结构的制度设计提供新的理论基础，也为中部地区缩小农村收入差距、城镇收入差距以及城乡收入差距提供新的理论依据。

本书的现实意义：当前，我国经济增长放缓，各个领域都在推进改革，本书有助于及时出台各项有针对性的政策措施推进农村教育与城镇教育改革，实现中部地区农民收入和城镇居民收入水平提高，农民收入结构与城镇居民收入结构优化；又能在推进农村教育与城镇教育改革过程中制定以缩小农村收入差距、城镇收入差距以及城乡收入差距为目的，以不同层次农村教育与城镇教育为落脚点的短期措施与长期战略。可见，本书研究内容有着重要的现实指导意义。

1.2　国内外研究现状

1.2.1　教育水平对收入水平的影响：几乎没有以城镇为样本的研究

关于教育水平与收入水平间的关系国内外已经有了很多的系统研究，成果丰硕，如舒尔茨的人力资本理论和明瑟的人力资本理论，后者利用自己创立的明瑟收入函数模型实证发现正规教育水平促进了个人收入增加；Borensztein（2000）、Autor 等（2003）、George 和 Harry（2004）、De Brauw 和 Rozelle（2008）、Connolly 和 Gottschalk（2009）、Malamud 和 Cristian（2010）、Newhouse 和 Suryadarma（2011）、Ferreri 和 Gerxhani（2011）、Hannum 等（2012）、Bonsang 和 Van（2012）、Meng 等（2013）、Kapteyn 等（2013）、Sahi（2013）、Ngo（2014）、Umar 等（2014）、Guardiola 和 Guillen（2015）、Thapa（2015）、Medeiros 和 Galvao（2016）、Ozturk（2016）、Kayet 和 Mondal（2017）、Naito 和 Nishida（2017）、Alexandersen 等（2021）、Marcella（2021）以西班牙、印度尼西亚、欧洲、美国、荷兰、印度、尼日利亚、巴西、土耳其、尼泊尔等国家和地区为样本进行的实证研究也得到了相似结论。国内学者关于教育水平对收入水平的影响也进行了深入研究（张学敏和张明，2016；董良，2016；Chen 等，2016），主要是研究农村教育水平对农民收入水平的影响，涉及城镇教育水平对居民收入水平影响的研究很少，只有陈迅和张艳云（2008）、陈漫雪等（2015）、贺寨平和董浩轩（2018）三篇文献。关于农村教育水平对农民收入水平的影响研究包括分析农村教育水平对农民收入水平的影响机理，现有文献主要认为教育通过提高农业生产率（白菊红，2003）、促进农民转移到城市（赵耀辉，1997；张烨，2013）、有利于农民职业转换（Nee，1996；温涛等，2017）、提高农民就业能力（吴振华，2015）等提高了农民收入。关于农村教育水平对农民收入水平影响的实证分析则包括以国家为样本和以单个地区（省、市）为样本两方面研究。

（1）以国家为样本对象的实证研究。大多数文献实证发现农民受教育程度提高显著促进了农民收入增长。陈贤银（2004）、张优智（2006）、李莉（2006）、郭志仪和常晔（2007）、娄世艳和李建民（2008）、宋英杰（2010）、徐辉和黎东升（2011）、朱韵洁和于兰（2011）、卫龙宝等（2012）、黄斌和钟晓琳（2012）、王冲（2013）、柳光强等（2013）、Zhang 等（2014）、Schendel 等（2014）、袁伟彦和周小柯（2015）、杨娟和高曼（2015）、Panda（2015）、刘魏等（2016）、Saadv 和 Adam（2016）、Toth 和 Giller（2016）、彭妮娅（2021）分别利用不同层面数据（时间序列数据、截面数据、省级面板数据）实证分析发现受教育程度提高，农民收入水平也随之提高；张茜（2007）、辛岭和王艳华（2007）、楼裕胜（2009）利用时间序列数据对两者的动态关系进行协整分析，发现农村劳动力受教育程度是农民收入的格兰杰原因，农村劳动力受教育程度对农民收入的影响是长期的、显著的；但部分学者实证得到的结论却是较为复杂的，如李实和李文彬（1994）基于全国 28 个省份数据资料，研究发现教育对居民收入的作用在中国并没有显现出来；邹薇和张芬（2006）拓展 Lucas 模型，实证发现农村教育与农民收入存在着不确定的关系；姚旭兵等（2015）利用 PVAR 模型研究发现在经济不发达区域和次发达区域，农村平均受教育程度的提高促进了农民收入增加，前者最为显著，而在发达区域，农村平均受教育程度提高不利于农民收入增长；刘新智和刘雨松（2016）则实证发现农村人力资本积累对农民收入的作用并不显著，且在不同地区和不同时期差异较大，出现了"教育抽水机"现象。此外，刘唐宇和许文兴（2008）、蒋太红和赵佳荣（2010）、刘万霞（2011）、刘宏和毛明海（2015）、Luan 等（2015）、袁航和刘景景（2016）、史新杰等（2021）分别实证研究了农村非义务教育、中等职业教育、职业教育、村领导受教育程度、教育培训、基础教育对农民收入的影响。

（2）以单个地区为样本的实证研究。学术界关于单个地区农村教育对农民收入的影响研究也很丰富，任国强（2004）、刘纯阳（2005）、李谷成等

（2006）、张艳华和李秉龙（2006）、卢启程等（2007）、杨菊（2008）、王婷和汪
三贵（2009）、张绍赢（2010）、肖萍（2010）、冯哲英（2011）、朱田和栾敬东
（2012）、周红利和和荣（2012）、郑程挺（2012）、窦婷婷（2012）、熊萍
（2013）、刘燕梅和段小红（2013）、彭傲天（2013）、翟珊（2014）、梁树广
（2014）、成侃（2015）分别实证分析了天津、湖南、湖北、云南、贵州、浙江、
甘肃、安徽、北京、河北、重庆、河南、福建、内蒙古、山东、山西等省份的农
村教育对农民收入的影响，均发现前者促进了后者增长。此外，周亚虹等
（2010）运用苏北地区家庭调研数据发现农村职业教育对提高农民家庭收入具有
显著的影响；彭长生和钟钰（2014）基于安徽省农户调查样本数据，运用有序
Logistic 模型研究发现受教育年限或学历虚拟变量对农民收入分化的影响不显著，
受教育水平的提高显著地降低了农业就业户主的收入水平；王红姝等（2014）构
建农民教育投资与非农收入的 PLS 模型，研究了农民教育投资对黑龙江省农民非
农收入的影响；方超（2020）则探讨了中职教育对农村劳动力的非农收入水平的
影响。

1.2.2　教育水平及其结构对收入及其结构的影响：现有文献关注过少

目前，现有文献很少涉及教育水平及其结构对收入及其结构的影响研究，相
关研究包括三方面：一是研究农村教育对收入结构的影响（仅发现 2 篇文献），
阳欢和李峰（2011）以江西省为例进行实证分析发现农民受教育年限对其收入结
构具有明显影响；谭银清等（2014）则就农民受教育程度对我国农民收入来源和
结构的影响进行了深入的分析，从总体来看，农民平均受教育年限对不同来源的
农民收入的影响显著性及影响方向并不一致。二是研究农村教育结构对收入的影
响（仅发现 1 篇文献），宋玉兰等（2017）以新疆南疆三地州少数民族地区为样
本，实证研究了农村教育结构对少数民族贫困农民收入的影响。三是就城镇教育
结构对收入的影响进行分析（仅发现 1 篇文献）。杜育红和孙志军（2003）以内
蒙古赤峰市城镇地区为样本，实证发现大学教育的收益率最高，并且与初中教育
相比，高中教育对收入的作用微乎其微。

1.2.3 收入结构影响因素研究：未纳入教育因素

（1）农民收入结构影响因素研究。杨小玲（2009）实证分析了1978～2008年我国农村金融发展对农民收入结构的影响；叶彩霞等（2010a，2010b）实证分析了中国城市化进程和地区差异对农民收入结构的影响程度；尤梅芳（2011）、张萌（2014）、王承宗（2015）、荣庆娇等（2015）分别研究了产业结构、乡村旅游、农业投资、集体林主体改革及配套改革对农民收入结构的影响；任淑荣（2007）、孙华臣和王晓霞（2008）、刘洁和陈方（2009）、杜华章（2011）、蒋彩娜（2013）、张云芳（2014）、Muhammad（2014）、魏青（2015）、Huang等（2016）则分别实证分析了河南、江苏、珠三角、甘肃定西、福建、黑龙江等地区农民收入结构的影响因素，但均未考察教育因素对农民收入结构的影响。

（2）城镇居民收入结构的影响因素探讨。陈刚等（2011）、王晓芳等（2015）、朱建华（2016）、赖志花等（2016）分别实证分析了腐败、税收、经济增长、通货膨胀、城市化进程对城镇居民收入结构的影响。

1.2.4 教育水平及其结构对收入差距的影响

（1）教育对城乡收入差距的影响。目前，现有文献主要集中于这方面研究，赖德胜（1997）、万广华等（2005）、孙百才（2006，2009）、赵丽秋（2006）、田士超和陆铭（2007）、邢春冰（2008）、陈斌开等（2010）、徐舒（2010）、周金燕和钟宇平（2010）、刘渝琳和陈玲（2012）、习明明和张进铭（2012）、杨晓军（2013）、杨娟等（2015）、李祥云等（2016）、Wu和Li（2016）、詹国辉和张新文（2017）、方超等（2018）、于潇和陈世坤（2019）、廖毅和张薇（2019）、王轶等（2019）、关会娟等（2019）、Nie和Xing（2019）、Zhou和Zhao（2019）、陈锋（2020）分别利用时间序列数据和面板数据实证研究了我国及其不同省份教育对城乡收入差距、城乡收入分配或城乡收入不平等的影响，具有代表性的研究结论如陈斌开等（2010）研究发现教育水平差异导致了中国城乡收入差距拉大，其贡献程度达 34.69%，是最重要的影响因素；杨晓军（2013）基于省级面板数据实证发现教育投资有助于缩小中国城乡收入差距，但存在区域异质性；杨娟等（2015）构建了一个四期的世代交叠模型，分析发现义务教育是影响收入差距的主要原因之一，仅次于天生禀赋；李祥云等（2016）运用省级面板数据实证发现居民平均受教育年限与居民收入差距之间存在倒"U"形关系；詹国辉和张新文（2017）研究发现教育资本与城乡收入差距间呈非线性关系，在阈值水平区间内两者是正相关关系，超过阈值水平两者是负相关关系；方超等（2018）构建双对数模型，实证发现研究生教育规模扩张不仅缩小了本地区收入差距，也有助于邻近地区收入差距缩小；田盈等（2020）则研究发现职业教育规模扩大和质量提升都会显著降低城乡收入差距；Battistón 和 Gasparini（2014）、Khan 等（2015）、Celikay 和 Sengur（2016）、Park（2017）、Tong 和 Luo（2017）、Ali 等（2017）、Manna 等（2017）、Pellegrini（2017）、Rehman 和 Muhammad（2017）、Qazi 等（2018）、Hall（2018）、Shahabadi 等（2018）、Coady 和 Dizioli（2018）、Arshed 等（2018，2019）、Panori 和 Psycharis（2019）则分别对伊朗、拉丁美洲、孟加拉国、欧洲、亚洲、巴基斯坦、南非、巴西、斯洛伐克、希腊等国家和地区的教育对城乡收入差距的影响进行了分析。

（2）教育结构对城乡收入差距的影响。学者对此研究较少，如罗勇等（2013）、蔡武和陈广汉（2013）、何旭波和郑延平（2013）、李昕和关会娟（2018）、蔡文伯和黄晋生（2019）主要分析了低教育水平和高教育水平是如何影响城乡收入差距的；马磊（2016）则实证发现中西部地区提高大专及以上学历的劳动力相对占比有助于城乡之间人均工资收入比下降，降低中西部地区城乡收入不平等程度。

（3）农村教育水平及其结构对农村收入差距的影响。现有文献仅关注了农村教育对农村收入差距的影响，如高梦滔和姚洋（2006）、万广华和张藕香（2006）、张东辉和司志宾（2007）、姚洪心和王喜意（2009）、熊广勤和张卫东（2010）、李国璋等（2013）、程名望等（2014）、孙敬水和于思源（2014）、李婷婷等（2016）、吴振华和张学敏（2017）、崔玉平和吴颖（2017）、方超和黄斌

（2017，2019）、柳光强和杨芷晴（2019）、张永奇和马梦迪（2020）的研究，但并未实证分析农村教育结构对农村收入差距的影响。

（4）城镇教育水平及其结构对城镇收入差距的影响。现有文献很少关注此方面研究，张宗益等（2012）基于1791个城市居民抽样调查数据，分析发现受教育程度是影响深圳市和重庆市两个城市居民收入分配差距最核心的因素；田柳和周云波（2017）基于1989~2011年的数据，实证发现教育因素导致城镇居民收入差距的上升趋势更加明显，组间差距呈倒"U"形；李黎明和许珂（2017）基于中国综合社会调查数据，利用分位回归模型研究发现教育有助于城镇居民收入差距缩小；王少国和邓阳（2020）利用省级面板数据，研究发现教育投入的增加能够对城镇收入差距形成收敛作用，并且教育投入对财产性收入份额的门槛效应具有显著区域异质性特征；吴强等（2020）则利用公共教育投入的宏观数据和城镇居民教育支出的微观数据研究了教育投入对城镇居民收入差距的影响。可见，上述文献并未关注城镇教育结构对城镇收入差距的影响。

1.2.5　现有文献述评

在研究内容与研究范围上，学者关于农村教育对农民收入影响所进行的研究取得了丰硕成果，但目前文献关于教育对收入的影响机理分析基本上是零散的研究，且实证分析并没有得出一致的结论。首先是大多数文献在实证研究时难以克服其内在的缺陷，如自相关性、异方差、内生性问题等，导致实证结果不够稳健。其次是各省市农村自然条件、地理位置、要素禀赋，受教育程度、经济发展水平不同，致使实证结果存在差异。最后是关于农村教育结构对农民收入结构影响的实证研究几乎没有，且尚未发现针对中部地区的研究。至于城镇教育对居民收入影响的实证文献也很少，城镇教育结构对城镇居民收入结构的影响则尚未有人研究，学者多是测度分析农村与城镇居民收入结构，探讨其经济效应，在研究农村与城镇居民收入结构的影响因素时，并未纳入教育这一因素。此外，现有文献主要集中于教育对城乡收入差距的影响以及农村教育对农村收入差距的影响，较少关注教育结构对城乡收入差距的影响研究，对于农村教育结构对农村收入差距的影响与城镇教育结构对城镇收入差距的影响，均尚未发现有文献研究，而城镇教育对城镇收入差距的影响也基本无人探讨。在研究技术层面，目前研究对教育水平及其结构作用于收入及其结构的动态影响，以及作用于城乡收入差距的动态影响显然研究不足。

本书将弥补上述不足，丰富现有文献，较为系统地分析教育水平及其结构对收入水平、结构与差距的影响机理。本书首次以中部地区为样本，基于动态面板数据，运用系统广义矩估计等实证方法，克服现有文献中方法的不足，实证分析中部地区农村教育水平及其结构对农民收入水平及结构的影响、城镇教育水平及其结构对城镇居民收入水平及结构的影响；并实证研究农村教育水平及其结构对中部地区农村收入差距的影响、城镇教育水平及其结构对中部地区城镇收入差距的影响、教育水平及其结构对中部地区城乡收入差距的影响，进一步分地区类型（省会地区、地级市地区和县级市地区）进行研究。通过该项研究，为中部地区及其各省会、地级市和县级市制定科学合理的教育发展政策，为提高农民收入与城镇居民收入水平，优化农民收入结构与城镇居民收入结构，缩小农村收入差距、城镇收入差距以及城乡收入差距提供政策建议。

1.3　研究思路与研究方法

1.3.1　研究思路

本书选题主要来源于农民与城镇居民收入水平较低的中部地区收入结构不合理，城乡内部与城乡间收入差距较大的现实，设定的研究内容主要是源于中部地区在推进教育改革过程中如何更好地提高农民与城镇居民收入水平，优化农民与城镇居民收入结构，缩小城乡内部与城乡间收入差距。主要遵循"理论分析—现状分析—实证研究—政策建议"的研究思路就中部地区

教育水平及其结构对收入水平、结构和差距的影响进行分析。具体思路如图
1-1所示：

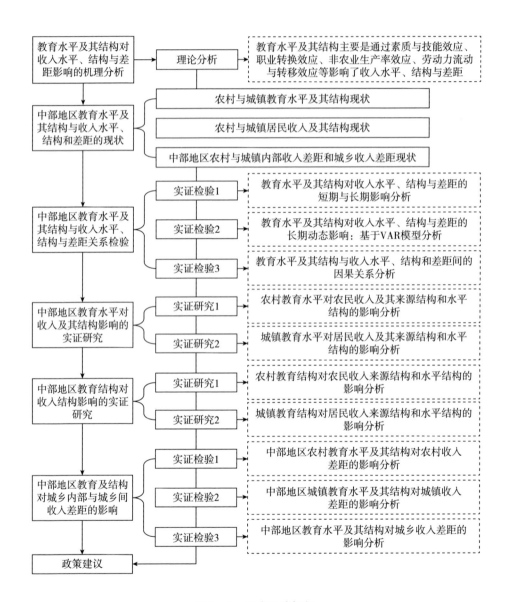

图 1-1　研究思路框架

1.3.2 研究方法

本书主要采用理论分析、实证分析和规范分析相结合的研究方法。在定性描述和理论分析的基础上，建立科学严谨的定量模型，然后通过收集相关数据，进行周密的分析，以保证本书的研究结论和政策建议具有高度的科学性和可靠性。

（1）在理论分析部分，运用演绎推理、归纳推理和规范判断的方法，对国内外已有研究成果进行梳理、归纳和总结；并紧密结合中部地区教育现状，提出具有严谨的逻辑性、周密性、系统性的教育水平及其结构对收入水平、结构与差距的影响机理，从而为后续的经验研究奠定坚实的理论基础。

（2）在实证分析阶段，首先，采用 LLC 检验、Breitung 检验、Hadri 检验、IPS 检验、Fisher－ADF 检验和 Fisher－PP 检验方法对各变量进行面板单位根检验，采用 Pedroni 检验和 Kao 检验法对变量间进行协整检验，考察中部地区教育水平及其结构对收入水平、结构和差距的短期影响与长期影响。利用 VAR 模型、广义脉冲响应函数和方差分解方法实证分析中部地区教育水平及其结构对收入水平、结构和差距的长期动态影响。利用 Granger 检验法分析中部地区教育水平及其结构与收入水平、结构和差距间的因果关系。其次，合理构建动态面板模型，采用计量经济学中的系统 GMM 法克服收入水平高、收入结构合理、教育水平原本可能就高、教育结构原本可能较为合理等产生的内生性问题实证研究中部地区教育水平及其结构对收入水平及其结构的影响。最后，基于动态面板数据模型，运用系统 GMM 法克服内生性问题实证研究中部地区教育水平及其结构对收入差距的影响。

（3）在对策建议部分，考虑到中部地区教育水平和收入水平提高，教育结构与收入结构优化，但较东部地区和全国平均水平而言，教育水平和收入水平依然较低，教育结构与收入结构有待进一步升级的现状以及收入差距较大的现实，以理论分析的逻辑结论和实证检验的数量关系为依据，针对中部地区教育存在的问题，分别从中部地区省份、城市层面深入探讨中部地区教育水平及其结构与收入水平及其结构相融以及教育水平及其结构缩小农村收入差距、城镇收入差距与城乡收入差距的对策建议。力求对策建议具有扎实的理论基础、客观的现实依据、科学的数据支撑和明确的政策含义。

1.4 研究目标与拟解决的关键问题

1.4.1 研究目标

根本目标：通过对中部地区教育水平及其结构对收入水平、结构与差距影响的理论分析与实证研究，一方面为政府部门制定相关政策进一步推进教育改革，实现收入水平提高，收入结构优化提供农村与城镇二维视角的理论依据与实证支持；另一方面为在发展农村教育与城镇教育过程中提高农民与城镇居民收入水平、优化农民与城镇居民收入结构，缩小农村收入差距、城镇收入差距以及城乡收入差距，实现教育水平及其结构与收入及其结构两者相融提供新的理论依据与实证支持。

具体目标：①基于国内外文献，厘清教育水平及其结构影响收入水平、结构与差距的机理，分析其传导机制。②基于现有各种年鉴、数据库以及调查数据，准确测度出中部地区农村与城镇教育水平及其各层次教育水平，并准确测度出中部地区农民与城镇居民收入水平及其各类收入结构以及收入差距现状及问题。③纳入不同控制变量，分别构建不同动态面板数据模型，运用系统 GMM 方法深入实证分析中部地区农村与城镇教育水平及其结构对收入水平、结构的影响效应，并分省会、地级市和县级市地区进一步实证研究。④运用系统 GMM 法分别实证分析中部地区农村教育水平及其结构对农村收入差距的影响效应、城镇教育水平及其结构对城镇收入差距的影响效应、教育水平及其结构对城乡收入差距的影响效应。

1.4.2 拟解决的关键问题

（1）在测度整体教育水平、各层次教育程度、农民与城镇居民收入水平、收入来源结构、收入水平结构、收入差距以及实证分析时均需用到中部地区各省各城市地区农村与城镇的众多变量数据，如何获取和修正十分重要，这是实证研究结论可靠性的保证。

（2）在实证研究中部地区及其省会、地级市和县级市地区农村与城镇教育水平及其结构对收入水平、结构的影响，以及实证分析中部地区及其省会、地级市和县级市教育水平及其结构对收入差距的影响时，首先构建动态面板数据模型是关键问题。本书借鉴国内外学者关于收入水平、结构与差距的影响因素研究建立相应模型。

（3）对构建的动态面板数据模型运用何种方法进行估计也是个关键问题，采用系统 GMM 估计法进行实证分析，能克服收入水平高、收入结构合理、教育水平原本可能就高、教育结构原本可能就较为合理等产生的内生性问题，使实证结果更可靠。

1.5 主要内容

第 1 章为绪论。主要包括研究背景及研究意义、国内外研究现状、研究思路与研究方法、研究目标与拟解决的关键问题、主要内容、特色与创新之处。

第 2 章为教育水平及其结构对收入水平、结构与差距的影响机理。主要包括教育水平及其结构对收入水平、结构的影响机理与教育水平及其结构对收入差距的影响机理。总结现有国内外文献，认为教育水平及其结构主要是通过素质与技能效应、职业转换效应、生产率效应、劳动力流动与转移效应等渠道影响了收入水平、结构与差距。

第 3 章为中部地区教育水平及其结构与收入水平、结构和差距的现状。第一，分析中部地区农村教育与城镇教育水平现状，具体为中部地区农村与城镇居民平均受教育程度分析、中部地区农村与城镇居民教育结构现状分析（初等教育、中等教育、高等教育程度分析）；第二，对中部地区农村与城镇居民收入现状进行分析，具体为农村与城镇居民整体收入水平现状分析，收入结构分析主要是利用统计年鉴中的工资性收入、经营性收入、财产性收入、转移性收入数据进行分析，收入差距分析主要是利用统计年鉴中的低收入、中低收入、中等收入、中高收入、高收入数据进行分析。

第 4 章为中部地区教育水平及其结构与收入水平、结构和差距关系检验。首先是数据检验。主要分农村与城镇，对中部地区教育水平及其结构与居民收入、来源结构和水平结构所涉及的各变量进行面板单位根检验；对教育水平与居民收入、来源结构和水平结构，教育结构与居民收入、来源结构和水平结构进行变量间协整检验，以考察中部地区教育水平及其结构对收入及其结构的短期影响（利用 ECM 模型进行分析）与长期影响（运用协整回归进行分析）。其次，分别基于农村与城镇数据，利用 VAR 模型、广义脉冲响应函数和方差分解方法实证分析教育水平及其结构对居民收入、来源结构和水平结构的长期动态影响，并利用 Granger 检验分析中部地区教育水平及其结构与居民收入及其来源结构和水平结构间的因果关系。其中对变量进行单位根检验，主要是采用 LLC 检验、Breitung 检验、Hadri 检验、IPS 检验、Fisher – ADF 检验和 Fisher – PP 检验方法；对变量间进行协整检验，主要是采用 Pedroni 检验和 Kao 检验法。最后，利用上述方法对中部地区教育水平及其结构与城乡收入差距的关系进行实证检验。通过本部分对中部地区教育水平及其结构与收入水平、结构和差距关系检验为后面部分实证研究奠定基础。

第 5 章为中部地区教育水平对收入及其结构的影响。第一，实证分析中部地区农村教育水平对农民收入及其结构（来源结构和水平结构）产生的影响。以对农民收入及其来源结构的影响为例，依据国内外学者研究居民收入影响因素的文献，基于动态面板数据，在明瑟收入函数模型基础上分别构建以纯收入、农业收入、非农业收入、其他收入为被解释变量，以农村教育即平均受教育程度为解释变量，纳入城镇化水平、财政支农支出、金融发展、人均耕地面积等控制变量的动态面板计量模型，采用系统 GMM 估计法进行实证分析，以得出中部地区农村教育对农民收入有何影响，对农民收入结构中的哪一种收入产生的影响最大？并进一步分省会、地级市和县级市进行实证分析，以得出省会、地级市和县级市农村教育对农民收入产生的影响是否相同，省会、地级市和县级市农村教育对农民收入结构中的哪一种收入产生的影响最大？同样，也将实证研究中部地区农村教育对收入水平结构产生的影响。第二，实证分析中部地区城镇教育水平对其居民收入及其结构（来源结构和水平结构）产生的影响。以对城镇居民收入及其结构影响为例，初步在明瑟收入函数模型基础上构建分别以城镇居民可支配收入、人均工资性收入、人均经营净收入、人均财产性收入与人均转移性收入为被解释变量，以城镇教育水平即平均受教育程度为解释变量，纳入城镇化进程、经济发展水平、教育支出、金融发展、腐败等控制变量的动态面板模型，运用系统 GMM 法进行估计。并对实证结果进行比较分析，以得出中部地区城镇教育对居民收入有何影响，对城镇居民收入来源结构中的哪一种收入产生的影响最大？并进一步分省会、地级市和县级市进行实证分析，以得出省会、地级市和县级市教育水平对城镇居民收入产生的影响是否相同，省会、地级市和县级市教育水平对城镇居民收入来源结构中的哪一种收入产生的影响最大？同样，也将实证研究中部地区城镇教育水平对其居民收入水平结构产生的影响。

　　第 6 章为中部地区教育结构对收入结构的影响。包括中部地区农村教育结构对农民收入结构影响的实证研究、中部地区城镇教育结构对城镇居民收入结构影响的实证研究。主要是实证分析中部地区农村与城镇各层次教育对收入来源结构和水平结构的影响。以对农民收入水平结构的影响为例，构建动态面板模型，分别以农民低收入水平、中低收入水平、中等收入水平、中高收入水平、高收入水平为被解释变量，以初等教育、中等教育、高等教育程度为解释变量，在纳入城镇化进程等控制变量后，利用系统 GMM 法进行实证研究，以得出中部地区哪一层次教育对农民收入水平结构优化产生的影响最大，对中部地区低收入农民、中

低收入农民、中等收入农民，该侧重发展何种层次教育？并进一步分省会、地级市和县级市地区农村进行实证分析。同样，也将建立计量模型实证研究中部地区农村教育结构对农民收入来源结构产生的影响以及实证分析中部地区城镇教育结构对城镇居民收入结构影响。

第 7 章为中部地区教育水平及其结构对城乡内部与城乡间收入差距的影响。主要是基于农村与城镇二维视角实证分析教育水平及其各层次教育水平（初等教育、中等教育、高等教育）对中部地区收入差距的影响。具体包括三方面内容：一是实证研究中部地区农村教育水平及其结构对农村收入差距的影响；二是就中部地区城镇教育水平及其结构对城镇收入差距影响进行实证分析；三是实证检验中部地区教育水平及其结构对城乡收入差距的影响。首先，依据国内外学者关于收入差距的影响因素研究，基于空间动态面板数据，构建以农村收入差距为被解释变量，以农村教育水平及其结构（初等教育、中等教育、高等教育）分别为解释变量的动态面板模型，利用系统 GMM 法进行实证研究。其次，构建以城镇收入差距为被解释变量，以城镇教育水平及其结构分别为解释变量的动态面板模型，实证研究中部地区城镇教育水平及其结构对城镇收入差距的影响。最后，构建以城乡收入差距为被解释变量，以教育水平及其结构分别为解释变量，纳入经济增长、就业率、城镇化水平、对外贸易、产业结构、外资等控制变量的动态面板模型，实证研究中部地区教育水平及其结构对城乡收入差距的影响。通过上述实证研究，得出中部地区农村教育水平及其结构对农村收入差距产生了何种影响、城镇教育水平及其结构对城镇收入差距产生了何种影响、教育水平及其结构对城乡收入差距产生了何种影响，是正面影响还是负面影响，农村与城镇分别该侧重发展何种层次教育才能最大程度上缩小中部地区农村收入差距、城镇收入差距和城乡收入差距？并进一步分省会、地级市和县级市地区进行实证分析。

第 8 章为结论与政策建议。提出为提高农民与城镇居民收入水平、优化农民与城镇居民收入结构、缩小城乡收入差距的教育发展建议。在上述理论分析和实证研究基础上提出中部地区应分别重点发展何种层次教育来提高农民与城镇居民收入水平、优化农民与城镇居民收入结构的政策建议。并进一步分省会、地级市和县级市提出政策建议，即省会、地级市和县级市各应该侧重发展哪一层次教育来提高农民与城镇居民收入水平、优化农民与城镇居民收入结构；提出中部地区及其省会、地级市和县级市应分别重点发展何种教育以及哪一层次教育来缩小城乡内部与城乡间收入差距的政策建议。

1.6 特色与创新之处

（1）视角独特：现有文献均是基于农村视角来研究教育对收入的影响，本书首次基于农村与城镇二维视角来系统研究教育水平及其结构对收入水平、结构与差距的影响。

（2）研究方法新颖：首先，运用 ECM 模型和协整回归方法考察中部地区教育水平及其结构对收入水平、结构和差距的短期影响与长期影响；利用 VAR 模型、广义脉冲响应函数和方差分解方法实证分析中部地区教育水平及其结构对收入水平、结构和差距的长期动态影响。其次，首次运用系统 GMM 法克服收入水平高、收入结构合理、教育水平原本可能就高、教育结构原本可能就较为合理等产生的内生性问题实证研究中部地区教育水平及其结构对收入水平及其结构的影响。最后，首次构建动态面板模型，采用计量经济学中的系统 GMM 法克服内生性问题实证研究中部地区教育水平及其结构对收入差距的影响。

（3）研究内容的探索性：首先，较为系统地对教育水平及其结构对收入水平、结构和差距的影响机理进行综合分析。其次，首次对中部地区农村教育结构对农民收入来源结构和收入水平结构的影响进行实证研究。再次，首次就城镇教育水平及其结构对城镇居民收入及其来源结构和水平结构的影响进行实证分析，同时分城市类型进一步探讨。最后，首次实证研究农村教育结构对中部地区农村收入差距的影响、城镇教育结构对中部地区城镇收入差距的影响。

第 2 章　教育水平及其结构对收入水平、结构与差距的影响机理

本章主要包括教育水平及其结构对收入水平、结构影响的机理与教育水平及其结构对收入差距影响的机理。总结现有国内外文献，认为教育水平及其结构主要是通过素质与技能效应、职业转换效应、生产率效应、劳动力流动与转移效应等渠道影响了收入水平、结构与差距。

2.1　教育水平及其结构对收入水平、结构的影响机理

一是素质与技能效应。教育促进劳动力素质与技能提高，影响了其收入及其结构。劳动力收入增加，离不开其高素质与技能，高素质与技能是增强劳动力市场竞争力的关键（Meng 等，2013；Ngo，2014；Medeiros 和 Galvao，2016；Ali 等，2017）。一般劳动力素质与技能越高，收入水平越高，收入结构越合理。素质与技能高的劳动力思想观念新，接受新鲜事物快，自我发展能力强，就业机会多，获取收入也多，理财投资能力更强，收入多元化，收入结构趋于合理（Umar 等，2014；Alexandersen 等，2021）。且素质与技能高的劳动力外出就业能力强，流动性高，外出比例明显较高，也能在劳动强度相对较低、收入水平相对

较高的行业就业，素质与技能高的劳动力大多就业于效益高的非农产业。同时素质与技能对劳动力收入增长及结构优化的贡献不断增强（Guardiola 和 Guillen，2015，Saadv 和 Adam，2016）。

二是职业转换效应。教育有利于劳动力职业转换，影响了其收入及其结构。①教育水平低影响农村劳动力就业的概率，会降低农民向城市转移的可能性。城市是文明的产物和发达的标志，城市各行业对居民的文化科技水平要求较高，当前我国城镇化水平相对发达国家还不高，需要农村剩余劳动力。但是我国正步入新型城镇化时代，城市需要的是受过良好教育、较高素质的劳动力。农村剩余劳动力教育水平低，会致使其在短时间内难以具备适应城市工作生活的习惯、心理、组织纪律性、技术和知识，严重制约其向城市转移，实现职业转化（Kapteyn 等，2013；吴振华，2015；Panda，2015；Ozturk，2016；Marcella，2021）。同样，城镇居民教育水平低也会不利于其就业，使其在行业间转移就业的可能性降低，难以实现职业转换，不利于其收入提高，收入结构改善。②教育水平低降低了农村劳动力向非农产业转移的概率，影响了其收入及结构。解决"三农"问题不能局限于发展农业本身，必须在农业发展的基础上发展第二产业和第三产业，使农村剩余劳动力向第二产业和第三产业转移。而这一职业转换要求农村劳动力必须具备一定的文化技术素质。文化技术素质低的劳动力往往难以进入第二产业和第三产业就业，实现职业转化（杨娟和高曼，2015；刘魏等，2016；Toth 和 Giller，2016）。同样，对于城镇劳动力，只有教育水平较高，才能较好地适应城市第二产业和第三产业发展和升级的要求，才能更好地进行职业转化，提高收入，优化收入结构。

三是生产率效应。教育有利于提高生产率，增加收入，改善收入结构。教育能够提高劳动力获取和理解市场信息的能力，有利于劳动力合理配置生产要素，采用成本最小的生产投入组合以及采用更为合理的生产技术，提高生产的技术效率，缺乏必要的信息往往导致生产的非技术效率，不利于劳动力收入增加，教育则能提高劳动力适应新技术和生产要素的能力，降低新技术和生产要素使用的非技术效率（Sahi，2013；张学敏和张明，2016；Thapa，2015；Park，2017）；同时，教育有助于缓解劳动力的信贷约束，降低其风险厌恶程度，进而扩大生产规模，实现规模经济，增加收入，改善收入结构。教育也有利于提高劳动力引进、模仿、吸收、应用新技术的能力和技术创新的能力等，教育有助于劳动力与现代生产服务部门接触和联系，更早地接触和采用新技术，扩大新技术运用于生产实践的范围。劳动力教育程度越高，往往更容易获取和捕捉潜在的技术创新信息，更为合理地评估采用新技术、新方法和新生产要素的风险等，有利于生产中新技术和新要素的引入，提高生产率（张烨，2013；Zhang 等，2014；Huang 等，2016；Coady 和 Dizioli，2017）。可见，教育可通过提高生产的技术效率，促进技术进步，降低新技术和生产要素使用的非技术效率等，提高生产率，进而增加收入，优化收入结构。

四是劳动力流动与转移效应。教育有利于劳动力流动与转移，影响了其收入及其结构。人力资本理论认为，教育水平越高的人，一般其流动性也越高（Hannum 等，2012；Bonsang 和 Van，2012；Muhammad，2014；Chen 等，2016；Pellegrini，2017）。Long（1973）、Speare 和 Harris（1986）分别以美国和印度尼西亚为研究对象，发现高中以上教育水平的人在美国同一年龄群体中进行迁移的概率最高，印度尼西亚农村年轻劳动力中小学以上教育水平的人流动倾向较高；Lanzona（1998）则研究发现，菲律宾劳动力中教育水平越高的，流动倾向也越高。可见，教育有助于劳动力流动与转移。在我国的劳动力市场中，农村劳动力的流动与转移行为尤为突出，农村剩余劳动力为了增加自己的收入，向城市流动与转移。作为一种人力资本投资，这个行为确实给劳动力及其家庭带来了相应的回报。国内外学者已经实证发现农村教育提高了农村劳动力流动的概率（胡士华，2005；邢春冰等，2013；魏青，2015；董良，2016；Huang 等，2016；Farmer 等，2017），同时也实证发现，农村劳动力的流动确实提高了外出打工户家庭的收入水平（李实，1999，邢春冰等，2014；朱建华，2016；赖志花，2016）。因此，教育对劳动力的流动有显著的、积极的作用，在其他条件相同的情况下，个体教育水平越高，外出务工的概率越大，教育促进了劳动力的收入提高（王广慧和徐桂珍，2014；王春超和叶琴，2014；吴振华和张学敏，2017；崔玉平和吴颖，2017）。

2.2　教育水平及其结构对收入差距的影响机理

首先，关于农村教育水平及其结构对农村收入差距的影响机理。农村教育水平提升了农民素质，提高了农业生产率，但降低了农民对农业收入的依赖，农民素质技能的提高和信息获取能力的增强提高了农村劳动力流动性，促进了农民进入城镇中第二产业和第三产业就业，进而提升了农民获取非农业收入的能力（都阳，1999；白菊红和袁飞，2003；唐平，2006；张兴杰和谢小蓉，2009）。由于农村教育水平整体还不高，农村平均受教育程度还较低，农民理财能力较差，财产性收入主要以利息为主，收入来源较为单一，农民拥有的财产数量本身较少，也致使农民难以通过出租、分红以及金融资产增值等方式获取较多的财产性收入。因此，农村教育水平对于财产性收入等其他收入的提高作用可能还不够显著或不够明显。由于农村居民中中低收入和低收入群体的收入多以农业收入为主，农村居民中中等以上收入群体的收入多以非农业收入和财产性收入等其他收入为主，故农村教育有可能在一定程度上拉大了农村收入差距。依据现有文献可知，当教育收益促进了收入水平，教育扩展会不断拉开高收入群体与低收入群体间的收入差距。如 Patrinos（2006）、Becker（2015）对于意大利、拉美与东南亚国家的研究发现教育水平的提升对不同收入群体的收入影响存在异质性。国内学者刘泽云（2009）实证发现，教育收益率越高，不同收入群体的工资收入差距越大；徐舒（2010）构建技能偏好型的一般均衡模型研究发现，教育的回报效应整体上扩大了劳动力的收入差距；黄斌等（2014）构建分位数回归模型，利用工具变量法实证检验，也发现农村教育水平提升未能有效缓解农民收入差距。

关于农村教育结构对农村收入差距的影响机理。一般认为仅受过初等教育的农民技能水平较低，难以进行职业转换，劳动力流动性差，在城镇劳动力市场上竞争力低，外出就业能力弱，难以进入城镇中第二产业和第三产业就业。因此，往往对农业收入更加依赖，即农村初等教育程度提高有利于农民农业收入占比提高，不利于农民非农业收入占比以及其他收入占比提高。故对于农业收入占比较高的中低收入和低收入群体而言，农村初等教育显然有利于这两类群体收入提高，而对于非农业收入和财产性收入等其他收入占比较高的中等以上收入群体而言，农村初等教育程度提高不利于这类群体收入提升。即农村初等教育有助于农村收入差距缩小。受过中等教育的农民技能水平较高，信息获取能力较强，比较容易进行职业转换，外出就业能力较强，较好地满足了城镇化和工业化用工需求，降低了对农业收入的依赖，提升了农民非农业收入占比；同时仅受过中等教育的农民，收入来源较为单一，理财能力较差，其财产性收入主要以利息为主，且拥有财产较少，难以通过出租、分红以及财产增值等方式获取较多其他收入，即中等教育难以显著提高农民其他收入占比。故农村中等教育程度提高可能拉大了农村收入差距。受过高等教育的农民更易通过素质与技能效应、职业转换效应、劳动力流动与转移效应进入城镇中资本技术附加值高的行业就业，提升农民非农业收入占比；同时受过高等教育的农民，信息获取能力较强，理财能力较强，财产性收入来源较为多样化，且拥有的相对财产数量较多，更易通过出租、分红以及财产增值等方式获取较多其他收入，高等教育往往能显著提高农民其他收入占比。故对于农业收入占比较高的中低收入和低收入群体而言，农村高等教育显然不利于这两类群体收入提高，而对于非农业收入和财产性收入等其他收入占比较高的中等以上收入群体而言，农村高等教育显然有利于这类群体收入提高，即农村高等教育程度提高也可能拉大了农村收入差距（黄静等，2015；方超和黄斌，2017；吕连菊和阚大学，2018）。

其次，关于城镇教育水平及其结构对城镇收入差距的影响机理。目前，城镇居民教育水平较高，技能水平尚可，信息获取能力比较强，在职业转换时稍显容易，被企业雇用后，培训成本较低，城镇居民较好地满足了城镇化和工业化对具有一定技能的人才的需求，提升了其人均工资性收入。城镇居民人均财产数量不多，受制于教育水平，理财能力较为有限，虽然有一定的财产性收入，但懂得的投资理财方式不多，市场可供其选择较为合适的投资理财渠道较少，致使城镇教育水平提高了人均财产性收入，但提高效应不大。城镇教育未能较好地提供居民从事生产经营活动所需的知识、技能和经验，且城镇居民从事的多是规模不大的生产经营活动，规模经济收益不明显，经营净收入不高，即城镇教育对城镇居民人均经营净收入的提高效应可能不明显（张宗益等，2012；李祥云等，2016；田柳和周云波，2017；詹国辉和张新文，2017；Manna 等，2017）。同时由于城镇教育使城镇居民有了一定的工资性收入，虽然在养老金等方面转移收入增加，但也导致该地区多数城镇居民难以获得政府转移支付的社会救济福利费等各种救济金，致使人均转移性收入增幅不显著。综上分析，城镇教育有利于人均工资性收入和人均财产性收入提高，更多提高了前者，并未显著提升人均经营净收入和转移性收入。因此，对于城镇居民中以工资性收入和转移性收入为主的中低收入和低收入群体与以财产性收入和经营净收入为主的中等以上收入群体而言，目前城镇教育更多地提高了前两类群体的收入，即城镇教育水平提高有助于缩小城镇收入差距。

关于城镇教育结构对城镇收入差距的影响机理。受过初等教育的城镇居民素质与技能水平较低，难以进行职业转换，劳动力流动性差，在城镇劳动力市场上竞争力低，就业能力弱，多数进入城镇中初级产品加工行业、低端制造业和传统服务业就业。因此，初等教育有利于提高城镇居民人均工资性收入，但人均工资性收入提高幅度较小，由于提高幅度较小，也致使仅受过初等教育的城镇居民获得政府转移的社会救济福利费等各种救济金较多，进而提高了人均转移性收入。同时仅受过初等教育的城镇居民，收入来源单一，收入水平整体较低，从事生产经营活动极少，同时理财能力差，其财产性收入主要以利息为主，且拥有财产较少，难以通过出租、分红以及财产增值等方式获取较多收入。因此，初等教育对城镇居民人均经营净收入和人均财产性收入产生的是负面影响（杨晓军，2013；杨娟等，2015）。即对于工资性收入和转移性收入为主的中低收入和低收入群体而言，城镇初等教育显然有利于这两类群体收入提高，而对于财产性收入和经营净收入为主的中等以上收入群体而言，城镇初等教育显然不利于这类群体收入提高。据此，城镇初等教育程度提高有助于城镇收入差距缩小。受过中等教育的城镇居民技能水平较高，信息获取能力较强，在职业转换时稍显容易，同时被企业雇用后，培训成本较低，该类教育层次的城镇居民较好地满足了城镇化和工业化对具有一定技能的人才的需求，提升了其人均工资性收入。仅受过中等教育的城镇居民，由于财产较为有限，从事的也多是规模较小、收益较低的生产经营活动，经营净收入不高，同时，这一教育层次的城镇居民理财能力也比较欠缺，虽然有一定的财产性收入，但受制于教育水平，懂得的投资理财方式不多，市场可供其选择较为合适的投资理财渠道较少，致使人均财产性收入较低。中等教育层次的城镇居民有了一定的工资性收入，其多数再难以继续获得政府转移支付的社会救济福利费等各种救济金，中等教育对人均转移性收入产生了负面影响。即城镇中等教育有利于人均工资性收入提高，未显著提高人均财产性收入和人均经营净收入，不利于人均转移性收入提高，依据现有文献，其对人均工资性收入的提高作用很可能大于对人均转移性收入的负面作用（Battistón 和 Gasparini，2014；Khan 等，2015；李黎明和许珂，2017）。故对于工资性收入和转移性收入为主的中低收入和低收入群体而言，城镇中等教育仍然有利于这两类群体收入提高，而对于财产性收入和经营净收入为主的中等以上收入群体而言，城镇中等教育并未显著提升这类群体收入，即城镇中等教育程度提高有助于城镇收入差距缩小。相对初等教育和中等教育，城镇高等教育的素质与技能效应、职业转换效应、生产率效应、劳动力流动效应更大，受过高等教育的城镇居民更容易进入城镇中资本技术附加值高的行业就业或在这些行业从事生产经营活动，提升了其人均工资性收入和人均经营净收入。同时受过高等教育的城镇居民，信息获取能力和理财能力均较强，财产性收入来源较为多样化，且拥有的相对财产数量较多，更易通过出租、分红以及财产增值等各种投资理财方式获取较多收入；受过高等教育的城镇居民所获得政府转移支付的养老金和离退休金也较多。依据现有研究，高等教育相对而言对城镇居民人均经营净收入和人均财产性收入的提高效应更大（田柳和周云波，2017；阚大学和吕连菊，2018）。因此，对于工资性收入和转移性收入为主的中低收入和低收入群体而言，城镇高等教育对这两类群体收入的提高作用相对较低，而对于财产性收入和经营净收入为主的中等以上收入群体而言，城镇高等教育对这类群体收入的提高作用相对较大。故城镇高等教育程度提高拉大了城镇收入差距。

最后，关于教育水平及其结构对城乡收入差距的影响机理。自改革开放以来，城乡收入差距拉大，2018 年我国基尼系数高达 0.474。城乡收入差距拉大主要表现为农民收入增速较慢，其主要原因是我国农村教育落后，导致农民素质和技能水平偏低，又是在附加值较低的第一产业就业，没有较好地分享改革开放成果，而教育可以提高农民技能，有助于其转移到城镇，从事附加值较高的第二产业和第三产业，进而提高他们的收入。具体而言：一是教育有助于农村劳动力知识层次和技能的提高，使其转移机会成本和在城镇就业的交易成本下降，提高了其预期收益，同时教育降低了企业培训农村转移劳动力的成本，提高了这些劳动力的生产效率和边际产品贡献，有助于提高农村转移劳动力的收入（Mincer，1974；罗勇等，2013；Khan 等，2015；阚大学和吕连菊，2018；Celikay 和 Sengur，2016）；二是教育提高了农村转移劳动力在城镇就业岗位的竞争力，使其不容易因素质技能水平低下而导致其在城镇的岗位被替代而回流到农村，因此，教育在一定程度上提高了农村转移劳动力在城镇就业的稳定性和持续性，有助于他们收入稳定上升（Psacharopoulos，1977；阚大学，2015）；三是教育有助于提高农村劳动力接收外界信息的能力，拓宽其视野，使其更容易接受新思想新观念，进而扩大活动半径和社交范围，在城镇中形成自有的社会关系网络，获得相应的社会资本和社会支持，促使其更加高质有效地转移，获取更高的收入（蔡武和陈广汉，2013；何旭波和郑延平，2013；Qazi 等，2016；Manna 等，2017；阚大学和吕连菊，2020）；四是过去在农村接受普通教育和职业教育较多的是男性，现在接受普通教育和职业教育的女性比例逐渐增加，使农村更多的女性转移到城镇，在城镇中就业和生活，这为城镇化质量提高输送了劳动力资源，又提高了农村居民收入。当然，教育也提高了城镇居民本身的技能和其收入，但农民由于接受教育而转变就业行业所带来的生产效率和劳动边际产品提高程度更大，故教育对收入的提高更多地反映在农民身上，且农民收入增加使其教育支出能力提高，进一步促使他们及其子女接受更高层次的教育培训来提高收入，形成良性累计循环效应。可见，教育对农民收入提高的边际效应更大，这促使城乡收入差距缩小（Chiswick 和 Mincer，1972；Gregorio 和 Lee，2002，马磊，2016；Panori 和 Psycharis，2019）。此外，城乡收入差距较大的原因之一就是农民、转移人口和城镇中低收入家庭收入较低，难以承担较高层次的教育，因此形成了恶性循环。而国家实施的普通教育九年制义务教育在低层次教育公平上起到了显著的促进作用，并且国家和地方政府通过助学贷款、设置奖助学金、勤工俭学以及贫困生补助等一系列措施在一定程度上降低了较高层次的普通教育不公平，因此，教育水平的提升与教育结构的优化，将有助于农民、转移人口和城镇中低收入家庭收入提高，进而提升他们接受较高层次教育的支付能力，形成了良性循环。另外，作为一种教育分流机制，职业教育水平的提高及其结构的优化也有助于教育公平，并且职业教育主要是针对农村转移人口及其子女与城镇低收入家庭，职业教育资助制度较为完善，为他们提供了更多受教育的机会，有利于农村转移人口及其子女和城镇低收入群体收入增加，缩小城乡收入差距（阚大学和吕连菊，2018）。

第3章 中部地区教育水平及其结构与收入水平、结构和差距的现状

第一，本章分析中部地区农村教育与城镇教育水平现状，具体为中部地区农村与城镇居民平均受教育程度分析、中部地区农村与城镇居民教育结构现状分析①；第二，对中部地区农村与城镇居民收入现状进行分析，具体为农村与城镇居民整体收入水平现状分析、收入结构分析②、收入差距分析。

3.1 中部地区农村与城镇居民平均受教育程度分析

3.1.1 中部地区农村居民平均受教育程度分析

自 1978 年以来，中部地区农民平均受教育程度显著提高，从表 3 – 1 可知，

---

① 教育结构是指教育由不同层次教育形成的结构，主要由初等教育、中等教育、高等教育组成。
② 收入结构是指收入来源结构和水平结构，其中，农民收入来源结构是由农业收入、非农业收入、其他收入等组成；城镇居民收入来源结构是由工资性收入、经营净收入、财产净收入与转移净收入等构成；农民和城镇居民收入水平结构均是由低收入、中低收入、中等收入、中高收入、高收入等组成。

2018 年中部地区农民平均受教育程度为 8.1678 年①。与东部地区相比，中部地区农民平均受教育程度略低于东部地区，2018 年东部地区农民平均受教育程度为 8.1926 年，即东部地区农民教育程度略高于中部地区。与西部地区相比，中部地区农民平均受教育程度高于西部地区，2018 年西部地区农民平均受教育程度为 7.6493 年，中部地区农民平均受教育程度比西部地区高了约 0.52 年。与东北地区相比，中部地区农民平均受教育程度稍高于东北地区，2018 年东北地区农民平均受教育程度为 8.1242 年，东北地区农民平均受教育程度稍低于中部地区。最后，与全国平均值相比，中部地区农民平均受教育程度高于全国平均值，2018 年全国农民平均受教育程度为 8.0072 年，比中部地区低了约 0.16 年。

表 3-1   2018 年各省份农民受教育程度及各层次农民受教育程度占比

单位：年，%

地区	平均受教育程度	初等教育程度	中等教育程度	高等教育程度	初等教育程度占比	中等教育程度占比	高等教育程度占比
北京	9.6927	0.9782	6.2942	2.4202	10.0921	64.9375	24.9693
天津	8.8145	1.7232	6.0533	1.0380	19.5496	68.6743	11.7761
河北	8.1708	1.9688	5.6934	0.5086	24.0956	69.6798	6.2246
山西	8.6854	1.6249	6.2239	0.8365	18.7084	71.6593	9.6311
内蒙古	7.9882	2.2967	4.7654	0.9260	28.7512	59.6555	11.5921
辽宁	8.3868	1.9107	5.9283	0.5479	22.7822	70.6861	6.5329
吉林	7.9334	2.3636	5.1260	0.4439	29.7930	64.6129	5.5953
黑龙江	8.0280	2.2276	5.3702	0.4302	27.7479	66.8934	5.3587
上海	8.7043	1.5983	6.0370	1.0689	18.3622	69.3565	12.2801
江苏	8.2777	2.0340	5.1627	1.0810	24.5720	62.3688	13.0592

---

①　将农村人口受教育程度分为文盲半文盲、小学（普小、成人小学）、初中（普通初中、职业初中、初中技工学校、成人初中）、高中（包括普高、普通中专、高中技工学校、成人高中和中专）、大专及以上文化程度，对应的受教育年限分别为 2 年、6 年、9 年、12 年、16 年，将各受教育程度所占人口比重与相应受教育年限相乘加总求和即得到平均受教育程度。其中初等教育程度＝农村文盲半文盲的人口比重×2 年＋小学文化程度人口比重×6 年；中等教育程度＝农村初中文化程度人口比重×9 年＋高中文化程度人口比重×12 年；高等教育程度＝农村大专及以上文化程度人口比重×16 年。

续表

地区	平均受教育程度	初等教育程度	中等教育程度	高等教育程度	初等教育程度占比	中等教育程度占比	高等教育程度占比
浙江	8.1724	2.3322	4.6162	1.2239	28.5375	56.4852	14.9760
安徽	7.7660	2.2933	4.8058	0.6668	29.5300	61.8826	8.5861
福建	7.7585	2.3856	4.6335	0.7394	30.7482	59.7216	9.5302
江西	8.0636	2.3568	5.1129	0.5938	29.2276	63.4072	7.3640
山东	7.8787	2.1327	5.1670	0.5790	27.0692	65.5819	7.3489
河南	8.2115	1.9402	5.7269	0.5444	23.6278	69.7424	6.6297
湖北	8.1090	2.1641	5.3272	0.6177	26.6876	65.6949	7.6175
湖南	8.3245	2.1597	5.5389	0.6258	25.9439	66.5373	7.5176
广东	8.3797	1.9610	5.8489	0.5698	23.4018	69.7984	6.7998
广西	8.1419	2.1643	5.4814	0.4962	26.5822	67.3234	6.0944
海南	9.0242	1.4435	5.8804	1.7003	15.9959	65.1626	18.8416
重庆	7.5848	3.0485	3.8866	0.6497	40.1922	51.2420	8.5658
四川	7.3830	2.8190	4.0213	0.5428	38.1823	54.4670	7.3520
贵州	7.2639	2.7314	4.0189	0.5136	37.6024	55.3270	7.0706
云南	7.4404	2.8569	4.0424	0.5411	38.3971	54.3304	7.2725
西藏	5.7341	2.9480	2.2127	0.5734	51.4117	38.5884	9.9998
陕西	8.4079	1.9794	5.3630	1.0655	23.5421	63.7852	12.6726
甘肃	7.4682	2.7404	3.7813	0.9464	36.6943	50.6320	12.6724
青海	7.0251	3.0536	3.2523	0.7192	43.4670	46.2954	10.2376
宁夏	7.4681	2.5235	4.1695	0.7750	33.7904	55.8308	10.3775
新疆	8.0935	2.4466	4.8045	0.8424	30.2292	59.3625	10.4084
东部地区	8.1926	2.0448	5.3602	0.7876	24.9591	65.4273	9.6136
中部地区	8.1678	2.0951	5.4474	0.6253	25.6507	66.6936	7.6557
西部地区	7.6493	2.6049	4.3781	0.6663	34.0541	57.2353	8.7106
东北地区	8.1242	2.1575	5.4923	0.4744	26.5565	67.6042	5.8393
全国	8.0072	2.2464	5.0832	0.6775	28.0548	63.4829	8.4611

资料来源：《中国人口与就业统计年鉴（2019）》。

　　分省份来看，由表 3-1 可知，2018 年中部地区农民平均受教育程度最高的省份是山西 8.6854 年，最低省份是安徽 7.7660 年，其他依次是湖南 8.3245 年、河南 8.2115 年、湖北 8.1090 年、江西 8.0636 年。就全国而言，2018 年农民平均受教育程度值最高的是北京 9.6927 年，最低省份是西藏 5.7341 年，显然，中部地区最高的山西与北京相差了约 1 年，中部地区最低安徽与北京相差了约 1.93 年，且低于全国平均值，中部地区只有安徽农民平均受教育程度低于全国平均水平。从全国排名来看，山西农民平均受教育程度居全国第 5 位，次于北京、海南、天津和上海，湖南、河南、湖北、江西、安徽平均受教育程度则分别居全国第 9 位、第 11 位、第 15 位、第 17 位、第 22 位。

3.1.2　中部地区城镇居民平均受教育程度分析

相对于改革开放初期，中部地区城镇居民平均受教育程度显著提高，从表 3 - 2 的计算结果发现，2018 年中部地区该值为 10.2228 年①。相对于东部地区 2018 年的城镇居民平均受教育程度 10.3675 年，中部地区城镇居民受教育程度略低。相对于西部地区 2018 年的城镇居民平均受教育程度 10.0727 年，中部地区城镇居民平均受教育程度高了约 0.15 年。相对于东北地区 2018 年的城镇居民平均受教育程度 10.7245 年，中部地区城镇居民受教育程度略低。相对于全国 2018 年的城镇居民平均受教育程度 10.2919 年，中部地区城镇居民平均受教育程度低了约 0.07 年。

表 3 - 2　2018 年各省份城镇居民受教育程度及各层次城镇居民受教育程度占比

单位：年,%

地区	平均受教育程度	初等教育程度	中等教育程度	高等教育程度	初等教育程度占比	中等教育程度占比	高等教育程度占比
北京	13.0597	0.4939	3.9267	8.6391	3.7818	30.0675	66.1507
天津	11.5815	0.6661	5.6746	5.2408	5.7517	48.9971	45.2511
河北	10.0869	1.2028	6.0796	2.8045	11.9239	60.2723	27.8038
山西	10.7922	0.9168	6.1725	3.7030	8.4946	57.1937	34.3116

---

①　将城镇人口受教育程度分为文盲半文盲、小学、初中、高中、大专及以上文化程度，对应的受教育年限分别为 2 年、6 年、9 年、12 年、16 年，将各受教育程度所占人口比重与相应受教育年限相乘加总求和即得到平均受教育程度。其中初等教育程度 = 城镇文盲半文盲的人口比重 × 2 年 + 小学文化程度人口比重 × 6 年；中等教育程度 = 城镇初中文化程度人口比重 × 9 年 + 高中文化程度人口比重 × 12 年；高等教育程度 = 城镇大专及以上文化程度人口比重 × 16 年。

续表

地区	平均受教育程度	初等教育程度	中等教育程度	高等教育程度	初等教育程度占比	中等教育程度占比	高等教育程度占比
内蒙古	10.9202	0.9794	5.5030	4.4378	8.9684	50.3927	40.6389
辽宁	10.7624	0.7933	6.2929	3.6763	7.3712	58.4705	34.1583
吉林	10.7320	0.8752	6.3626	3.4942	8.1551	59.2865	32.5584
黑龙江	10.6696	0.8555	6.3650	3.4491	8.0182	59.6554	32.3264
上海	11.6622	0.6876	5.3347	5.6399	5.8958	45.7437	48.3605
江苏	10.0424	1.2356	5.8361	2.9707	12.3038	58.1144	29.5818
浙江	9.8933	1.4516	5.2849	3.1568	14.6731	53.4186	31.9083
安徽	10.0578	1.3050	5.7075	3.0453	12.9750	56.7471	30.2779
福建	9.8241	1.4754	5.4764	2.8724	15.0178	55.7443	29.2379
江西	9.7860	1.4368	5.9677	2.3814	14.6822	60.9826	24.3353
山东	9.9737	1.3453	5.6110	3.0174	13.4888	56.2577	30.2535
河南	9.9078	1.1796	6.3168	2.4113	11.9060	63.7562	24.3377
湖北	10.6547	1.1010	5.8180	3.7357	10.3338	54.6047	35.0615
湖南	10.3381	1.1680	6.2476	2.9225	11.2978	60.4325	28.2697
广东	10.2471	1.0806	6.5914	2.5750	10.5456	64.3250	25.1294
广西	9.5242	1.4411	6.3077	1.7753	15.1314	66.2282	18.6403
海南	10.5174	0.9550	6.1990	3.3633	9.0806	58.9408	31.9786
重庆	10.3007	1.3844	5.5170	3.3993	13.4400	53.5594	33.0006
四川	10.1510	1.4839	5.1881	3.4789	14.6187	51.1093	34.2720
贵州	9.4201	1.7717	5.0554	2.5930	18.8079	53.6663	27.5259
云南	9.5086	1.6986	5.0530	2.7570	17.8639	53.1415	28.9946
西藏	7.8366	2.2946	2.7698	2.7723	29.2798	35.3443	35.3759
陕西	10.5358	1.2239	5.2695	4.0424	11.6162	50.0152	38.3686
甘肃	10.0036	1.4292	5.3700	3.2044	14.2869	53.6806	32.0325
青海	9.7850	1.6140	4.5153	3.6557	16.4950	46.1452	37.3598
宁夏	9.9497	1.4386	5.4499	3.0612	14.4587	54.7741	30.7672
新疆	10.8364	1.2168	5.0318	4.5877	11.2287	46.4348	42.3365
东部地区	10.3675	1.1597	5.7778	3.4301	11.1856	55.7293	33.0850
中部地区	10.2228	1.1892	6.0547	2.9790	11.6326	59.2271	29.1403
西部地区	10.0727	1.4326	5.3479	3.2922	14.2224	53.0928	32.6848
东北地区	10.7245	0.8327	6.3328	3.5589	7.7646	59.0502	33.1852
全国	10.2919	1.2044	5.7896	3.2979	11.7027	56.2534	32.0439

资料来源：《中国人口与就业统计年鉴（2019）》。

进一步从表 3 - 2 的计算结果发现，2018 年山西城镇居民平均受教育程度在中部地区 6 省中最高，为 10.7922 年，江西最低，为 9.7860 年，其他依次为湖北 10.6547 年、湖南 10.3381 年、安徽 10.0578 年、河南 9.9078 年。就全国而言，北京 2018 年的城镇居民平均受教育程度最高，为 13.0597 年，西藏则最低，仅为 7.8366 年。可见，中部地区最高山西城镇居民平均受教育程度比北京低了约 2.27 年，中部地区最低江西城镇居民平均受教育程度比北京则低了约 3.27 年，且低于全国平均水平，同样安徽和河南该值比全国水平低。从全国排名来看，山西城镇居民平均受教育程度居全国第 6 位，次于北京、上海、天津、内蒙古和新疆，湖北、湖南、安徽、河南、江西城镇居民平均受教育程度则分别居全国第 10 位、第 13 位、第 18 位、第 23 位和第 26 位。

3.2　中部地区农村与城镇居民教育结构现状分析

3.2.1　中部地区农村居民教育结构现状分析

为了进一步分析中部地区农村教育结构现状，将农民平均受教育程度分为初等教育程度、中等教育程度和高等教育程度。其中，初等教育程度 = 农村文盲半文盲的人口比重 ×2 年 + 小学文化程度人口比重 ×6 年；中等教育程度 = 农村初中文化程度人口比重 ×9 年 + 高中文化程度人口比重 ×12 年；高等教育程度 = 农村大专及以上文化程度人口比重 ×16 年。

由表 3 - 1 可知，2018 年中部地区农民初等教育程度为 2.0951 年。与东部地区相比，中部地区农民初等教育程度略高于东部地区，2018 年东部地区农民初等教育程度为 2.0448 年，原因在于东部地区未上过学人口占比和小学人口占比低于中部地区，由表 3 - 3 可知，东部地区为 39.5700%，中部地区为 39.6338%，说明东部地区农民教育结构略好于中部地区。从初等教育程度占平均受教育程度比重来看，结论也是如此，2018 年中部地区和东部地区农民初等教育程度占平均受教育程度比重分别为 25.6507% 和 24.9591%，前者高于后者。与西部地区相比，中部地区农民初等教育程度低于西部地区，2018 年西部地区农民初等教育程度为 2.6049 年，原因在于西部地区未上过学人口占比和小学人口占比高于中部地区，由表 3 – 3 可知，西部地区为 50.2926%，高了近 10.66 个百分点，说明中部地区农民教育结构好于西部地区。从初等教育程度占平均受教育程度比重来看，结论也是如此，2018 年西部地区农民初等教育程度占平均受教育程度比重为 34.0541%，高于中部地区。与东北地区相比，中部地区农民初等教育程度稍低，2018 年东北地区农民初等教育程度为 2.1575 年，原因在于东北地区小学人口占比高于中部地区，由表 3 – 3 可知，东北地区为 34.5105%，说明中部地区农民教育结构略好于东北地区。从初等教育程度占平均受教育程度比重来看，结论也是如此，2018 年东北地区农民初等教育程度占平均受教育程度比重为 26.5565%，高于中部地区。与全国平均值相比，中部地区农民初等教育程度低于全国平均值，2018 年全国农民初等教育程度为 2.2464 年，比中部地区高了约 0.15 年，原因在于全国未上过学人口占比和小学人口占比高于中部地区 3.31 个百分点，说明中部地区农民教育结构略好于全国平均水平。从初等教育程度占平均受教育程度比重来看，结论也是如此，2018 年全国农民初等教育程度占平均受教育程度比重为 28.0548%，高于中部地区。

表 3 – 3　2018 年省域农村各教育层次人口占比　　　单位:%

地区	未上过学人口占比	小学人口占比	初中人口占比	高中人口占比	大专及以上人口占比
北京	8.2389	13.5571	42.5022	20.5754	15.1264
天津	3.7001	27.4868	47.5252	14.8006	6.4873
河北	6.1288	30.7704	49.9072	10.0146	3.1789
山西	4.3295	25.6391	51.7483	13.0546	5.2284
内蒙古	9.0607	35.2581	40.7265	9.1671	5.7877
辽宁	3.5949	30.6462	51.7300	10.6048	3.4241
吉林	5.3198	37.6197	46.2794	8.0070	2.7742

续表

地区	未上过学人口占比	小学人口占比	初中人口占比	高中人口占比	大专及以上人口占比
黑龙江	4.2924	35.6961	50.2837	7.0389	2.6889
上海	6.6383	24.4255	47.7872	14.4681	6.6809
江苏	9.6411	30.6866	39.5764	13.3399	6.7561
浙江	9.2465	35.7881	35.3889	11.9270	7.6495
安徽	10.2881	34.7930	42.8112	7.9401	4.1676
福建	11.0614	36.0735	38.5251	9.7188	4.6211
江西	5.9304	37.3039	41.7868	11.2677	3.7113
山东	10.4751	32.0529	43.1787	10.6743	3.6190
河南	7.4210	29.8626	46.3590	12.9548	3.4026
湖北	7.9030	33.4346	41.6358	13.1662	3.8604
湖南	5.0782	34.3029	42.1990	14.5086	3.9113
广东	5.7466	30.7683	44.7316	15.1925	3.5610
广西	5.4281	34.2624	46.1197	11.0889	3.1010
海南	5.4496	22.2411	50.7153	10.9673	10.6267
重庆	7.9769	48.1499	29.6973	10.1153	4.0605
四川	11.7459	43.0674	33.1347	8.6597	3.3923
贵州	14.0278	40.8471	33.6963	8.2186	3.2102
云南	9.6582	44.3955	35.5101	7.0543	3.3819
西藏	36.0694	37.1098	19.1908	4.0462	3.5838
陕西	7.6905	30.4261	42.1297	13.0946	6.6592
甘肃	14.0524	40.9894	30.1272	8.9157	5.9153
青海	16.3847	45.4326	26.3412	7.3465	4.4949
宁夏	14.8114	37.1216	33.9078	9.3153	4.8440
新疆	6.0886	38.7467	39.4479	10.4519	5.2649
东部地区	8.2350	31.3350	43.3578	12.1498	4.9224
中部地区	7.0724	32.5614	44.2540	12.2043	3.9078
西部地区	10.3171	39.9755	36.2347	9.3085	4.1642
东北地区	4.3442	34.5105	49.6459	8.5345	2.9649
全国	8.2614	34.6860	41.8302	10.9877	4.2347

资料来源:《中国人口与就业统计年鉴(2019)》。

分省份来看，由表3－1可知，2018年中部地区农民初等教育程度最高的省份是江西2.3568年，最低省份是山西1.6249年，其他依次是安徽2.2933年、湖北2.1641年、湖南2.1597年、河南1.9402年，说明江西农民教育结构好于中部其他省份，山西农民教育结构在中部地区中最不合理。从初等教育程度占平均受教育程度比重来看，结论有所区别，该比重最高的省份是安徽29.5300%，最低的省份是山西18.7084%，其他依次是江西29.2276%、湖北26.6876%、湖南25.9439%、河南23.6278%，说明就初等教育程度占平均受教育程度比重而言，山西农民教育结构好于中部其他省份，安徽农民教育结构在中部地区中最不合理。就全国而言，2018年农民初等教育程度最高的是青海3.0536年，最低省份是北京0.9782年，原因在于青海未上过学人口占比和小学人口占比达61.8173%，北京该占比仅为21.7960%（见表3－3），显然，中部地区最低的山西高于北京，最高的江西高于全国平均值，中部地区6省中除江西和安徽外，山西、湖北、湖南和河南4省农民教育结构好于全国平均水平。从初等教育程度占平均受教育程度比重来看，结论有所区别，全国该比重最高的省份是西藏51.4117%，最低省份是北京10.0921%，说明就初等教育程度占平均受教育程度比重而言，中部地区最低的山西高于北京，最高的安徽高于全国平均值，中部地区6省中除江西和安徽外，山西、湖北、湖南和河南四省农民教育结构好于全国平均水平。从在全国排名来看，江西农民初等教育程度居全国第12位，安徽、湖北、湖南、河南、山西初等教育程度则分别居全国第15位、第18位、第19位、第25位、第28位。而从初等教育程度占平均受教育程度比重来看，安徽、江西、湖北、湖南、河南、山西分别居全国第12位、第13位、第18位、第20位、第23位、第28位。排名位置越后，说明该省农民教育结构越好。

　　由表3－1可知，2018年中部地区农民中等教育程度为5.4474年。与东部地区相比，中部地区农民中等教育程度略高于东部地区，2018年东部地区农民中等教育程度为5.3602年，原因在于东部地区初中人口占比和高中人口占比低于中部地区，由表3－3可知，东部地区为55.5076%，中部地区为56.4583%，说明中部地区农民教育结构略好于东部地区。从中等教育程度占平均受教育程度比重来看，结论也是如此，2018 年中部地区和东部地区农民中等教育程度占平均受教育程度比重分别为 66.6936% 和 65.4273%，前者高于后者。与西部地区相比，中部地区农民中等教育程度高于西部地区，2018 年西部地区农民中等教育程度为 4.3781 年，原因在于西部地区初中人口占比和高中人口占比低于中部地区，从表 3-3 可知，西部地区为 45.5432%，比中部地区低了近 11 个百分点，说明中部地区农民教育结构好于西部地区。从中等教育程度占平均受教育程度比重来看，结论也是如此，2018 年西部地区农民中等教育程度占平均受教育程度比重为 57.2353%，低于中部地区。与东北地区相比，中部地区农民中等教育程度稍低，2018 年东北地区农民中等教育程度为 5.4923 年，原因在于东北地区初中人口占比和高中人口占比总和高于中部地区，由表 3-3 可知，东北地区为 58.1804%，说明东北地区农民教育结构好于中部地区。从中等教育程度占平均受教育程度比重来看，结论也是如此，2018 年东北地区农民中等教育程度占平均受教育程度比重为 67.6042%，高于中部地区。最后，与全国平均值相比，中部地区农民中等教育程度高于全国平均值，2018 年全国农民中等教育程度为 5.0832 年，比中部地区低了约 0.36 年，原因在于全国初中人口占比和高中人口占比低于中部地区近 3.64 个百分点，说明中部地区农民教育结构略好于全国平均水平。从中等教育程度占平均受教育程度比重来看，结论也是如此，2018 年全国农民中等教育程度占平均受教育程度比重为 63.4829%，低于中部地区。

从中部地区分省来看，由表 3-1 可知，2018 年农民中等教育程度最高的省份是山西 6.2239 年，最低省份是安徽 4.8058 年，其他依次是河南 5.7269 年、湖南 5.5389 年、湖北 5.3272 年、江西 5.1129 年，说明山西农民教育结构好于中部其他省份，安徽农民教育结构在中部地区中最不合理。从中等教育程度占平均受教育程度比重来看，结论相同，该比重最高的省份是山西 71.6593%，最低省份是安徽 61.8826%，其他依次是河南 69.7424%、湖南 66.5373%、湖北 65.6949%、江西 63.4072%，说明就中等教育程度占平均受教育程度比重而言，山西农民教育结构好于中部其他省份，安徽农民教育结构在中部地区中最不合理。就全国而言，2018 年农民中等教育程度最高的是北京 6.2942 年，最低省份是西藏 2.2127 年，原因在于北京初中人口占比和高中人口占比达 63.0776%，其中高中人口占比位居全国第一达 20.5754%，西藏初中人口占比和高中人口占比仅为 23.2370%，位居全国倒数第一，高中人口占比仅为 4.0462%，也位居全国倒数第一。显然，中部地区最高的山西低于北京，中部地区最低的安徽均低于全国平均值，中部地区其他省份农民中等教育程度均高于全国平均值，即中部地区除安徽外，其他 5 省农民教育结构均好于全国平均水平。从中等教育程度占平均受教育程度比重来看，结论有所区别，全国该比重最高的省份是山西，最低的省份是西藏 38.5884%，说明就中等教育程度占平均受教育程度比重而言，中部地区的江西和安徽低于全国平均值，中部地区其他省份该比重均高于全国平均值，即中部地区除江西和安徽外，其他 4 省农民教育结构均好于全国平均水平。从全国排名来看，山西、河南、湖南、湖北、江西、安徽中等教育程度分别居全国第2位、第 8 位、第 10 位、第 14 位、第 18 位、第 19 位。从中等教育程度占平均受教育程度比重来看，山西、河南、湖南、湖北、江西、安徽则分别居全国第 1位、第 4 位、第 10 位、第 11 位、第 17 位、第 19 位。排名位置越前，说明该省农民教育结构越好。

由表 3－1 可知，2018 年中部地区农民高等教育程度为 0.6253 年。与东部地区相比，中部地区农民高等教育程度低于东部地区，2018 年东部地区农民高等教育程度为 0.7876 年，原因在于东部地区大专及以上人口占比高于中部地区，由表 3－3 可知，东部地区为 4.9224%，中部地区为 3.9078%，说明东部地区农民教育结构好于中部地区。从高等教育程度占平均受教育程度比重来看，结论也是如此，2018 年中部地区和东部地区农民高等教育程度占平均受教育程度比重分别为 7.6557% 和 9.6136%，前者低于后者。与西部地区相比，中部地区农民高等教育程度低于西部地区，2018 年西部地区农民高等教育程度为 0.6663 年，原因在于西部地区大专及以上人口占比高于中部地区，由表 3－3 可知，西部地区为 4.1642%，说明西部地区农民教育结构好于中部地区。从高等教育程度占平均受教育程度比重来看，结论也是如此，2018 年西部地区农民高等教育程度占平均受教育程度比重为 8.7106%，高于中部地区。与东北地区相比，中部地区农民高等教育程度高于东北地区，2018 年东北地区农民高等教育程度为 0.4744 年，原因在于东北地区大专及以上人口占比低，由表 3 - 3 可知，东北地区仅为 2.9649%，只有中部地区的 75.87%，说明中部地区农民教育结构好于东北地区。从高等教育程度占平均受教育程度比重来看，结论也是如此，2018 年东北地区农民中等教育程度占平均受教育程度比重为 5.8393%，低于中部地区。最后，与全国平均值相比，中部地区农民高等教育程度低于全国平均值，2018 年全国农民高等教育程度为 0.6775 年，原因在于全国大专及以上人口占比高于中部地区，说明仅就高等教育程度而言，中部地区农民教育结构差于全国平均水平。从高等教育程度占平均受教育程度比重来看，结论也是如此，2018 年全国农民高等教育程度占平均受教育程度比重为 8.4611%，高于中部地区。

分省份来看，由表 3 - 1 可知，2018 年中部地区农民高等教育程度最高的省份是山西 0.8365 年，最低的省份是河南 0.5444 年，其他依次是安徽 0.6668 年、湖南 0.6258 年、湖北 0.6177 年、江西 0.5938 年，说明仅就高等教育程度而言，山西农民教育结构好于中部其他省份，河南农民教育结构在中部地区中最不合理。从高等教育程度占平均受教育程度比重来看，结论相似，该比重最高的省份是山西 9.6311%，最低省份是河南 6.6297%，其他依次是安徽 8.5861%、湖北 7.6175%、湖南 7.5176%、江西 7.3640%，说明就高等教育程度占平均受教育程度比重而言，山西农民教育结构好于中部其他省份，河南农民教育结构在中部地区中最不合理。就全国而言，2018 年农民高等教育程度最高的是北京 2.4202 年，最低省份是黑龙江 0.4302 年，原因在于北京大专及以上人口占比达到了 15.1264%，位居全国第一，黑龙江大专及以上人口占比仅为 2.6889%，位居全国倒数第一。显然，中部地区最高的山西低于北京，中部地区其他省份农民高等教育程度均低于全国平均值，即就高等教育程度而言，中部地区除山西外，其他 5 省农民教育结构均差于全国平均水平。从高等教育程度占平均受教育程度比重来看，结论有所区别，全国该比重最高的省份是北京 24.9693%，最低省份是黑龙江 5.3587%，说明就高等教育程度占平均受教育程度比重而言，中部地区最高的山西远低于北京，中部地区除山西、安徽外，其他 4 省该比重均低于全国平均值，即中部地区除山西和安徽外，其他 4 省农民教育结构均差于全国平均水平。从全国排名来看，山西、安徽、湖南、湖北、江西、河南农民高等教育程度分别居全国第 11 位、第 15 位、第 17 位、第 18 位、第 19 位、第 24 位。从高等教育程度占平均受教育程度比重来看，山西、安徽、湖北、湖南、江西、河南则分别居全国第 14 位、第 16 位、第 18 位、第 19 位、第 20 位、第 26 位。排名位置越前，说明该省农民教育结构越合理。

3.2.2　中部地区城镇居民教育结构现状分析

（1）居民初等教育程度。由表 3 - 2 可知，2018 年中部地区城镇居民初等教育程度为 1.1892 年。相对于东部地区 2018 年的城镇居民初等教育程度 1.1597 年，中部地区城镇居民初等教育程度略高，主要是由于中部地区未上过学人口占比和小学人口占比略高，由表 3 - 4 可知，东部地区和中部地区分别为 21.7122% 和 21.9552%。说明东部地区城镇居民教育结构好于中部地区。从初等教育程度占平均受教育程度比重来看，结论也是如此，2018 年中部地区和东部地区城镇居民初等教育程度占平均受教育程度比重分别为 11.6326% 和 11.1856%，前者大于后者。相对于西部地区 2018 年的城镇居民初等教育程度 1.4326 年，中部地区城镇居民初等教育程度稍低，主要是由于西部地区未上过学人口占比和小学人口占比较高，由表 3 - 4 可知，西部地区为 26.6843%，比中部地区高了近 4.73 个百分点。说明中部地区城镇居民教育结构好于西部地区。从初等教育程度占平均受教育程度比重来看，结论也是如此，2018 年西部地区城镇居民初等教育程度占平均受教育程度比重为 14.2224%，高于中部地区。相对于东北地区 2018 年的城镇居民初等教育程度 0.8327 年，中部地区城镇居民初等教育程度稍高，主要是由于东北地区未上过学人口占比和小学人口占比较低，由表 3 - 4 可知，东北地区为 14.9433%，说明东北地区城镇居民教育结构好于中部地区。从初等教育程度占平均受教育程度比重来看，结论也是如此，2018 年东北地区城镇居民初等教育程度占平均受教育程度比重为 7.7646%，低于中部地区。最后，相对于全国 2018 年的城镇居民初等教育程度 1.2044 年，比中部地区高了约 0.015 年，中部地区城镇居民初等教育程度略低，主要是因为全国未上过学人口占比和小学人口占比高于中部地区近0.433个百分点。说明从初等教育程度来看，中部地区城镇居民教育结构略好于全国水平。从初等教育程度占平均受教育程度比重来看，结论也是如此，2018年全国城镇居民初等教育程度占平均受教育程度比重为11.7027%，略高于中部地区。

表3-4 2018年省域城镇各教育层次人口占比 单位:%

地区	未上过学人口占比	小学人口占比	初中人口占比	高中人口占比	大专及以上人口占比
北京	1.1253	7.8563	17.2062	19.8180	53.9942
天津	1.5677	10.5798	31.2759	23.8316	32.7549
河北	3.4364	18.9005	37.8851	22.2496	17.5284
山西	1.8517	14.6621	35.6445	24.7040	23.1437
内蒙古	2.9553	15.3376	32.4831	21.4958	27.7365
辽宁	1.3632	12.7677	41.8251	21.0716	22.9767
吉林	1.6057	14.0516	37.9285	24.5757	21.8386
黑龙江	1.8983	13.6259	39.4412	23.4608	21.5569
上海	2.2847	10.6981	29.2233	22.5385	35.2493
江苏	4.7749	19.0018	36.0788	21.5752	18.5671
浙江	4.2015	22.7937	36.9781	16.3068	19.7299
安徽	4.6163	20.2111	34.3093	21.8304	19.0330
福建	4.8390	22.9764	34.3618	19.8653	17.9523
江西	3.4253	22.8048	36.6187	22.2672	14.8840
山东	4.8110	20.8186	35.0239	20.4901	18.8587
河南	3.2188	18.5874	41.9205	21.1998	15.0708
湖北	3.4325	17.2063	30.1211	25.8921	23.3480
湖南	2.3131	18.6952	34.6653	26.0639	18.2659
广东	2.4429	17.1960	37.3406	26.9232	16.0940
广西	2.8672	23.0634	41.6808	21.3037	11.0959
海南	3.3536	14.7995	36.6707	24.1555	21.0207
重庆	2.3541	22.2889	32.5986	21.5259	21.2455

续表

地区	未上过学人口占比	小学人口占比	初中人口占比	高中人口占比	大专及以上人口占比
四川	3.7551	23.4806	31.1356	19.8824	21.7433
贵州	5.2716	27.7716	34.4569	16.2859	16.2061
云南	6.5411	26.1297	31.9138	18.1729	17.2310
西藏	25.9901	29.5792	15.5941	11.3861	17.3267
陕西	3.7251	19.1559	31.7652	20.0886	25.2652
甘肃	6.2070	21.7511	29.0578	22.9565	20.0275
青海	8.1191	24.1942	29.1718	15.7487	22.8478
宁夏	5.1970	22.2443	32.1748	21.2843	19.1327
新疆	3.0558	19.2611	28.3113	20.6985	28.6733
东部地区	3.5765	18.1357	34.8064	22.0432	21.4381
中部地区	3.2033	18.7519	35.8851	23.5418	18.6185
西部地区	4.2119	22.4724	32.7027	20.0386	20.5765
东北地区	1.5973	13.3460	40.1437	22.6658	22.2434
全国	3.4712	18.9169	35.0154	21.9848	20.6121

资料来源：《中国人口与就业统计年鉴（2019）》。

　　从省份来看，从表 3-2 的计算结果发现，2018 年江西城镇居民初等教育程度在中部地区最高，为 1.4368 年，山西最低，为 0.9168 年，其他依次是安徽 1.3050 年、河南 1.1796 年、湖南 1.1680 年、湖北 1.1010 年。就初等教育程度而言，山西城镇居民教育结构好于中部地区其他省份，江西城镇居民教育结构在中部地区中最不合理。从初等教育程度占平均受教育程度比重来看，结论相同，该比重最高的省份是江西 14.6822%，最低省份是山西 8.4946%，其他依次是安徽 12.9750%、河南 11.9060%、湖南 11.2978%、湖北 10.3338%，说明就初等教育程度占平均受教育程度比重而言，山西城镇居民教育结构好于中部地区其他省份，江西城镇居民教育结构在中部地区中最不合理。就全国而言，2018 年西藏城镇居民初等教育程度最高，为 2.2946 年，北京最低，为 0.4939 年，主要是因为西藏未上过学人口占比和小学人口占比达到了 55.5693%，北京该占比仅为

8.9816%（见表 3 - 4），显然，中部地区最低的山西高于北京，中部地区除了江西和安徽高于全国水平，其他 4 省均低于全国水平，即除了江西和安徽，中部地区其他 4 省城镇居民教育结构好于全国水平。从初等教育程度占平均受教育程度比重来看，结论有所区别，全国该比重最高的省份是西藏 29.2798%，最低省份是北京 3.7818%，说明就初等教育程度占平均受教育程度比重而言，中部地区最低的山西高于北京，中部地区除了江西、安徽和河南高于全国水平，其他 3 省均低于全国水平，即除了江西、安徽和河南，中部地区其他 3 省城镇居民教育结构好于全国水平。从全国排名来看，江西城镇居民初等教育程度居全国第 10 位，安徽、河南、湖南、湖北、山西该值则分别居全国第 14 位、第 19 位、第 20 位、第 21 位、第 25 位。而从初等教育程度占平均受教育程度比重来看，江西、安徽、河南、湖南、湖北、山西分别居全国第 7 位、第 14 位、第 17 位、第 19 位、第 22 位、第 25 位。排名位置越后，说明该省城镇居民教育结构越好。

（2）居民中等教育程度。由表 3 - 2 可知，2018 年中部地区城镇居民中等教育程度为 6.0547 年。相对于东部地区城镇居民中等教育程度 5.7778 年，中部地区该值略高，原因是东部地区初中人口占比和高中人口占比为 56.8496%，低于中部地区 59.4269%（见表 3 - 4），表明从中等教育程度而言，相对于东部地区，中部地区城镇居民教育结构略好。从中等教育程度占平均受教育程度比重来看，结论也是如此，2018 年中部地区和东部地区城镇居民中等教育程度占平均受教育程度比重分别为 59.2271% 和 55.7293%，前者大于后者。相对于西部地区 2018 年的城镇居民中等教育程度 5.3479 年，中部地区该值较高，主要是由于西部地区初中人口和高中人口占比 52.7413%，比中部地区低了近 6.7 个百分点，说明中部地区城镇居民教育结构好于西部地区。从中等教育程度占平均受教育程度比重来看，结论也是如此，2018 年西部地区城镇居民中等教育程度占平均受教育程度比重为 53.0928%，低于中部地区。相对于东北地区 2018 年的城镇居民中等教育程度 6.3328 年，中部地区城镇居民中等教育程度稍低，主要是因为东北地区初中人口和高中人口占比 62.8095%（见表 3 - 4），高于中部地区近 3.4

个百分点，表明东北地区城镇居民教育结构好于中部地区。从中等教育程度占平均受教育程度比重来看，结论相反，2018 年东北地区城镇居民中等教育程度占平均受教育程度比重为 59.0502%，略低于中部地区。最后，相对于全国 2018 年的城镇居民中等教育程度 5.7896 年，中部地区城镇居民中等教育程度略高，大约高 0.27 年，原因是全国初中人口和高中人口占比 57.0002%（见表 3 - 4），低于中部地区约 2.43 个百分点，说明从中等教育程度而言，相对于全国水平，中部地区城镇居民教育结构略好。从中等教育程度占平均受教育程度比重来看，结论也是如此，2018 年全国城镇居民中等教育程度占平均受教育程度比重为 56.2534%，低于中部地区。

　　分省份来看，由表 3 - 2 可知，2018 年河南在中部地区城镇居民中等教育程度最高，为 6.3168 年，安徽最低，为 5.7075 年，其他依次是湖南 6.2476 年、山西 6.1725 年、江西 5.9677 年、湖北 5.8180 年，说明从中等教育程度而言，河南城镇居民教育结构好于中部其他省份，安徽城镇居民教育结构在中部地区中最不合理。从中等教育程度占平均受教育程度比重来看，结论有所区别，该比重最高的省份是河南 63.7562%，最低省份是湖北 54.6047%，其他依次是江西 60.9826%、湖南 60.4325%、山西 57.1937%、安徽 56.7471%，说明就中等教育程度占平均受教育程度比重而言，河南城镇居民教育结构好于中部其他省份，湖北城镇居民教育结构在中部地区中最不合理。就全国而言，广东 2018 年城镇居民中等教育程度最高，为 6.5914 年，西藏则最低，为 2.7698 年，这是因为广东初中人口和高中人口占比达到了 64.2638%（见表 3 - 4），位居全国第一，西藏初中人口和高中人口占比仅为 26.9802%（见表 3 - 4），位居全国倒数第一，初中人口和高中人口占比均是全国倒数第一。显然，中部地区城镇居民中等教育程度最高的河南低于广东，中部地区安徽低于全国水平，中部地区其他省份均高于全国水平，即除安徽外，中部地区其他 5 省城镇居民教育结构均好于全国水平。从中等教育程度占平均受教育程度比重来看，结论有所区别，全国该比重最高的省份是广西 66.2282%，最低省份是北京 30.0675%，说明就中等教育程度占平均受教育程度比重而言，中部地区该比重最高的河南低于广西，中部地区湖北低于全国水平，其他省份均高于全国水平，即除湖北外，其他5省城镇居民教育结构均好于全国水平。从全国排名可知，河南、湖南、山西、江西、湖北、安徽城镇居民中等教育程度分别居全国第4位、第7位、第9位、第11位、第13位、第14位。而从中等教育程度占平均受教育程度比重来看，河南、江西、湖南、山西、安徽、湖北分别居全国第3位、第4位、第5位、第12位、第13位、第17位。排名位置越前，说明该省城镇居民教育结构越好。

（3）居民高等教育程度。由表3-2可知，2018年中部地区城镇居民高等教育程度为2.9790年。相对于东部地区2018年的城镇居民高等教育程度3.4301年，中部地区该值稍低，主要是由于东部地区大专及以上人口占比为21.4381%，高于中部地区18.6185%（见表3-4），说明从高等教育程度而言，相对于中部地区，东部地区城镇居民教育结构稍好。从高等教育程度占平均受教育程度比重来看，结论也是如此，2018年中部地区和东部地区城镇居民高等教育程度占平均受教育程度比重分别为29.1403%和33.0850%，前者小于后者。相对于西部地区2018年的城镇居民高等教育程度3.2922年，中部地区该值略低，主要是因为西部地区大专及以上人口占比20.5765%（见表3-4），略高于中部地区，说明相对中部地区，西部地区城镇居民教育结构略好。从高等教育程度占平均受教育程度比重来看，结论也是如此，2018年西部地区城镇居民高等教育程度占平均受教育程度比重为32.6848%，高于中部地区。相对于东北地区2018年的城镇居民高等教育程度3.5589年，中部地区该值较低，原因是东北地区大专及以上人口占比为22.2434%（见表3-4），说明东北地区城镇居民教育结构好于中部地区。从高等教育程度占平均受教育程度比重来看，结论也是如此，2018年东北地区城镇居民高等教育程度占平均受教育程度比重为33.1852%，高于中部地区。最后，相对于全国2018年的城镇居民高等教育程度3.2979年，中部地区该值略低，原因在于全国大专及以上人口占比20.6121%（见表3-4），略高于中部地区，表明仅就高等教育程度而言，全国城镇居民教育结构略好于中部地区。从高等教育程度占平均受教育程度比重来看，结论也是如此，2018 年全国城镇居民中等教育程度占平均受教育程度比重为 32.0439%，高于中部地区。

　　分省份来看，由表 3-2 可知，2018 年湖北在中部地区城镇居民高等教育程度最高，为 3.7357 年，江西最低，为 2.3814 年，其他依次是山西 3.7030 年、安徽 3.0453 年、湖南 2.9225 年、河南 2.4113 年，表明仅从高等教育程度来看，在中部地区 6 省中湖北城镇居民教育结构最好，江西城镇居民教育结构最不合理。从高等教育程度占平均受教育程度比重来看，结论相同，该比重最高的省份是湖北 35.0615%，最低省份是江西 24.3353%，其他依次是山西 34.3116%、安徽 30.2779%、湖南 28.2697%、河南 24.3377%，说明就高等教育程度占平均受教育程度比重而言，中部地区 6 省中湖北城镇居民教育结构最好，江西城镇居民教育结构最不合理。就全国而言，北京 2018 年城镇居民高等教育程度最高，为 8.6391 年，广西最低，为 1.7753 年，主要是由于北京和广西大专及以上人口占比分别位居全国第一和倒数第一，前者高达 53.9942%，后者仅为 11.0959%（见表 3-4）。显然，中部地区城镇居民高等教育程度最高的湖北低于北京，中部地区除湖北和山西外，其他省份该值均低于全国水平，即从高等教育程度来看，中部地区只有湖北和山西城镇居民教育结构好于全国水平。从高等教育程度占平均受教育程度比重来看，结论相同，全国该比重最高的省份是北京 66.1507%，最低省份是广西 18.6403%，说明就高等教育程度占平均受教育程度比重而言，中部地区该比重最高的湖北低于北京，中部地区除湖北和山西外，其他省份该值均低于全国水平，即中部地区只有湖北和山西城镇居民教育结构好于全国水平。从全国排名来看，湖北、山西、安徽、湖南、河南、江西城镇居民高等教育程度分别居第 7 位、第 8 位、第 19 位、第 22 位、第 29 位、第 30 位。而从高等教育程度占平均受教育程度比重来看，湖北、山西、安徽、湖南、河南、江西分别居全国第 9 位、第 10 位、第 20 位、第 25 位、第 29 位、第 30 位。排名位置越前，说明该省城镇居民教育结构越合理。

3.3 中部地区农村与城镇居民收入水平现状分析

3.3.1 中部地区农村居民收入水平现状分析

自改革开放以来，中部地区农民收入显著增加，年均增长 12.07%，由表 3－5 可知，2018 年中部地区农村居民人均可支配收入达 13851.17 元，同比增长 8.99%，与该地区城镇居民人均可支配收入 33712.39 元比值为 1∶2.43。首先，与东部地区相比，中部地区农村居民人均可支配收入明显低于东部地区。2018 年东部地区农村居民人均可支配收入达 20738.34 元，是中部地区的 1.50 倍，其同比增长 8.61%，低于中部地区，东部地区农村居民人均可支配收入与城镇居民人均可支配收入比值为 1∶2.29，显然低于中部地区，即中部地区城乡收入差距大于东部地区。与西部地区相比，中部地区农村居民人均可支配收入高于西部地区。2018 年西部地区农村居民人均可支配收入达 11614.68 元，是中部地区的 83.85%，其同比增长 9.38%，高于中部地区，西部地区农村居民人均可支配收入与城镇居民人均可支配收入比值为 1∶2.85，显然高于中部地区，即中部地区城乡收入差距小于西部地区。与东北地区相比，中部地区农村居民人均可支配收入略低于东北地区。2018 年东北地区农村居民人均可支配收入达 14069.38 元，是中部地区的 1.02 倍，其同比增长 7.23%，明显低于中部地区，东北地区农村居民人均可支配收入与城镇居民人均可支配收入比值为 1∶2.29，低于中部地区，即中部地区城乡收入差距也大于东北地区。与全国平均值相比，中部地区农村居民人均可支配收入低于全国平均值。2018 年全国农村居民人均可支配收入达 14617.00 元，比中部地区高了近 766 元，但其同比增长 8.82%，低于中部地区，全国农村居民人均可支配收入与城镇居民人均可支配收入比值为 1∶2.69，高于中部地区，即中部地区城乡收入差距小于全国平均水平。

表 3-5 2018 年各省域农村与城镇居民人均可支配收入 单位：元,%

地区	农村居民人均可支配收入	同比增速	城镇居民人均可支配收入	同比增速
北京	26490.29	9.28	67989.89	8.95
天津	23065.23	6.03	42976.25	6.70
河北	14030.89	8.93	32977.18	7.95
山西	11750.01	8.92	31034.80	6.53
内蒙古	13802.56	9.68	38304.68	7.39
辽宁	14656.33	6.62	37341.93	6.71
吉林	13748.17	6.16	30171.94	6.54
黑龙江	13803.65	8.99	29191.33	6.36
上海	30374.73	9.16	68033.62	8.69
江苏	20845.07	8.81	47199.97	8.20
浙江	27302.37	9.40	55574.31	8.41
安徽	13996.02	9.70	34393.08	8.70
福建	17821.19	9.10	42121.31	8.00
江西	14459.89	9.20	33819.40	8.40
山东	16297.00	7.80	39549.43	7.50
河南	13830.74	8.74	31874.19	7.84
湖北	14977.82	8.44	34454.63	8.04
湖南	14092.51	8.94	36698.25	8.10
广东	17167.74	8.80	44340.97	8.21
广西	12434.77	9.79	32436.07	6.34
海南	13988.88	8.43	33348.65	8.21
重庆	13781.22	9.05	34889.30	8.37
四川	13331.38	9.03	33215.91	8.10
贵州	9716.10	9.55	31591.93	8.64
云南	10767.91	9.18	33487.94	8.04
西藏	11449.82	10.84	33797.38	10.19
陕西	11212.84	9.24	33319.25	8.14
甘肃	8804.13	9.02	29957.00	7.90
青海	10393.34	9.84	31514.53	8.04
宁夏	11707.64	9.03	31895.22	8.22
新疆	11974.50	8.41	32763.55	6.46

续表

地区	农村居民人均可支配收入	同比增速	城镇居民人均可支配收入	同比增速
东部地区	20738.34	8.61	47411.16	8.17
中部地区	13851.17	8.99	33712.39	7.96
西部地区	11614.68	9.38	33097.73	7.98
东北地区	14069.38	7.23	32235.07	6.55
全国	14617.00	8.82	39251.00	7.84

资料来源:《中国统计年鉴》。

就全国而言,由表3-5可知,2018年农村居民人均可支配收入最高的是上海30374.73元,最低省份是甘肃8804.13元,显然,中部地区最高的湖北只有上海的49.31%,略高于全国平均值,中部地区最低的山西则是甘肃的1.34倍。2018年中部地区农村居民人均可支配收入同比增长最快的省份是安徽,位于全国增速第四位,比中部地区增速高0.71个百分点。中部地区2018年同比增速最低的湖北在全国则是排在倒数第7位,高于海南、新疆、山东、辽宁、吉林、天津6省份。其增速也低于东部地区、中部地区和西部地区平均增速,仅高于东北地区平均增速。从城乡收入比值来看,中部地区6省该比重均低于全国平均值,说明中部地区6省城乡收入差距均小于全国平均水平。中部地区城乡收入比值最小的湖北在全国居第25位,高于江苏、上海、吉林、黑龙江、浙江、天津的比值,说明全国只有这6个省份的城乡收入差距小于湖北,其他省份的收入差距均大于湖北。中部地区城乡收入比值最大的山西在全国各省来看居第10位,低于甘肃、贵州、云南、青海、陕西、西藏、内蒙古、新疆和宁夏的比值,说明全国只有这9个省份的城乡收入差距大于山西,其他省份的收入差距均小于山西。

3.3.2　中部地区城镇居民收入水平现状分析

自改革开放以来,中部地区城镇居民人均可支配收入大幅提高。由表3-5可知,中部地区2018年城镇居民人均可支配收入为33712.39元,增长7.96%,

是该地区农村居民人均可支配收入的 2.43 倍。相对于东部地区 2018 年的城镇居民人均可支配收入 47411.16 元，中部地区城镇居民人均可支配收入明显较低，后者是前者的 1.41 倍，增长率 8.17% 也高于前者，且中部地区城乡收入差距大于东部地区，主要表现为后者城镇居民人均可支配收入是农村居民人均可支配收入的 2.29 倍，低于中部地区。相对于西部地区 2018 年的城镇居民人均可支配收入 33097.73 元和东北地区的城镇居民可支配收入 32235.07 元，中部地区城镇居民可支配收入略高，但西部地区增长率 7.98%，略高于中部地区，东北地区增长率 6.55%，低于中部地区；且西部地区城乡收入差距大于中部地区，东北地区城乡收入差距则小于中部地区，主要表现为西部地区城镇居民人均可支配收入是农村居民人均可支配收入的 2.85 倍，显然高于中部地区，东北地区城镇居民人均可支配收入是农村居民人均可支配收入的 2.29 倍，显然低于中部地区。最后，相对于全国 2018 年的城镇居民人均可支配收入 39251.00 元，中部地区城镇居民可支配收入明显较低，前者是中部地区的 1.164 倍，其同比增长 7.84%，低于中部地区，另外，全国城镇居民人均可支配收入与农村居民人均可支配收入比值为 2.69，显然高于中部地区，即全国城乡收入差距大于中部地区。

从中部地区省份来看，由表 3 – 5 可知，2018 年城镇居民人均可支配收入最高的省份是湖南 36698.25 元，最低省份是山西 31034.80 元，其他依次是湖北 34454.63 元、安徽 34393.08 元、江西 33819.40 元、河南 31874.19 元。2018 年城镇居民人均可支配收入同比增长速度最快的省份是安徽 8.70%，最低的省份是山西 6.53%，其他依次是江西 8.40%、湖南 8.10%、湖北 8.04%、河南 7.84%。从城镇与农村居民人均可支配收入比值来看，该比值最高的是山西 2.641，最低的是湖北 2.300，其他依次是湖南、安徽、江西、河南，比值分别为 2.604、2.457、2.339、2.305。即山西在中部地区省份中城乡收入差距最大，湖北最小。

就全国而言，由表 3 – 5 可知，2018 年城镇居民人均可支配收入最高的是上海 68033.62 元，最低省份是黑龙江 29191.33 元，显然，中部地区最高的湖南只有上海的 53.94%，且没有达到全国平均值，中部地区最低的河南则是甘肃的

1.06 倍。2018 年中部地区城镇居民人均可支配收入同比增长最快的安徽在全国增速排名中居第三位，比增速居第一位的西藏要低 1.49 个百分点，也比中部地区增速高 0.74 个百分点。中部地区 2018 年同比增速最低的山西在全国则是排在倒数第四位，高于新疆、黑龙江、广西增速。其增速也低于东部地区、中部地区、西部地区、东北地区平均增速。

3.4 中部地区农村与城镇居民收入结构现状分析

3.4.1 中部地区农村居民收入结构现状分析

（1）农民工资性收入。自改革开放以来，中部地区农民工资性收入显著提高，由表 3－6 可知，2018 年中部地区农民工资性收入平均值为 5474.86 元，中部地区农民工资性收入占其收入比重平均为 39.53%。与东部地区相比，中部地区农民工资性收入平均值明显低于东部地区，2018 年东部地区农民工资性收入平均值达 12013.84 元，是中部地区的 2.19 倍，东部地区农民工资性收入占其收入比重平均为 57.93%，高于中部地区该比重近 18.4 个百分点，说明东部地区农民收入中非农收入占比高，农民收入结构要比中部地区更为合理。与西部地区相比，中部地区农民工资性收入平均值明显高于西部地区，2018 年西部地区农民工资性收入平均值为 3627.21 元，只有中部地区的 66.25%，西部地区农民工资性收入占其收入比重平均为 31.23%，比中部地区低了约 8.3 个百分点，说明中部地区农民收入结构要比西部地区更为合理。与东北地区相比，中部地区农民工资性收入平均值也明显高于东北地区，2018 年东北地区农民工资性收入平均值为 4035.35 元，只有中部地区的 73.71%，东北地区农民工资性收入占其收入比重平均为 28.68%，比中部地区低了约 10.85 个百分点，说明中部地区农民收入结构要比东北地区更为合理。

表 3 – 6　2018 年农民各类收入及其占比　　　　　　　　单位：元，%

	湖北	江西	湖南	河南	安徽	山西	中部地区	东部地区	西部地区	东北地区
工资性收入	4886.79	6120.98	5769.30	5336.00	5000.36	5735.75	5474.86	12013.84	3627.21	4035.35
经营性收入	6270.85	5271.87	4785.70	4791.00	5663.94	3075.23	4976.43	4977.61	4712.52	7781.38
转移性收入	3634.24	2831.58	3358.20	3483.00	3075.69	2722.77	3184.25	3016.64	2997.20	1833.92
财产性收入	185.94	235.46	179.30	221.00	256.03	216.26	215.67	730.25	277.75	418.73
工资性收入占比	32.63	42.33	40.94	38.58	35.73	48.81	39.53	57.93	31.23	28.68
经营性收入占比	41.87	36.46	33.96	34.64	40.47	26.17	35.93	24.00	40.57	55.31
转移性收入占比	24.26	19.58	23.83	25.18	21.98	23.17	22.99	14.55	25.81	13.03
财产性收入占比	1.24	1.63	1.27	1.60	1.83	1.84	1.56	3.52	2.39	2.98

资料来源：2019 年各省份统计年鉴。

从中部地区省份来看，2018 年江西农民工资性收入最高为 6120.98 元，湖北最低为 4886.79 元，其他依次是湖南、山西、河南、安徽，从农民工资性收入占其收入比重来看，山西比重最高为 48.81%，湖北比重最低为 32.63%，其他依次是江西、湖南、河南、安徽。因此，仅就工资性收入占比而言，山西农民收入中非农收入比重较高，农民收入结构要好于中部其他省份，湖北农民收入结构则最不合理。

就全国而言，2018 年农民工资性收入最高的是上海，最低的是西藏，中部地区最高的江西只有上海的 28%，高于全国平均值，中部地区最低的湖北则是西藏的 2.35 倍，江西农民工资性收入在全国排第 10 位，湖北则排第 20 位。2018 年农民工资性收入占其收入比重最高的是上海 71%，最低省份是西藏 22%，显然，中部地区最高的山西与上海相差了 22.19 个百分点，中部地区最低的湖北则比吉林高了约 10 个百分点，但没有达到全国平均值，山西农民工资性收入占其收入比重在全国排第 6 位，湖北则排第 23 位，说明中部地区农民收入结构亟待优化。

（2）农民经营性收入。自 1978 年以来，中部地区农民经营性收入显著提高，由表 3-6 可知，2018 年中部地区农民经营性收入平均值为 4976.43 元，中部地区农民经营性收入占其收入比重平均为 35.93%。与东部地区相比，中部地区农民经营性收入平均值稍低于东部地区，2018 年东部地区农民经营性收入平均值达 4977.61 元，几乎相当，东部地区农民经营性收入占其收入比重平均为 24.00%，低于中部地区该比重约 12 个百分点，说明东部地区农民收入结构中农业收入比重低于中部地区，东部地区农民收入结构更为合理。与西部地区相比，中部地区农民经营性收入平均值高于西部地区，2018 年西部地区农民经营性收入平均值为 4712.52 元，相差约 263.91 元，西部地区农民经营性收入占其收入比重平均为 40.57%，比中部地区高了约 4.64 个百分点，说明西部地区农业收入比重较高，中部地区农民收入结构要比西部地区更为合理。与东北地区相比，中部地区农民经营性收入平均值明显低于东北地区，2018 年东北地区农民经营性收入平均值为 7781.38 元，是中部地区的 1.56 倍，东北地区农民经营性收入占其收入比重平均为 55.31%，比中部地区高了约 19.38 个百分点，说明东北地区农业收入比重过高，中部地区农民收入结构要比东北地区更为合理。

从中部地区省份来看，湖北农民经营性收入最高为 6270.85 元，山西最低为 3075.23 元，其他依次是安徽、江西、河南、湖南，从农民经营性收入占其收入比重来看，湖北比重最高为 41.87%，山西比重最低为 26.17%，其他依次是安徽、江西、河南、湖南。因此，就经营性收入占比而言，山西的农民农业收入比重最低，农民收入结构要好于中部其他省份，湖北农民收入结构则最不合理。

就全国而言，2018 年农民经营性收入最高的是吉林，最低是上海，中部地区最低的山西是上海的 2.24 倍，中部地区最高的湖北则是吉林的 85.89%，山西农民经营性收入在全国排第 28 位，湖北则排第 8 位，高于全国平均值。2018 年农民经营性收入占其收入比重最低的是上海 4.7%，最高省份是吉林 57.1%，显然，中部地区最低的山西比上海高了 21.47 个百分点，中部地区最高的湖北则比吉林低了约 15.23 个百分点，但却高于全国平均值 36.66% 近 5.21 个百分点，山西农民经营性收入占其收入比重在全国排第 25 位，湖北则排第 7 位，说明中部地区农民收入中农业收入比重较高，农民收入结构亟待优化。

（3）农民转移性收入。自改革开放以来，中部地区农民转移性收入显著提高，由表 3 - 6 可知，2018 年中部地区农民转移性收入平均值为 3184.25 元，中部地区农民转移性收入占其收入比重平均为 22.99%。与东部地区相比，中部地区农民转移性收入平均值略高于东部地区，2018 年东部地区农民转移性收入平均值为 3016.64 元，东部地区农民转移性收入占其收入比重平均为 14.55%，低于中部地区该比重 8.44 个百分点，说明东部地区农民转移性收入比重低于中部地区，东部地区农民收入结构更为合理。与西部地区相比，中部地区农民转移性收入平均值高于西部地区，2018 年西部地区农民转移性收入平均值为 2997.20 元，相差约 187 元，西部地区农民转移性收入占其收入比重平均为 25.81%，略高于中部地区，说明西部地区转移性收入比重偏高，中部地区农民收入结构要比西部地区更为合理。与东北地区相比，中部地区农民转移性收入平均值明显高于东北地区，2018 年东北地区农民转移性收入平均值为 1833.92 元，只有中部地区的 57.59%，东北地区农民转移性收入占其收入比重平均为 13.03%，比中部地区低了约 9.96 个百分点，说明东北地区农民转移性收入比重较低，东北地区农民收入结构要比中部地区更为合理。

从中部地区省份来看，湖北农民转移性收入最高为 3634.24 元，山西最低为 2722.77 元，其他依次是河南、湖南、安徽、江西，从农民转移性收入占其收入比重来看，河南比重最高为 25.18%，江西比重最低为 19.58%，其他依次是湖北、湖南、山西、安徽。因此，仅就转移性收入占比而言，江西农民收入结构要好于中部其他省份，河南农民收入结构则最不合理。

就全国而言，2018 年农民转移性收入最高的是上海、最低的是云南，中部地区最高的湖北是上海农民转移性收入的 57.69%，中部地区最低的山西则是云南农民转移性收入的 2.65 倍，山西农民转移性收入在全国排第 19 位，低于全国平均值，湖北则排第 3 位，高于全国平均值约 714 元。2018 年农民转移性收入占其收入比重最低的是云南,最高省份是青海,显然,中部地区最低江西比云南高了约 10 个百分点,中部地区最高河南则比青海低了约 5 个百分点,但却高于全国平均值 5.21 个百分点,江西农民转移性收入占其收入比重在全国排第 14 位,河南则排第 6 位,说明中部地区农民收入中转移性收入比重较高,农民收入结构亟待优化。

(4)农民财产性收入。自 1978 年以来,中部地区农民财产性收入显著提高,由表 3 – 6 可知,2018 年中部地区农民财产性收入平均值为 215.67 元,中部地区农民财产性收入占其收入比重平均为 1.56%。与东部地区相比,中部地区农民财产性收入平均值低于东部地区,2018 年东部地区农民财产性收入平均值为 730.25 元,东部地区农民财产性收入占其收入比重平均为 3.52%,是中部地区该比重的 2.26 倍,说明东部地区农民财产性收入比重高于中部地区,东部地区农民收入结构更为合理。与西部地区相比,中部地区农民财产性收入平均值也低于西部地区,2018 年西部地区农民财产性收入平均值为 277.75 元,相差约 62 元,西部地区农民财产性收入占其收入比重平均为 2.39%,是中部地区的 1.54 倍,说明西部地区财产性收入比重较高,西部地区农民收入结构要比中部地区更为合理。与东北地区相比,中部地区农民财产性收入平均值明显低于东北地区,2018 年东北地区农民财产性收入平均值为 418.73 元,是中部地区的 1.94 倍,东北地区农民财产性收入占其收入比重平均为 2.98%,是中部地区的 1.91 倍,说明东北地区农民财产性收入比重较高,东北地区农民收入结构要比中部地区更为合理。

从中部地区省份来看,安徽农民财产性收入最高为 256.03 元,湖南最低为 179.30 元,其他依次是江西、河南、山西、湖北,从农民财产性收入占其收入比重来看,山西比重最高为 1.84%,湖北比重最低为 1.24%,其他依次是安徽、江西、河南、湖南。因此,仅就财产性收入占比而言,山西农民收入结构要好于中部其他省份,湖北农民收入结构最不合理。

就全国而言,2018 年农民财产性收入最高的是北京 1877 元,最低是贵州 126 元,显然,中部地区最高的安徽是北京的 13.64%,中部地区最低的湖南则是贵州的 1.42 倍，安徽农民财产性收入在全国排第 19 位，低于全国平均值，只有全国平均值的 74.86%，湖南则排第 26 位。2018 年农民财产性收入占其收入比重最低的是西藏，最高省份是北京，显然，中部地区最高的山西比北京低了约 5.25 个百分点，也比全国平均值 2.34% 低了 0.5 个百分点，山西农民财产性收入占其收入比重在全国排第 20 位，湖北则排第 28 位，说明中部地区农民收入中财产性收入比重过低，农民收入结构亟待优化。

3.4.2　中部地区城镇居民收入结构现状分析

（1）城镇居民工资性收入。相对于改革开放初期，中部地区城镇居民工资性收入明显提高，由表 3 - 7 可知，中部地区 2016 年城镇居民工资性收入为 17413 元，中部地区城镇居民工资性收入占其收入比重平均为 60.42%。相对于东部地区 2016 年的城镇居民工资性收入 24026 元，中部地区该类收入明显较低，前者是后者的 1.38 倍，东部地区城镇居民工资性收入占其收入比重平均为 62.41%，略高于后者该比重。相对于西部地区 2016 年的城镇居民工资性收入 16897 元，中部地区该类收入略高，高了 516 元，前者只有后者的 97%，西部地区城镇居民工资性收入占其收入比重平均为 59.31%，比后者略低。相对于东北地区 2016 年的城镇居民工资性收入 16387 元，中部地区该类收入也略高，前者比后者少了 1026 元，是后者的 94.11%，东北地区城镇居民工资性收入占其收入比重平均为 57.91%，比中部地区低了约 2.5 个百分点。可见，中部地区城镇居民工资性收入及其占比低于东部地区，但高于西部地区和东北地区。

表 3 - 7　2016 年城镇居民各类收入及其占比　　　　　　单位：元,%

地区	工资性收入	经营净收入	财产净收入	转移净收入	工资性收入占比	经营净收入占比	财产净收入占比	转移净收入占比
北京	35701	1292	9310	10972	62.33	2.26	16.25	19.16
天津	23207	2666	3721	7516	62.54	7.18	10.03	20.25
河北	18032	1983	2513	5722	63.83	7.02	8.89	20.25
山西	16954	2659	2004	5735	61.98	9.72	7.33	20.97

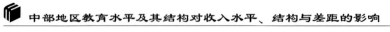

续表

地区	工资性收入	经营净收入	财产净收入	转移净收入	工资性收入占比	经营净收入占比	财产净收入占比	转移净收入占比
内蒙古	20355	5466	1733	5421	61.73	16.58	5.26	16.44
辽宁	18316	3951	1833	8777	55.71	12.02	5.57	26.70
吉林	15838	2519	1388	6786	59.70	9.49	5.23	25.58
黑龙江	15008	2671	1305	6752	58.32	10.38	5.07	26.24
上海	34339	1400	8487	13466	59.52	2.43	14.71	23.34
江苏	24214	4411	4151	7375	60.31	10.99	10.34	18.37
浙江	26656	7126	6381	7074	56.43	15.09	13.51	14.98
安徽	18278	4420	2080	4378	62.69	15.16	7.13	15.02
福建	16048	5278	2623	3662	58.12	19.12	9.50	13.26
江西	18136	2385	2619	5533	63.25	8.32	9.13	19.30
山东	21812	4778	2740	4681	64.13	14.05	8.06	13.76
河南	15829	3755	2412	5238	58.12	13.79	8.86	19.23
湖北	18002	3321	2468	5595	61.26	11.30	8.40	19.04
湖南	17280	4341	6659	3008	55.23	13.87	21.28	9.62
广东	21362	4102	3096	1736	70.51	13.54	10.22	5.73
广西	16493	4805	2229	4798	58.23	16.96	7.87	16.94
海南	18892	2915	2170	4477	66.39	10.24	7.63	15.73
重庆	17043	3348	2221	6998	57.56	11.31	7.50	23.63
四川	13978	6016	1805	6535	49.33	21.23	6.37	23.07
贵州	15318	4683	679	5048	59.54	18.20	2.64	19.62
云南	13108	7586	5055	2863	45.81	26.51	17.67	10.01
陕西	16877	2014	2056	7493	59.34	7.08	7.23	26.35
甘肃	16751	1961	2356	4626	65.20	7.63	9.17	18.00
青海	18741	2008	1451	4558	70.04	7.50	5.42	17.03
宁夏	18033	4364	1487	7083	58.23	14.09	4.80	22.87
新疆	19173	2941	1279	5070	67.36	10.33	4.49	17.81
东部地区	24026	3595	4519	6668	62.41	10.19	10.91	16.48
中部地区	17413	3480	3040	4915	60.42	12.03	10.36	17.19
西部地区	16897	4108	2032	5499	59.31	14.31	7.13	19.25
东北地区	16387	3047	1509	7438	57.91	10.63	5.29	26.17

注：由于西藏数据缺失，剔除西藏。

资料来源：各省份统计年鉴等。

从省份来看，安徽城镇居民工资性收入在中部地区中最高，为 18278 元，河南最低，为 15829 元，其他依次是江西、湖北、湖南、山西，从该类收入占比来看，江西比重最高为 63.25%，湖南比重最低为 55.23%，其他依次是安徽、山西、湖北、河南。

就全国而言，2016 年城镇居民工资性收入最高的是北京 35701 元，最低省份是云南 13108 元，显然，中部地区最高的安徽只有北京的 51.20%，且没有达到全国平均值，中部地区最低的河南则是云南的 1.21 倍，安徽城镇居民工资性收入在全国排第 13 位，河南则排第 26 位。2016 年城镇居民工资性收入占其收入比重最高的是广东 70.51%，最低省份是云南 45.81%，显然，中部地区最高的江西与广东相差了 7.26 个百分点，中部地区最低的湖南则比云南高了约 9 个百分点，但没有达到全国平均值，江西城镇居民工资性收入占其收入比重在全国排第 8 位，湖南则排第 28 位，说明中部地区城镇居民收入结构亟待优化。

（2）城镇居民经营净收入。自 1978 年以来，中部地区城镇居民经营净收入显著提高，由表 3－7 可知，中部地区 2016 年城镇居民经营净收入为 3480 元，中部地区城镇居民经营净收入占其收入比重平均为 12.03%。相对于东部地区 2016 年的城镇居民经营净收入 3595 元，中部地区该类收入稍低，相差了 115 元，东部地区城镇居民经营净收入占其收入比重平均为 10.19%，低于中部地区该比重。与西部地区 2016 年的城镇居民经营净收入 4108 元相比，中部地区该类收入略低，相差约 628 元，西部地区城镇居民经营净收入占其收入比重平均为 14.31%，比中部地区高了约 2.28 个百分点。相对于东北地区 2016 年的城镇居民经营净收入 3047 元，中部地区该类收入略高，前者比后者低了 433 元，东北地区城镇居民经营净收入占其收入比重平均为 10.63%，比中部地区低了约 1.7 个百分点。

从省份来看，安徽城镇居民经营净收入在中部地区中最高，为 4420 元，江西最低为 2385 元，其他依次是湖南、河南、湖北、山西，从城镇居民经营净收入占其收入比重来看，安徽比重最高为 15.16%，江西比重最低为 8.32%，其他依次是湖南、河南、湖北、山西。

就全国而言,云南 2016 年城镇居民经营净收入最高,为 7586 元,最低是北京 1292 元,显然,中部地区最低的江西是北京的 1.85 倍,中部地区最高的安徽则是云南的 58.27%,江西城镇居民经营净收入在全国排第 24 位,安徽则排第 9 位,高于全国平均值。2016 年城镇居民经营净收入占其收入比重最低的是北京 2.26%,最高省份是云南 26.51%,显然,中部地区最低的江西比北京高了约 6 个百分点,但低于全国平均值近 4 个百分点,中部地区最高的安徽则比云南低了约 11 个百分点,江西城镇居民经营净收入占其收入比重在全国排第 23 位,安徽则排第 7 位,其中湖北、山西和江西城镇居民经营净收入占其收入比重低于全国平均值,安徽、湖南、河南城镇居民经营净收入占其收入比重高于全国平均值,说明中部地区城镇居民收入结构有待进一步优化。

(3)城镇居民财产净收入。自 1978 年以来,中部地区城镇居民财产净收入明显提高,由表 3-7 可知,中部地区 2016 年城镇居民财产净收入为 3040 元,中部地区该类收入占比为 10.36%。与东部地区 2016 年的城镇居民财产净收入 4519 元相比,中部地区该类收入较低,相差 1479 元;东部地区该类收入占比为 10.91%,说明东部地区城镇居民财产净收入占比略高于中部地区,东部地区城镇居民收入结构更为合理。相对于西部地区 2016 年的城镇居民财产净收入 2032 元,中部地区该类收入较高,两个地区相差约 1000 元,西部地区该类收入占比为 7.13%,占比较小,比中部地区约低了 3.23 个百分点,说明中部地区城镇居民收入结构要比西部地区更为合理。与东北地区 2016 年的城镇居民财产净收入 1509 元相比,中部地区该类收入明显较高,前者大概是后者的一半,前者该类收入占比为 5.29%,低于中部地区 5.07 个百分点,表明东北地区该类收入占比较低,中部地区城镇居民收入结构要比东北地区更为合理。

从中部地区省份来看,湖南城镇居民财产净收入最高为 6659 元,山西最低为 2004 元,其他依次是江西、河南、湖北、安徽,从该类收入占比来看,湖南比重最高为 21.28%,安徽比重最低为 7.13%,其他依次是江西、湖北、河南、山西。因此,就财产净收入占比而言,湖南城镇居民收入结构要好于中部其他省份,安徽城镇居民收入结构则最不合理。

就全国而言，北京 2016 年城镇居民财产净收入最高为 9310 元，贵州最低为 679 元，显然，中部地区最高的湖南比北京少了 2651 元，中部地区最低的山西则是贵州的 2.95 倍，湖南城镇居民财产净收入在全国排第 3 位，高于全国平均值，山西则排第 21 位，中部地区除湖南外，其他 5 省城镇居民财产净收入均低于全国平均值。2016 年城镇居民财产净收入占比最低的是贵州 2.64%，最高省份是湖南 21.28%，中部地区湖南、江西和河南该比重高于全国平均值，在全国分别排第 1 位、第 11 位、第 13 位，湖北、山西和安徽该比重低于全国平均值，在全国分别排第 14 位、第 19 位、第 21 位。因此，从该类收入来看，中部地区城镇居民收入结构亟待进一步优化。

　　（4）城镇居民转移净收入。相对改革开放初期，中部地区城镇居民转移净收入大幅提高，由表 3 - 7 可知，中部地区 2016 年城镇居民转移净收入为 4915 元，中部地区该类收入占比为 17.19%。与东部地区 2016 年的城镇居民转移净收入 6668 元相比，中部地区该类收入少了 1753 元，东部地区该类收入占比为 16.48%，略低于中部地区该比重，说明东部地区城镇居民收入结构更为合理。相对于西部地区 2016 年的城镇居民转移净收入 5499 元，中部地区该类收入略低，相差约 584 元，西部地区该类收入占比为 19.25%，高于中部地区约 2 个百分点，说明中部地区城镇居民收入结构要比西部地区更为合理。与东北地区 2016 年的城镇居民转移净收入 7438 元相比，中部地区该类收入明显较低，前者比后者高了 2523 元，东北地区该类收入占比为 26.17%，比后者高了 8.98 个百分点，说明东北地区城镇居民转移净收入比重过高，城镇居民收入结构相对中部地区不合理。

　　从省份来看，山西在中部地区 6 省中城镇居民转移净收入最高为 5735 元，湖南最低为 3008 元，其他依次是湖北、江西、河南、安徽，从该类收入占比来看，山西比重最高为 20.97%，湖南比重最低为 9.62%，其他依次是江西、河南、湖北、安徽。因此，就转移净收入占比而言，湖南城镇居民收入结构要好于中部其他省份，山西城镇居民收入结构则最不合理。

　　就全国而言，上海 2016 年城镇居民转移净收入最高为 13466 元，最低是广东为 1736 元，显然，中部地区最高的山西是上海的 42.59%，中部地区最低的湖南则是广东的 1.73 倍，中部地区山西、湖北、江西、河南、安徽和湖南 6 省城镇居民转移净收入均低于全国平均值，分别在全国位于第 13 位、第 15 位、第 16 位、第 18 位、第 26 位、第 28 位。2016 年城镇居民转移净收入占其收入比重最低的是广东 5.73%，最高省份是辽宁 26.70%，显然，中部地区最低的湖南比广东高了近 4 个百分点，中部地区最高的山西则比辽宁低了约 5.8 个百分点，中部地区只有安徽和湖南城镇居民转移净收入占其收入比重低于全国平均值，其他 4 省该比重均高于全国平均值，山西、江西、河南、湖北、安徽和湖南 6 省该比重分别在全国排第 9 位、第 13 位、第 14 位、第 16 位、第 24 位、第 29 位，说明中部地区该类收入占比较高，城镇居民收入结构有待优化。

3.5　中部地区收入差距分析

3.5.1　中部地区农村收入差距

（1）农村收入差距衡量。由于现有统计资料中将农民收入分为 5 个层次，即低收入组、中低收入组、中等收入组、中高收入组和高收入组，因此，可以利用高收入组群体收入与低收入组群体收入的比值、中高收入组和高收入组群体收入之和与低收入组和中低收入组群体收入之和的比值来衡量农村收入差距，但这两种衡量方法不是很可靠，如第一种衡量方法没有考虑到中低收入组、中等收入组和中高收入组群体收入，第二种未考虑到中等收入组群体收入等，故本节采用国际公认的衡量收入差距的基尼系数来测度，主要是基于洛伦兹曲线不平等面积与完全平等面积比值构造计算公式，具体如下：

$$G_n = 1 - \sum_{j=1}^{5} (W_{nj-1} + W_{nj}) \cdot P_{nj} \qquad (3-1)$$

其中，G_n、P_{nj}、W_{nj} 分别为农村收入基尼系数、每组人口数/总人口数、累积到第 j 组收入/所有组收入。原始数据来源于中部各省份统计年鉴和统计公报、《中国农村统计年鉴》、《中国住户调查年鉴》等。

（2）农村收入差距分析。由表 3－8 可知，仅依据高收入组群体收入与低收入组群体收入的比值计算结果发现，2016 年中部地区农村高收入组群体收入是低收入组群体收入的 6.0648 倍，农村收入差距很大，其中江西该值最大为 6.4709，安徽最小为 5.9488，其他依次是山西 6.1097、湖北 5.9652、河南 5.9573、湖南 5.9524，即依据高收入组群体收入与低收入组群体收入的比值来看，中部地区 6 省中江西农村收入差距最大，安徽农村收入差距最小，其他依次是山西、湖北、河南、湖南。

表 3－8　2016 年农村各组居民人均可支配收入与农村收入差距

地区	低收入组（元）	中低收入组（元）	中等收入组（元）	中高收入组（元）	高收入组（元）	高收入组收入/低收入组收入	后两组收入/前两组收入	农村收入基尼系数
山西	3354	6881	9258	12129	20491	6.1097	3.1872	0.36248
安徽	4256	7788	10508	14329	25321	5.9488	3.2918	0.37440
江西	4291	7867	10799	15003	27765	6.4709	3.5177	0.39377
河南	4239	7911	10654	14481	25253	5.9573	3.2703	0.37190
湖北	4587	8422	11365	15488	27362	5.9652	3.2940	0.37453
湖南	4326	7921	10687	14571	25747	5.9524	3.2923	0.37443
中部地区	4175	7798	10545	14334	25323	6.0648	3.3120	0.37576

资料来源：各省份统计年鉴、《中国农村统计年鉴》、《中国住户调查年鉴》等。

由表 3－8 可知，仅依据中高收入组和高收入组群体收入之和与低收入组和中低收入组群体收入之和的比值计算结果发现 2016 年中部地区该比值为 3.3120，即中部地区农村中高收入组和高收入组群体收入之和是低收入组和中低收入组群体收入之和的 3.3120 倍，说明中部地区农村收入差距较大。其中江西该值最大为 3.5177，山西最小为 3.1872，其他依次是湖北 3.2940、湖南 3.2923、安徽 3.2918、河南 3.2703，即依据中高收入组和高收入组群体收入之和与低收入组和中低收入组群体收入之和的比值来看，中部地区 6 省中江西农村收入差距也是最大，山西农村收入差距最小，其他依次是湖北、湖南、安徽、河南。

由于第一种衡量方法没有考虑到中低收入组、中等收入组和中高收入组群体收入，第二种未考虑中等收入组群体收入等，因此，上述分析结果未必可靠。故进一步依据农村收入基尼系数来分析中部地区农村收入差距。由表 3－8 可知，2016 年中部地区农村收入基尼系数为 0.37576，即低于国际警戒线 0.4，按照国际惯例，大于 0.4 表明收入差距较大，在 0.3~0.4 为"相对合理"，说明中部地区农村收入差距处于相对合理区间。其中中部地区 6 省山西、安徽、江西、河南、湖北和湖南农村收入基尼系数分别为 0.36248、0.37440、0.39377、0.37190、0.37453、0.37443，均位于 0.3~0.4，低于 0.4，表明中部地区 6 省农村收入差距均处于相对合理区间。其中江西该值最大，山西最小，其他依次是湖北、湖南、安徽、河南，即中部地区 6 省中江西农村收入差距最大，山西农村收入差距最小，其他依次是湖北、湖南、安徽、河南。

3.5.2 中部地区城镇收入差距

（1）城镇收入差距衡量。由于现有统计资料中也将城镇居民收入分为 5 个层次，即低收入组、中低收入组、中等收入组、中高收入组和高收入组，因此，也可以利用高收入组群体收入与低收入组群体收入的比值、中高收入组和高收入组群体收入之和与低收入组和中低收入组群体收入之和的比值来衡量城镇收入差距，但这两种衡量方法同样不是很可靠，如第一种衡量方法没有考虑到城镇居民中低收入组、中等收入组和中高收入组群体收入，第二种未考虑城镇居民中等收入组群体收入等，故本节采用国际公认的衡量收入差距的基尼系数来测度，主要是基于洛伦兹曲线不平等面积与完全平等面积比值构造计算公式，具体如下：

$$G_c = 1 - \sum_{j=1}^{5} (W_{cj-1} + W_{cj}) \cdot P_{cj} \qquad (3-2)$$

其中，G_c、P_{cj}、W_{cj} 分别为城镇收入基尼系数、每组人口数/总人口数、累积到第 j 组收入/所有组收入。原始数据源自中部各省份统计年鉴和统计公报。

（2）城镇收入差距分析。由表 3-9 可知，仅依据高收入组群体收入与低收入组群体收入的比值计算结果发现，2018 年中部地区城镇高收入组群体收入是低收入组群体收入的 6.0557 倍，城镇收入差距很大，其中湖北该值最大为7.9448，山西最小为 4.4866，其他依次是安徽 7.3024、江西 6.1479、湖南5.7779、河南 5.5290，即依据高收入组群体收入与低收入组群体收入的比值来看，中部地区 6 省中湖北城镇收入差距最大，山西城镇收入差距最小，其他依次是安徽、江西、湖南、河南。

表 3-9　2018 年城镇各组居民人均可支配收入与城镇收入差距

地区	低收入组（元）	中低收入组（元）	中等收入组（元）	中高收入组（元）	高收入组（元）	高收入组收入/低收入组收入	后两组收入/前两组收入	城镇收入基尼系数
山西	14382	24583	31660	42805	64525	4.4866	2.7546	0.2664
安徽	10740	22318	31360	43099	78428	7.3024	3.6762	0.3359
江西	12190	21881	31163	43206	74940	6.1479	3.4677	0.3203
河南	12744	21371	29279	39952	70461	5.5290	3.2365	0.3084
湖北	9857	21418	30727	42863	78309	7.9448	3.8744	0.3458
湖南	13870	24165	33320	45612	80141	5.7779	3.3062	0.3125
中部地区	12297	22623	31251	42923	74467	6.0557	3.3617	0.3152

注：原始数据源自各省份统计年鉴等。

由表 3-9 可知，仅依据中高收入组和高收入组群体收入之和与低收入组和中低收入组群体收入之和的比值计算结果发现，2018 年中部地区该比值为3.3617，即中部地区城镇中高收入组和高收入组群体收入之和是低收入组和中低收入组群体收入之和的 3.3617 倍，说明中部地区城镇收入差距较大。其中湖北该值最大为 3.8744，山西最小为 2.7546，其他依次是安徽 3.6762、江西 3.4677、湖南 3.3062、河南 3.2365，即依据中高收入组和高收入组群体收入之和与低收入组和中低收入组群体收入之和的比值来看，中部地区 6 省中湖北城镇收入差距也是最大，山西城镇收入差距也最小，其他依次是安徽、江西、湖南、河南，该结果与依据高收入组群体收入与低收入组群体收入的比值计算分析结果相同。

由于第一种衡量方法没有考虑到城镇居民中低收入组、中等收入组和中高收入组群体收入，第二种未考虑城镇居民中等收入组群体收入等，因此，上述分析结果未必可靠。故进一步依据城镇收入基尼系数来分析中部地区城镇收入差距。由表3－9可知，2018年中部地区城镇收入基尼系数为0.3152，即低于国际警戒线0.4，说明中部地区城镇收入差距处于相对合理区间。其中中部地区6省山西、安徽、江西、河南、湖北和湖南城镇收入基尼系数分别为0.2664、0.3359、0.3203、0.3084、0.3458、0.3125，山西城镇收入基尼系数位于0.2～0.3，低于0.3，表明山西城镇收入差距处于收入比较平均状况。其他5省均位于0.3～0.4，低于0.4，表明其他5省城镇收入差距均处于相对合理区间。其中湖北该值最大，山西最小，其他依次是安徽、江西、湖南、河南，即中部地区6省中湖北城镇收入差距最大，山西城镇收入差距最小，其他依次是安徽、江西、湖南、河南。该结论与第一种和第二种衡量方法得到的分析结果均相同。

3.5.3　中部地区城乡收入差距

（1）城乡收入差距衡量。对于城乡收入差距，很多学者用城镇人均可支配收入与农村人均纯收入或农村人均可支配收入的比值来测度。王少平和欧阳志刚（2007）指出这一测度方法没有反映城乡人口所占的比重，由于我国是一个农业大国，城乡经济呈现出显著的二元结构，农村人口占绝对大的比重，故这一测度方法没能准确测度我国的城乡收入差距。而对于基尼系数，他们则指出基尼系数将总人口划分为不同的收入群体，所测度的是总的收入差距而不是对城乡收入差距的准确测度，且城乡收入差距也不能从总收入差距中分离出来；另外，万广华（2008）也指出基尼系数的不足。首先，它对高收入群体的观察值反应比较敏感，对低收入群体的观察值反应非常迟钝，如果样本中高收入群体的收入数据误差较大（这是常常发生的），那么基尼系数的估算值就不可靠；其次，同一数量的转移收入如果转移到样本众数附近，其带来的不平等的下降比转移到收入底层更大，这不太合理；最后，基尼系数受分组的影响，一般来说，分组少，基尼系数的值就会越小，估算值就不怎么可靠。而泰尔指数按其定义能直接测度城乡收入差距。泰尔指数对两端（高收入和低收入群体）收入的变动比较敏感，而中国城乡收入差距主要体现两端的变化，因此，本节选择王少平和欧阳志刚（2007）、阚大学（2012）提出的泰尔指数测度中部地区城乡收入差距。以 ta_{it} 表示第 i 个省 t 时期的泰尔指数，其定义和计算公式如下：

$$ta_{i,t} = \sum_{j=1}^{2}\left(\frac{Income_{ij,t}}{Income_{i,t}}\ln\left(\frac{Income_{ij,t}}{Income_{i,t}}\Big/\frac{Pop_{ij,t}}{Pop_{i,t}}\right)\right) = \frac{Income_{i1,t}}{Income_{i,t}}\ln\left(\frac{Income_{i1,t}}{Income_{i,t}}\Big/\frac{Pop_{i1,t}}{Pop_{i,t}}\right) +$$

$$\frac{Income_{i2,t}}{Income_{i,t}}\ln\left(\frac{Income_{i2,t}}{Income_{i,t}}\Big/\frac{Pop_{i2,t}}{Pop_{i,t}}\right) \tag{3-3}$$

其中，j = 1、2 分别表示城镇和农村地区，Pop_{it} 表示 i 省城镇或农村人口数量，Pop_i 表示 i 省的总人口，$Income_{ij}$ 表示 i 省城镇或农村的总收入（其中，城镇总收入用城镇人口和城镇人均可支配收入之积表示；农村总收入用农村人口和农村人均可支配收入之积表示），$Income_i$ 表示 i 省的总收入。

（2）城乡收入差距分析。依据城镇人均可支配收入与农村人均可支配收入的比值计算结果，由表 3 - 10 可知，中部地区 2018 年城镇居民人均可支配收入是农村居民人均可支配收入的 2.4339 倍，城乡收入差距较大。相对于东部地区城镇居民人均可支配收入是农村居民人均可支配收入的 2.2862 倍，中部地区城乡收入差距大于东部地区。相对于西部地区城镇居民人均可支配收入是农村居民人均可支配收入的 2.8496 倍，中部地区城乡收入差距低于西部地区。相对于东北地区城镇居民人均可支配收入是农村居民人均可支配收入的 2.2912 倍，中部地区城乡收入差距大于东北地区。相对于全国城镇居民人均可支配收入是农村居民人均可支配收入的 2.6853 倍，中部地区城乡收入差距小于全国城乡收入差距。

表 3 - 10　2018 年各省域城乡收入差距

地区	城镇居民人均可支配收入（元）	农村居民人均可支配收入（元）	两者之比	泰尔指数
北京	67989.89	26490.29	2.5666	0.0320
天津	42976.25	23065.23	1.8632	0.0202
河北	32977.18	14030.89	2.3503	0.0768

续表

地区	城镇居民人均可支配收入	农村居民人均可支配收入	两者之比	泰尔指数
山西	31034.80	11750.01	2.6413	0.0927
内蒙古	38304.68	13802.56	2.7752	0.0924
辽宁	37341.93	14656.33	2.5478	0.0702
吉林	30171.94	13748.17	2.1946	0.0650
黑龙江	29191.33	13803.65	2.1148	0.0572
上海	68033.62	30374.73	2.2398	0.0222
江苏	47199.97	20845.07	2.2643	0.0539
浙江	55574.31	27302.37	2.0355	0.0432
安徽	34393.08	13996.02	2.4573	0.0862
福建	42121.31	17821.19	2.3636	0.0647
江西	33819.40	14459.89	2.3388	0.0765
山东	39549.43	16297.00	2.4268	0.0753
河南	31874.19	13830.74	2.3046	0.0786
湖北	34454.63	14977.82	2.3004	0.0688
湖南	36698.25	14092.51	2.6041	0.0943
广东	44340.97	17167.74	2.5828	0.0667
广西	32436.07	12434.77	2.6085	0.1027
海南	33348.65	13988.88	2.3839	0.0756
重庆	34889.30	13781.22	2.5317	0.0741
四川	33215.91	13331.38	2.4916	0.0916
贵州	31591.93	9716.10	3.2515	0.1526
云南	33487.94	10767.91	3.1100	0.1423
西藏	33797.38	11449.82	2.9518	0.1440
陕西	33319.25	11212.84	2.9715	0.1130
甘肃	29957.00	8804.13	3.4026	0.1625
青海	31514.53	10393.34	3.0322	0.1245
宁夏	31895.22	11707.64	2.7243	0.0970
新疆	32763.55	11974.50	2.7361	0.1109
东部地区	47411.16	20738.34	2.2862	0.0577
中部地区	33712.39	13851.17	2.4339	0.0835
西部地区	33097.73	11614.68	2.8496	0.1155
东北地区	32235.07	14069.38	2.2912	0.0651
全国	39251.00	14617.00	2.6853	0.0924

资料来源:《中国统计年鉴》。

分省份来看，由表 3 - 10 可知，2018 年山西城镇居民人均可支配收入与农村居民人均可支配收入比值最高为 2.6413，湖北最低为 2.3004，其他依次是湖南 2.6041、安徽 2.4573、江西 2.3388、河南 2.3046。即中部地区 6 省中山西城乡收入差距最大，湖北最小。

就全国而言，由表 3 - 10 可知，2018 年中部地区 6 省城镇居民人均可支配收入与农村居民人均可支配收入比值均低于全国平均值，说明中部地区 6 省城乡收入差距均小于全国平均水平。中部地区城镇居民人均可支配收入与农村居民人均可支配收入比值最小的湖北在全国居第 25 位，高于江苏、上海、吉林、黑龙江、浙江、天津的城镇居民人均可支配收入与农村居民人均可支配收入比值，说明全国只有这 6 个省份的城乡收入差距小于湖北，其他省份的城乡收入差距均大于湖北。中部地区城镇居民人均可支配收入与农村居民人均可支配收入比值最大的山西在全国居第 10 位，低于甘肃、贵州、云南、青海、陕西、西藏、内蒙古、新疆、宁夏的城镇居民人均可支配收入与农村居民人均可支配收入比值，说明这 9 个省份的城乡收入差距大于山西，其他省份城乡收入差距均小于山西。

依据泰尔指数计算结果，由表 3 - 10 可知，中部地区 2018 年泰尔指数为 0.0835，相对于东部地区泰尔指数 0.0577，中部地区泰尔指数显然高于东部地区，说明中部地区城乡收入差距大于东部地区。相对于西部地区泰尔指数 0.1155，中部地区泰尔指数显然小于西部地区，说明中部地区城乡收入差距小于西部地区。相对于东北地区泰尔指数 0.0651，中部地区泰尔指数显然大于东北地区，说明中部地区城乡收入差距大于东北地区。相对于全国泰尔指数 0.0924，中部地区泰尔指数显然低于全国水平，说明中部地区城乡收入差距小于全国城乡收入差距。

从中部地区省份来看，由表 3 - 10 可知，2018 年湖南泰尔指数最高，为 0.0943，湖北最低，为 0.0688，其他依次是山西 0.0927、安徽 0.0862、河南 0.0786、江西 0.0765。即中部地区 6 省中湖南城乡收入差距最大，湖北最小，其他依次是山西、安徽、河南、江西。就全国而言，由表 3 - 10 可知，2018 年中部地区湖南和山西的泰尔指数高于全国平均值，安徽、江西、湖北和河南的泰尔指数则低于全国平均值，说明中部地区只有湖南和山西城乡收入差距大于全国平均水平。另外，中部地区泰尔指数最小的湖北在全国居第22位，高于广东、吉林、福建、黑龙江、江苏、浙江、北京、上海、天津的泰尔指数，说明全国这9个省份的城乡收入差距小于湖北，其他省份的城乡收入差距均大于湖北。中部地区泰尔指数最大的湖南在全国居第10位，低于甘肃、贵州、西藏、云南、青海、陕西、新疆、广西、宁夏的泰尔指数，说明这9个省份的城乡收入差距大于山西，其他省份城乡收入差距均小于山西。

3.6 本章小结

第一，关于中部地区农村教育及其结构的分析结论。①自1978年以来，中部地区农民平均受教育程度显著提高，与东部地区相比，中部地区农民平均受教育程度略低于东部地区；与西部地区相比，中部地区农民平均受教育程度高于西部地区；与东北地区相比，中部地区农民平均受教育程度稍高于东北地区；与全国平均值相比，中部地区农民平均受教育程度高于全国。从省份来看，中部地区农民平均受教育程度最高的省份是山西，山西农民平均受教育程度居全国第5位，次于北京、海南、天津和上海；中部地区最低省份是安徽，且只有安徽农民平均受教育程度低于全国平均水平。②从农民初等教育程度来看，中部地区农民初等教育程度略高于东部地区，低于西部地区、东北地区和全国平均值，说明东部地区农民教育结构略好于中部地区，中部地区农民教育结构好于西部地区、东北地区和全国平均水平。从农民初等教育程度占平均受教育程度比重来看，结论也是如此。从省份来看，中部地区农民初等教育程度最高的省份是江西，最低省份是山西，即仅就农民初等教育程度而言，山西农民教育结构好于中部其他省份，江西农民教育结构在中部地区中最不合理。但就初等教育程度占平均受教育程度比重而言，山西农民教育结构好于中部其他省份，安徽农民教育结构在中部地区中最不合理。中部地区 6 省中除江西和安徽外，山西、湖北、湖南和河南 4 省农民教育结构好于全国平均水平。从农民中等教育程度来看，中部地区农民中等教育程度略高于东部地区、西部地区和全国平均值，低于东北地区，说明中部地区农民教育结构好于东部地区、西部地区和全国平均水平，东北地区农民教育结构略好于中部地区。从农民中等教育程度占平均受教育程度比重来看，结论也是如此。分省份来看，中部地区农民中等教育程度最高的省份是山西，最低是安徽，即仅就农民中等教育程度而言，山西农民教育结构好于中部其他省份，安徽农民教育结构在中部地区中最不合理，中部地区除安徽外，其他 5 省农民教育结构均好于全国平均水平。从中等教育程度占平均受教育程度比重来看，结论相似。从农民高等教育程度来看，中部地区农民高等教育程度低于东部地区、西部地区和全国平均值，高于东北地区，说明东部地区、西部地区和全国农民教育结构好于中部地区，中部地区农民教育结构好于东北地区。从高等教育程度占平均受教育程度比重来看，结论也是如此。分省份来看，中部地区农民高等教育程度最高的省份是山西，最低是河南，即仅就农民高等教育程度而言，山西农民教育结构好于中部其他省份，河南农民教育结构在中部地区中最不合理，中部地区除山西外，其他 5 省农民教育结构均差于全国平均水平。从高等教育程度占平均受教育程度比重来看，结论相似。

第二，关于中部地区城镇教育水平及其结构的分析结论。①相对于改革开放初期，中部地区城镇居民平均受教育程度显著提高。相对于西部地区，中部地区城镇居民平均受教育程度略高；相对于东部地区、东北地区和全国水平，中部地区城镇居民平均受教育程度略低。从省份来看，山西 2018 年城镇居民平均受教育程度在中部地区最高，居全国第 6 位，次于北京、上海、天津、内蒙古和新疆，江西城镇居民平均受教育程度在中部地区最低，其他依次是湖北、湖南、安徽、河南。②从城镇居民教育结构来看，中部地区城镇居民初等教育程度比西部地区和全国水平要低，但高于东部地区、东北地区，表明仅就初等教育程度而言，相对于西部地区和全国水平，中部地区城镇居民教育结构要好于它们，但其比东部地区和东北地区城镇居民教育结构略差。从初等教育程度占平均受教育程度比重来看，结论相同。中部地区城镇居民中等教育程度比东部地区、西部地区和全国水平要高，但稍低于东北地区，表明就中等教育程度来说，相对于东部地区、西部地区和全国水平，中部地区城镇居民教育结构要好于它们，但其比东北地区城镇居民教育结构略差。从中等教育程度占平均受教育程度比重来看，结论有所不同。分省来看，江西2018年城镇居民初等教育程度在中部地区最高，山西最低，其他依次是安徽、河南、湖南、湖北，说明就初等教育程度而言，中部地区6省中山西城镇居民教育结构最好，江西最不合理，从初等教育程度占平均受教育程度比重来看，结论相同。在全国层面就初等教育程度而言，除了江西和安徽，其他中部地区4省城镇居民教育结构好于全国水平，但从初等教育程度占平均受教育程度比重来看，结论有所区别。也发现河南2018年城镇居民中等教育程度在中部地区最高，安徽最低，其他依次是湖南、山西、江西、湖北，说明从中等教育程度来看，河南城镇居民教育结构最好，安徽最不合理，就全国而言，除安徽外，中部地区其他5省城镇居民教育结构均好于全国水平。从中等教育程度占平均受教育程度比重来看，结论有所区别。相对于东部地区、西部地区、东北地区和全国水平，中部地区城镇居民高等教育程度较低，表明就高等教育程度而言，中部地区城镇居民教育结构不如东部地区、西部地区、东北地区和全国，从高等教育程度占平均受教育程度比重来看，结论也是如此。分省来看，湖北2018年城镇居民高等教育程度在中部地区最高，江西最低，其他依次是山西、安徽、湖南、河南，说明从高等教育程度来看，中部地区6省中湖北城镇居民教育结构最合理，江西最不合理，就全国而言，中部地区只有湖北和山西城镇居民教育结构好于全国水平。从高等教育程度占平均受教育程度比重来看，结论相同。

第三，关于中部地区农村收入水平及其结构的分析结论。①自改革开放以来，中部地区农民收入显著增加，与东部地区相比，中部地区农村居民人均可支配收入明显低于东部地区。与西部地区相比，中部地区农村居民人均可支配收入高于西部地区。与东北地区相比，中部地区农村居民人均可支配收入略低于东北地区。与全国平均值相比，中部地区农村居民人均可支配收入低于全国。②从分类来看，自改革开放以来，中部地区农民工资性收入显著增加，中部地区农民工资性收入平均值明显低于东部地区，高于西部地区和东北地区，中部地区农民工资性收入占其收入比重远低于东部地区，高于西部地区和东北地区，即就农民非农收入而言，东部地区农民收入结构要比中部地区更为合理，而中部地区农民收入结构要比西部地区和东北地区更为合理。分省份来看，山西农民非农收入比重较高，农民收入结构要好于中部其他省份，湖北农民收入结构最不合理，山西和湖北农民工资性收入占其收入比重在全国分别位于第 6 位和第 23 位，说明中部地区农民收入结构亟待优化。从农民经营性收入来看，中部地区农民经营性收入平均值稍低于东部地区，高于西部地区，明显低于东北地区，中部地区农民经营性收入占其收入比重高于东部地区，低于西部地区和东北地区，即就农民收入而言，东部地区农民收入结构要比中部地区合理，中部地区农民收入结构要比西部地区和东北地区更为合理。分省份来看，山西农民收入比重最低，农民收入结构要好于中部其他省份，湖北农民收入结构最不合理，山西和湖北农民经营性收入占其收入比重在全国分别位于第 25 位和第 7 位，说明中部地区农民收入结构亟须优化。因此，无论是从农业收入比重还是非农业收入比重来看，中部地区农民收入结构要好于西部地区和东北地区，但与东部地区相比，显然不合理，则需要继续优化。就农民其他收入而言，一是从农民转移性收入来看，中部地区农民转移性收入平均值高于东部地区和西部地区，且明显高于东北地区，中部地区农民转移性收入占比高于东部地区和东北地区，略低于西部地区，即仅就农民转移性收入而言，东部地区和东北地区农民收入结构要比中部地区更为合理，中部地区农民收入结构要比西部地区更为合理。分省份来看，江西农民转移性收入占比最低，河南占比最高，江西农民收入结构要好于中部其他省份，河南农民收入结构则最不合理。二是从农民财产性收入来看，中部地区农民财产性收入平均值远低于东部地区，也低于西部地区，且明显低于东北地区，中部地区农民财产性收入占比也低于东部地区、西部地区和东北地区，即就农民财产性收入而言，东部地区、西部地区和东北地区农民收入结构要比中部地区更为合理。分省份来看，湖北农民财产性收入占比最低，山西占比最高，山西农民收入结构要好于中部其他省份，湖北农民收入结构最不合理。因此，就农民其他收入而言，东部地区和东北地区农民收入结构均要好于中部地区，而西部地区转移性收入占比和财产性收入占比均高于中部地区，从转移性收入占比来看，中部地区农民收入结构好于西部地区，从财产性收入占比来看，西部地区农民收入结构则好于中部地区，故中部地区农民收入结构亟待优化。

第四，关于中部地区城镇居民收入水平及其结构的分析结论。①自改革开放以来，中部地区城镇居民人均可支配收入明显提高，相对于东部地区，中部地区城镇居民人均可支配收入明显较低。相对于西部地区和东北地区，中部地区城镇居民人均可支配收入略高。相对于全国水平，中部地区城镇居民人均可支配收入明显较低。②从分类来看，相对于改革开放初期，中部地区城镇居民工资性收入显著增加，中部地区城镇居民工资性收入及其占比低于东部地区，但高于西部地区和东北地区。分省份来看，安徽该类收入最高，河南最低，其他依次是江西、湖北、湖南、山西，江西城镇居民工资性收入占其收入比重最高，湖南比重最低，其他依次是安徽、山西、湖北、河南，江西和湖南城镇居民工资性收入占其收入比重在全国分别位于第 8 位和第 28 位，中部地区城镇居民收入结构亟待优化。从城镇居民经营净收入来看，中部地区城镇居民经营净收入平均值低于东部地区和西部地区，略高于东北地区；中部地区该类收入占比高于东部地区和东北地区，低于西部地区。分省份来看，安徽该类收入最高，江西最低，其他依次是湖南、河南、湖北、山西，从城镇居民经营净收入占其收入比重来看，安徽比重最高，江西比重最低，其他依次是湖南、河南、湖北、山西。江西和安徽城镇居民经营净收入占其收入比重在全国分别排第 23 位和第 7 位，其中湖北、山西和江西城镇居民经营净收入占其收入比重低于全国平均值，安徽、湖南、河南城镇居民经营净收入占其收入比重高于全国平均值，说明中部地区城镇居民收入结构有待进一步优化。就城镇居民财产净收入而言，中部地区城镇居民财产净收入及其占比低于东部地区，高于西部地区和东北地区，说明东部地区比中部地区城镇居民收入结构更为合理，中部地区比西部地区和东北地区城镇居民收入结构更为合理。分省份来看，湖南该类收入最高，山西最低，其他依次是江西、湖北、河南、安徽，从该类收入占比来看，湖南比重最高，安徽比重最低，其他依次是江西、河南、湖北、山西。因此，仅就财产净收入占比而言，湖南城镇居民收入结构要好于中部其他省份，安徽城镇居民收入结构最不合理。在全国层面，中部地区湖南、江西和河南城镇居民财产净收入占其收入比重高于全国平均值，湖北、山西和安徽该比重低于全国平均值，因此，中部地区城镇居民收入结构亟待进一步优化。就城镇居民转移净收入而言，中部地区城镇居民转移净收入低于东部地区、西部地区和东北地区，中部地区该类收入占比高于东部地区，低于西部地区和东北地区，表明东部地区比中部地区城镇居民收入结构更为合理，中部地区比西部地区和东北地区城镇居民收入结构更为合理。分省份来看，山西该类收入最高，湖南最低，其他依次是湖北、江西、河南、安徽，从城镇居民转移净收入占其收入比重来看，山西比重最高，湖南比重最低，其他依次是江西、河南、湖北、安徽。因此，就转移净收入占比而言，湖南城镇居民收入结构要好于中部其他省份，山西城镇居民收入结构则最不合理。在全国层面，中部6省城镇居民转移净收入均低于全国水平，中部地区只有安徽和湖南城镇居民转移净收入占其收入比重低于全国平均值，其他4省该比重均高于全国平均值，表明中部地区该类收入占比较高，城镇居民收入结构亟待优化。

第五，关于收入差距的结论。①从高收入组群体收入与低收入组群体收入的比值来看，中部地区6省中江西农村收入差距最大，安徽农村收入差距最小，其他依次是山西、湖北、河南、湖南。从中高收入组和高收入组群体收入之和与低收入组和中低收入组群体收入之和的比值来看，中部地区6省中江西农村收入差距也是最大，山西农村收入差距最小，其他依次是湖北、湖南、安徽、河南。这两种结果未必可靠，进一步利用农村收入基尼系数公式计算发现，中部地区农村收入差距处于相对合理区间，其中6省农村收入差距均处于相对合理区间，江西农村收入差距最大，山西农村收入差距最小，其他依次是湖北、湖南、安徽、河南。②从高收入组群体收入与低收入组群体收入的比值来看，中部地区6省中湖北城镇收入差距最大，山西城镇收入差距最小，其他依次是安徽、江西、湖南、河南。从中高收入组和高收入组群体收入之和与低收入组和中低收入组群体收入之和的比值来看，中部地区 6 省中湖北城镇收入差距也是最大，山西城镇收入差距也最小，其他依次是安徽、江西、湖南、河南，该结果与依据高收入组群体收入与低收入组群体收入的比值计算分析结果相同。进一步利用城镇收入基尼系数公式计算发现中部地区城镇收入差距处于相对合理区间，其中山西城镇收入差距处于收入比较平均状况，其他 5 省城镇收入差距均处于相对合理区间。其中湖北该值最大，山西最小，其他依次是安徽、江西、湖南、河南，即中部地区 6 省中湖北城镇收入差距最大，山西城镇收入差距最小，其他依次是安徽、江西、湖南、河南。③依据城镇人均可支配收入与农村人均可支配收入的比值，中部地区 2018 年城乡收入差距较大，大于东部地区和东北地区，低于西部地区和全国。分省份来看，中部地区 6 省中山西城乡收入差距最大，湖北最小，6 省城乡收入差距均小于全国平均水平，但由于依据城镇人均可支配收入与农村人均可支配收入的比值来测度城乡收入差距存在不足，利用泰尔指数公式计算发现，中部地区城乡收入差距大于东部地区和东北地区，小于西部地区和全国。分省份来看，中部地区 6 省中湖南城乡收入差距最大，湖北最小，其他依次是山西、安徽、河南、江西，只有湖南和山西城乡收入差距大于全国平均水平。

第 4 章　中部地区教育水平及其结构与收入水平、结构和差距关系检验

本章首先进行数据检验，主要是分农村与城镇，对中部地区教育水平及其结构、居民收入及其结构、收入差距所涉及的各变量进行面板单位根检验；对教育水平及其结构与收入水平、结构和差距进行变量间协整检验，以考察中部地区教育水平及其结构对收入水平、结构和差距的短期影响与长期影响。其次分别基于 1992～2014 年农村数据与 2002～2015 年城镇数据，利用 VAR 模型、广义脉冲响应函数和方差分解方法实证分析教育水平及其结构对收入水平、结构和差距的长期动态影响。最后利用 Granger 检验分析中部地区教育水平及其结构与收入水平、结构和差距间的因果关系。通过本章对中部地区教育水平及其结构与收入水平、结构和差距的关系检验为后面实证研究奠定基础。

4.1　单位根检验

4.1.1　检验方法

面板数据的平稳性检验方法一般可以划分为两类：一类是相同根情形下的单

位根检验，这类检验方法假设面板数据中的各截面序列具有相同的单位根过程，另一类是不同根情形下的单位根检验，这类检验方法允许面板数据中的各截面序列具有不同的单位根过程。

（1）相同根情形下的单位根检验。相同根情形下的单位根检验主要有以下三种检验：LLC 检验、Breitung 检验和 Hadri 检验，下面分别对各检验进行介绍。

首先，LLC 检验。LLC 检验是赖文、林和楚（Levin、Lin and Chu）于 2002 年提出的，其主要思路是对每个截面个体分别进行 ADF 回归，构造两组正交化的残差，使其标准化，得到两组代理变量做回归，最后利用回归系数的 t 统计量得到修正的 t 统计量，以此统计量来判断面板数据是否存在单位根。具体如下：

LLC 检验是以下面的 ADF 检验式为基础：

$$y_{it} = \phi_i y_{it-1} + \sum_{j=1}^{p_i} \omega_{ij} \Delta y_{it-j} + \beta_{mi} x_{mt} + \mu_{it} \ (m=1, \ 2, \ 3; \ t=1, \ 2, \ \cdots, \ T)$$

$$(4-1)$$

根据 $\hat{\omega}_{ij}$ 的 t 统计量以及 μ_{it} 是否存在序列相关来确定滞后期 p_i，当 p_i 确定后，做如下两个辅助回归，得到两组正交化的残差。

$$\Delta y_{it} = \sum_{j=1}^{p_i} \hat{\omega}_{ij} \Delta y_{it-j} + \hat{\beta}_{mi} x_{mt} + \hat{e}_{it} \text{和} \ y_{it-1} = \sum_{j=1}^{p_i} \overline{\omega}_{ij} \Delta y_{it-j} + \overline{\beta}_{mi} x_{mt} + \overline{v}_{it-1} \quad (4-2)$$

移项得：$\hat{e}_{it} = \Delta y_{it} - \sum_{j=1}^{p_i} \hat{\omega}_{ij} \Delta y_{it-j} - \hat{\beta}_{mi} x_{mt} \text{和} \ \overline{v}_{it-1} = y_{it-1} - \sum_{j=1}^{p_i} \overline{\omega}_{ij} \Delta y_{it-j} - \overline{\beta}_{mi} x_{mt}$，

使其标准化得到两组代理变量 $\tilde{e}_{it}$ 和 $\tilde{v}_{it-1}$ 做以下回归 $\tilde{e}_{it} = \phi \tilde{v}_{it-1} + \mu_{it}$，此式中 $\phi = 0$ 的 t 统计量为 $t_{\hat{\phi}} = \dfrac{\hat{\phi}}{S(\hat{\phi})}$，对于无截距项与时间趋势项的回归模型，$t_{\hat{\phi}}$ 有标准正态的渐近分布，但对于有截距项与时间趋势项的回归模型，$t_{\hat{\phi}}$ 是发散的，因此，Levin、Lin 和 Chu（2002）建议检验时使用以下修正的 t 统计量：

$$t_{\hat{\phi}}^* = \frac{t_{\hat{\phi}} - I\tilde{T}S_I \ \hat{\sigma}_\mu^2 S(\hat{\phi}) \mu_{m\tilde{T}}^*}{\sigma_{m\tilde{T}}} \sim N(0, \ 1) \tag{4-3}$$

进行面板单位根检验。其中，$I\tilde{T}$ 是样本容量，$\hat{S}_I = \dfrac{1}{I} \sum_{i=1}^{I} \hat{S}_i$（$\hat{S}_i$ 为辅助回归

的长短期标准差比率的估计量），$\hat{\sigma}_\mu^2$ 是 μ_{it} 方差的估计量，$\mu_{m\tilde{T}}^*$ 和 $\sigma_{m\tilde{T}}$ 分别是均值和标准差的调整因子。如果样本计算的 LLC 统计量大于临界值，说明每个序列没有单位根，是平稳的，相反，LLC 统计量小于临界值，说明每个序列含有单位根，是非平稳的。

其次，Breitung 检验。Breitung 检验是布瑞特（Breitung）于 2000 年提出的，该检验与 LLC 检验基本相似，也是先进行两个如下辅助回归，得到两组正交化的残差。

$$\Delta y_{it} = \sum_{j=1}^{p_i} \hat{\omega}_{ij} \Delta y_{it-j} + \hat{e}_{it} \text{ 和 } y_{it-1} = \sum_{j=1}^{p_i} \overline{\omega}_{ij} \Delta y_{it-j} + \overline{\nu}_{it-1} \tag{4-4}$$

移项得：$\hat{e}_{it} = \Delta y_{it} - \sum_{j=1}^{p_i} \hat{\omega}_{ij} \Delta y_{it-j}$ 和 $\overline{\nu}_{it-1} = y_{it-1} - \sum_{j=1}^{p_i} \overline{\omega}_{ij} \Delta y_{it-j}$，使其标准化得到 $\tilde{e}_{it}$ 和 $\tilde{\nu}_{it-1}$，在运用阿拉诺和鲍威尔（1995）提出的正交变换法将标准化得到的残差 $\tilde{e}_{it}$ 和 $\tilde{\nu}_{it-1}$ 正交化得到 e_{it}^* 和 ν_{it-1}^*，做以下回归 $e_{it}^* = \phi \nu_{it-1}^* + \mu_{it}^*$，得到参数 ϕ 的 t 统计量，该统计量服从标准正态的渐近分布，如果样本计算的统计量大于临界值，说明每个序列没有单位根，是平稳的，相反，样本计算的统计量小于临界值，说明每个序列含有单位根，是非平稳的。

最后，Hadri 检验。Hadri 检验是哈德里（Hadri）于 2000 年提出的，这是由于 LLC 检验要求残差在截面和时间上是独立同分布过程，但实际上数据未必满足这一要求，考虑到自相关和异方差，哈德里提出了基于回归残差的 LM 检验方法。该方法首先对式 $y_{it} = \alpha_i + \beta_i t + \mu_{it}$ 做回归，求出残差序列 $\hat{\mu}_{it}$，然后利用 $\hat{\mu}_{it}$ 建立 LM 统计量，其形式为：

$$LM = \frac{1}{I}\left(\sum_{i=1}^{I}\left(\sum_t S_i(t)^2/T^2\right)/f_0\right) \tag{4-5}$$

其中，$S_i(t)$ 是残差累积函数，f_0 是频率为 0 时的残差谱密度。根据得到的 LM 统计量计算 Z 统计量：

$$Z = \frac{\sqrt{I}(LM-\theta)}{\eta} \tag{4-6}$$

其中，$\theta = 1/6$，$\eta = 1/45$，否则，$\theta = 1/15$，$\eta = 11/6300$，哈德里指出在不

含单位根的原假设条件下，Z 统计量服从标准正态的渐近分布。

（2）不同根情形下的单位根检验。不同根情形下的单位根检验主要有以下三种检验：IPS 检验、Fisher – ADF 检验和 Fisher – PP 检验，下面分别进行介绍。

IPS 检验。IPS 检验是阿木、贝萨然和石恩（Im、Pesaran and Shin）于 2003 年提出的，IPS 检验式如下：

$$y_{it} = \phi_i y_{it-1} + \sum_{j=1}^{p_i} \omega_{ij} \Delta y_{it-j} + \beta_{mi} x_{mt} + \mu_{it}(m = 1, 2, 3; t = 1, 2, \cdots, T)$$

$$(4-7)$$

检验的原假设为：H_0：$\phi_i = 0(i = 1, 2, \cdots, I)$

备择假设为：H_1：$\phi_i < 0(i = 1, 2, \cdots, I_1)$，$\phi_i = 0(i = I_1 + 1, I_1 + 2, \cdots, I)$

利用 IPS 检验式对 I 个截面个体估计出 I 个 ϕ_i 的 t 统计量 t_{ϕ_i}，那么 IPS 检验统计量 $\bar{t}$ 为 I 个 ϕ_i 的 t 统计量 t_{ϕ_i} 的均值，即为 $\bar{t} = \frac{1}{I} \sum_{i=1}^{I} t_{\phi_i}$，在滞后阶数为 0 时，IPS 通过模拟给出了临界值表，在滞后阶数不为 0 时，IPS 检验利用 $\bar{t}$ 给出了一个服从标准正态的渐近分布的统计量：

$$t_{IPS} = \frac{\sqrt{I}(\bar{t} - \frac{1}{I} \sum_{i=1}^{I} E(t_{iT} | \phi_i = 0))}{\sqrt{\frac{1}{I} \sum_{i=1}^{I} Var(t_{iT} | \phi_i = 0)}}$$

$$(4-8)$$

如果样本计算的 IPS 统计量大于临界值，说明每个序列含有单位根，是非平稳的，相反，样本计算的 IPS 统计量小于临界值，说明部分序列没有单位根，是平稳的，部分序列含有单位根，是非平稳的。

Fisher – ADF 检验和 Fisher – PP 检验。Fisher – ADF 检验和 Fisher – PP 检验是马达拉和吴（1999）以及邹毅（2001）分别提出的，他们基于费希尔（Fisher）的组合统计量构造了两个 Fisher 形式的统计量，一个渐近服从卡方分布，另一个渐近服从正态分布，以此来检验面板数据是否存在平稳。Fisher – ADF 检验和 Fisher – PP 检验式和原假设、备择假设与 IPS 检验相同，即：

检验式为：$y_{it} = \phi_i y_{it-1} + \sum\limits_{j=1}^{p_i} \omega_{ij} \Delta y_{it-j} + \beta_{mi} x_{mt} + \mu_{it}$（$m = 1$，2，3；$t = 1$，2，…，T）

原假设为：H_0：$\phi_i = 0$（$i = 1$，2，…，I）

备择假设为：H_1：$\phi_i < 0 (i = 1$，2，…，$I_1)$，$\phi_i = 0 (i = I_1 + 1$，$I_1 + 2$，…，I)

渐近服从卡方分布和渐近服从正态分布的 Fisher 形式的统计量分别为：

$$p = -2 \sum_{i=1}^{I} \log p_i \sim \chi^2(2I) \qquad (4-9)$$

$$Z = \frac{1}{\sqrt{I}} \sum_{i=1}^{I} \Phi^{-1}(p_i) \sim N(0，1) \qquad (4-10)$$

其中，卡方分布的自由度为 2I，Φ 为标准正态分布的累积分布函数。

利用上述面板数据的 LLC 检验等 6 种单位根检验方法对变量平稳性进行检验。

4.1.2　检验结果

（1）农村教育水平及其结构与收入水平、结构与差距的检验结果。为了便于检验，定义 Inc_1、Inc_2、Inc_3、Inc_4 分别表示农民纯收入、农业收入、非农业收入和其他收入，用现有统计年鉴中的农民纯收入、家庭经营性收入、工资性收入、财产性收入与转移性收入来分别测度被解释变量农民纯收入、农业收入、非农业收入、其他收入。Inc_5、Inc_6、Inc_7、Inc_8、Inc_9 分别表示农民低收入、中低收入、中等收入、中高收入、高收入，用现有统计年鉴中的农村低收入、中低收入、中等收入、中高收入、高收入数据分别衡量。Edu 为农村教育，Edu_1、Edu_2、Edu_3 分别表示农村初等教育程度、中等教育程度、高等教育程度，用农村平均受教育程度来衡量农村教育，其中平均受教育程度 = 农村文盲半文盲的人口比重×2 年 + 小学（普小、成人小学）文化程度人口比重×6 年 + 初中（普通初中、职业初中、初中技工学校、成人初中）文化程度人口比重×9 年 + 农村高中（包括普高、普通中专、高中技工学校、成人高中和中专）文化程度人口比重×12 年 + 农村大专及以上文化程度人口比重×16 年。初等教育程度 = 农村文盲半文盲的人口比重×2年＋小学（普小、成人小学）文化程度人口比重×6年；中等教育程度＝初中（普通初中、职业初中、初中技工学校、成人初中）文化程度人口比重×9年＋农村高中（包括普高、普通中专、高中技工学校、成人高中和中专）文化程度人口比重×12年；高等教育程度＝农村大专及以上文化程度人口比重×16年。定义Sd为农村收入差距，用上一章中的农村收入基尼系数衡量。由表4－1可知，上述各变量有单位根，变量为一阶单整I（1）。

表4－1 变量一阶差分值面板单位根检验结果

变量	面板单位根检验方法					
	LLC	Breitung	Hadri	IPS	Fisher－ADF	Fisher－PP
$lnInc_1$	－13.604 (0.000)	－2.506 (0.003)	4.818 (0.000)	－6.345 (0.000)	157.040 (0.000)	243.189 (0.000)
$lnInc_2$	－11.048 (0.000)	－2.272 (0.007)	0.673 (0.221)	－4.696 (0.000)	130.997 (0.000)	156.612 (0.000)
$lnInc_3$	－20.387 (0.000)	－6.089 (0.000)	5.834 (0.000)	－6.923 (0.000)	159.135 (0.000)	133.841 (0.000)
$lnInc_4$	－22.805 (0.000)	－6.179 (0.000)	6.613 (0.000)	－7.880 (0.000)	170.332 (0.000)	170.836 (0.000)
$lnEdu$	－8.216 (0.000)	1.308 (0.860)	6.687 (0.000)	－2.604 (0.003)	101.210 (0.000)	120.135 (0.000)
$lnEdu_1$	－20.839 (0.000)	－5.647 (0.000)	6.046 (0.000)	－7.201 (0.000)	155.707 (0.000)	156.120 (0.000)
$lnEdu_2$	－7.509 (0.000)	1.196 (0.850)	6.093 (0.000)	－2.379 (0.003)	92.491 (0.000)	109.786 (0.000)
$lnEdu_3$	－7.421 (0.000)	1.182 (0.861)	6.040 (0.000)	－2.354 (0.002)	91.417 (0.000)	108.509 (0.000)
$lnInc_5$	－13.127 (0.000)	－2.418 (0.003)	4.649 (0.000)	－6.123 (0.000)	151.545 (0.000)	234.672 (0.000)
$lnInc_6$	－10.661 (0.000)	－2.192 (0.007)	0.634 (0.215)	－4.532 (0.000)	126.412 (0.000)	151.131 (0.000)
$lnInc_7$	－19.673 (0.000)	－5.876 (0.000)	5.630 (0.000)	－6.681 (0.000)	153.565 (0.000)	129.154 (0.000)

续表

变量	面板单位根检验方法					
	LLC	Breitung	Hadri	IPS	Fisher – ADF	Fisher – PP
$lnInc_8$	−22.007 (0.000)	−5.963 (0.000)	6.382 (0.000)	−7.604 (0.000)	164.370 (0.000)	164.857 (0.000)
$lnInc_9$	−21.556 (0.000)	−6.011 (0.000)	5.949 (0.000)	−7.602 (0.000)	159.026 (0.000)	159.498 (0.000)
$lnSd$	−19.135 (0.000)	−5.487 (0.000)	5.704 (0.000)	−6.936 (0.000)	142.139 (0.000)	141.523 (0.000)

注：括号内为概率值，括号外为统计量，概率值小于 0.01 表明在 1% 的显著性水平下拒绝原假设，概率值小于 0.05 表明在 5% 的显著性水平下拒绝原假设，概率值小于 0.1 表明在 10% 的显著性水平下拒绝原假设。下同。

（2）城镇教育水平及其结构与收入水平、结构与差距的检验结果。为了便于检验，定义 Cin 表示城镇居民人均可支配收入，Cin_1、Cin_2、Cin_3、Cin_4 分别表示城镇居民人均工资性收入、人均经营净收入、人均财产净收入与人均转移净收入，Cin_5、Cin_6、Cin_7、Cin_8、Cin_9 分别表示城镇居民低收入、中低收入、中等收入、中高收入、高收入，用现有统计年鉴中的城镇居民人均可支配收入、人均工资性收入、人均经营净收入、人均财产净收入、人均转移净收入、低收入、中低收入、中等收入、中高收入、高收入数据分别衡量。定义 Jyc 为城镇教育，Jyc_1、Jyc_2、Jyc_3 分别表示城镇初等教育程度、中等教育程度、高等教育程度，用城镇平均受教育程度来衡量城镇教育，其中平均受教育程度 = 城镇文盲半文盲的人口比重×2 年 + 小学（普小、成人小学）文化程度人口比重×6 年 + 初中（普通初中、职业初中、初中技工学校、成人初中）文化程度人口比重×9 年 + 城镇高中（包括普高、普通中专、高中技工学校、成人高中和中专）文化程度人口比重×12 年 + 城镇大专及以上文化程度人口比重×16 年。其中初等教育程度 = 城镇居民文盲半文盲的人口比重×2 年 + 小学文化程度人口比重×6 年；中等教育程度 = 城镇居民初中文化程度人口比重×9 年 + 高中文化程度人口比重×12 年；高等教育程度 = 城镇居民大专及以上文化程度人口比重×16 年。定义 Cs 为城镇收入差距，用上一章中的城镇收入基尼系数来衡量。相关数据源自《中国城市统计年鉴》和《中国人口和就业统计年鉴》。由表4－2可知，上述各变量有单位根，变量为一阶单整Ⅰ（1）。

表4－2　变量一阶差分值面板单位根检验结果

变量	面板单位根检验方法					
	LLC	Breitung	Hadri	IPS	Fisher－ADF	Fisher－PP
$\ln Cin$	－8.276 (0.000)	－1.426 (0.045)	4.538 (0.000)	－3.238 (0.000)	110.178 (0.000)	169.998 (0.000)
$\ln Cin_1$	－9.698 (0.000)	－1.671 (0.053)	5.318 (0.000)	－3.795 (0.000)	129.117 (0.000)	199.219 (0.000)
$\ln Cin_2$	－7.614 (0.000)	－2.480 (0.003)	1.916 (0.574)	－2.452 (0.003)	107.938 (0.000)	128.771 (0.000)
$\ln Cin_3$	－15.215 (0.000)	－3.582 (0.000)	6.117 (0.000)	－4.296 (0.000)	130.821 (0.000)	110.264 (0.000)
$\ln Cin_4$	－17.181 (0.000)	－3.658 (0.000)	6.749 (0.000)	－5.041 (0.000)	139.972 (0.000)	140.343 (0.000)
$\ln Cin_5$	－14.661 (0.000)	－3.121 (0.000)	5.759 (0.000)	－4.302 (0.000)	119.441 (0.000)	119.758 (0.000)
$\ln Cin_6$	－8.996 (0.000)	－1.550 (0.049)	4.933 (0.000)	－3.520 (0.000)	119.776 (0.000)	184.806 (0.000)
$\ln Cin_7$	－7.063 (0.000)	－2.301 (0.003)	1.777 (0.532)	－2.275 (0.003)	100.129 (0.000)	119.455 (0.000)
$\ln Cin_8$	－14.114 (0.000)	－3.323 (0.000)	5.674 (0.000)	－3.985 (0.000)	121.357 (0.000)	102.287 (0.000)
$\ln Cin_9$	－13.152 (0.000)	－3.096 (0.000)	5.288 (0.000)	－3.713 (0.000)	113.082 (0.000)	95.312 (0.000)
$\ln Jyc$	－4.661 (0.000)	2.107 (0.529)	5.872 (0.000)	－0.647 (0.188)	72.351 (0.000)	85.658 (0.000)
$\ln Jyc_1$	－5.392 (0.000)	2.437 (0.612)	6.793 (0.000)	－0.749 (0.218)	83.701 (0.000)	99.096 (0.000)
$\ln Jyc_2$	－5.237 (0.000)	2.428 (0.609)	6.745 (0.000)	－0.723 (0.211)	82.744 (0.000)	97.950 (0.000)

续表

变量	面板单位根检验方法					
	LLC	Breitung	Hadri	IPS	Fisher – ADF	Fisher – PP
lnJyc$_3$	– 7. 283 (0. 000)	2. 749 (0. 671)	8. 407 (0. 000)	– 1. 376 (0. 069)	107. 995 (0. 000)	127. 912 (0. 000)
lnCs	– 18. 325 (0. 000)	– 5. 452 (0. 000)	5. 506 (0. 000)	– 6. 274 (0. 000)	141. 017 (0. 000)	143. 119 (0. 000)

4.2　协整检验

4.2.1　检验方法

由于面板数据存在单位根，需要继续判断变量间是否存在协整关系。主要有两类检验方法：一类是建立在 EG 二步法检验基础上的面板协整检验，主要有 Pedroni 检验和 Kao 检验，另一类是建立在 Johanson 检验基础上的 Fisher（Combined Johanson）检验。

（1）Pedroni 检验。Pedroni 检验是配卓尼（Pedroni）于 1999 年提出的，配卓尼考虑异质的非平稳面板数据模型：$y_{it} = \alpha_i + \theta_i t + x_{it}\beta_i + \mu_{it}$，然后通过该式得到残差序列，利用辅助回归检验残差序列是否为平稳序列，辅助回归的形式如下：

$$\hat{\mu}_{it} = \rho_i \hat{\mu}_{it-1} + \varepsilon_{it} \text{或} \hat{\mu}_{it} = \rho_i \hat{\mu}_{it-1} + \sum_{j=1}^{p_i} \theta_{ij} \Delta \hat{\mu}_{it-1} + \varepsilon_{it} (i = 1, 2, \cdots, I) \quad (4-11)$$

Pedroni 检验在对残差进行平稳检验时，使用的原假设和备择假设分别为以下两种：

（a）H_0：$\rho_i = 1$　　H_1：$\rho_i = \rho < 1$

（b） H_0： $\rho_i = 1$ H_1： $\rho_i < 1$

第一种情形为组内检验，主要检验同质面板数据的协整关系，其构造了4个面板均值统计量来检验原假设，即 Panel – v 统计量、Panel – ρ 统计量、Panel – PP 统计量、Panel – ADF 统计量。第二种情形为组间检验，主要检验异质面板数据的协整关系，其构造了3个群均值统计量来检验原假设，即 Group – ρ 统计量、Group – PP 统计量、Group – ADF 统计量。这些统计量的渐近分布具有以下形式：

$$ Z = \frac{Z^* - \mu \sqrt{I}}{\sqrt{\phi}} \sim N(0, 1) \tag{4 – 12} $$

其中，Z^* 为上述7个统计量，μ 和 ϕ 为 Z^* 的渐近均值和方差，如果样本计算的统计量大于临界值，不能拒绝原假设，说明没有协整关系，相反，样本计算的统计量小于临界值，拒绝原假设，说明有协整关系。

（2）Kao 检验。Kao 检验是考（Kao）于1999年提出的，他考虑同质的非平稳面板数据模型，然后通过同质的非平稳面板数据模型得到残差序列，利用辅助回归检验残差序列是否为平稳序列，辅助回归的形式和 Pedroni 检验相同，Kao 检验在对残差进行平稳检验时，使用的原假设和备择假设为 H_0： $\rho_i = 1$ 和 H_1： $\rho_i < 1$，在原假设下，考给出了4种 DF 的检验统计量，均服从标准的正态分布，当 p > 0，对于 ADF 检验形式时，统计量为：

$$ ADF = \frac{t_{ADF} + \sqrt{6I}\hat{\sigma}_\varepsilon/2\hat{\sigma}_{o\varepsilon}}{\sqrt{\hat{\sigma}_\varepsilon^2/2\hat{\sigma}_{o\varepsilon}^2 + 3\hat{\sigma}_\varepsilon^2/10\hat{\sigma}_{o\varepsilon}^2}} \sim N(0, 1) \tag{4 – 13} $$

其中，$\hat{\sigma}_\varepsilon$ 和 $\hat{\sigma}_{o\varepsilon}$ 分别是辅助回归的第二种形式的 σ_ε 和 $\sigma_{o\varepsilon}$ 的估计量，同样地，如果样本计算的 DF 和 ADF 检验统计量大于临界值，不能拒绝原假设，说明没有协整关系，相反，样本计算的检验统计量小于临界值，拒绝原假设，说明有协整关系。

（3）Fisher（Combined Johanson）检验。Fisher 检验是马达拉和吴（Maddala and Wu）于1999年提出的一种协整检验方法，该方法主要是对单个截面个体进行 Johanson 协整检验，然后利用 Fisher 的结论获得对应于面板数据的检验统计量：

$$\text{Fisher} = -2 \sum_{i=1}^{I} \log \pi_i \sim \chi^2(2I) \qquad (4-14)$$

其中，π_i 为截面个体的特征根迹统计量或最大特征根统计量所对应的概率值，如果样本计算的检验统计量大于临界值，不能拒绝原假设存在相应个数协整向量，说明存在相应个数协整向量，相反，样本计算的检验统计量小于临界值，拒绝原假设，说明不存在相应个数协整向量。

4.2.2　检验结果

（1）农村教育水平及其结构与收入水平、结构与差距的检验结果。利用上述面板数据的 Pedroni 检验和 Kao 检验两种协整检验方法对变量间的协整关系进行检验。由表 4-3 和表 4-4 可知，农村教育水平及其结构与收入水平、结构与差距变量间存在协整关系。

表 4-3　面板数据的协整检验结果（一）

检验方法		纯收入	农业收入	非农业收入	其他收入
Pedroni 检验	Panel - v	-0.093 (0.005)	-0.374 (0.009)	-0.212 (0.007)	-0.345 (0.009)
	Panel - ρ	-3.103 (0.007)	-3.298 (0.009)	-2.374 (0.004)	-3.232 (0.008)
	Panel - PP	-9.786 (0.000)	-11.524 (0.000)	-9.749 (0.000)	-8.061 (0.000)
	Panel - ADF	-3.670 (0.002)	-3.787 (0.000)	-4.796 (0.000)	-2.423 (0.004)
	Group - ρ	-4.280 (0.000)	-4.575 (0.000)	-3.453 (0.002)	-4.540 (0.000)
	Group - PP	-12.469 (0.000)	-13.284 (0.000)	-12.551 (0.000)	-11.545 (0.000)
	Group - ADF	-3.216 (0.000)	-3.173 (0.000)	-4.115 (0.000)	-2.361 (0.005)
Kao 检验	ADF	-2.712 (0.001)	-2.936 (0.001)	-2.568 (0.003)	-2.597 (0.003)

表 4 - 4　面板数据的协整检验结果（二）

检验方法		低收入	中低收入	中等收入	中高收入	高收入	收入差距
Pedroni 检验	Panel − v	−0.090 (0.005)	−0.361 (0.009)	−0.205 (0.007)	−0.332 (0.009)	−0.174 (0.006)	−0.303 (0.008)
	Panel − ρ	−2.994 (0.007)	−3.183 (0.009)	−2.291 (0.004)	−3.117 (0.008)	−1.956 (0.003)	−2.902 (0.007)
	Panel − PP	−9.443 (0.000)	−11.126 (0.000)	−9.408 (0.000)	−7.779 (0.000)	−8.727 (0.000)	−9.465 (0.000)
	Panel − ADF	−3.542 (0.002)	−3.654 (0.000)	−4.627 (0.000)	−2.336 (0.004)	−4.293 (0.000)	−3.517 (0.000)
	Group − ρ	−4.130 (0.000)	−4.415 (0.000)	−3.305 (0.002)	−4.382 (0.000)	−3.091 (0.002)	−4.004 (0.000)
	Group − PP	−12.037 (0.000)	−12.819 (0.000)	−12.113 (0.000)	−11.141 (0.000)	−10.469 (0.000)	−10.128 (0.000)
	Group − ADF	−3.106 (0.000)	−3.062 (0.000)	−3.971 (0.000)	−2.278 (0.005)	−3.435 (0.000)	−2.736 (0.003)
Kao 检验	ADF	−2.770 (0.000)	−2.978 (0.000)	−2.635 (0.000)	−2.662 (0.000)	−2.310 (0.000)	−2.419 (0.000)

运用 EViews 软件进行协整回归。结果发现拟合度较高，不存在序列自相关，整体回归效果较好。农村平均受教育程度提高 1 个百分点，农民纯收入增加 0.1679 个百分点，在 1% 水平上通过显著性检验，这表明农村教育对农民收入有显著的长期促进作用。主要原因是自改革开放以来，中部地区农村教育发展水平得到了显著提高，其中农村 15 岁及以上文盲半文盲人口占 15 岁及以上人口数比重不断降低，1982 年该比率为 38.25%，2015 年则下降为 4.6%；农民平均受教育程度不断增加，1982 年平均受教育年限为 3.42 年，2015 年则上升为 8.079 年。中部地区农村教育通过农民素质与技能效应、农民职业转换效应、农业生产率效应、农村劳动力流动与转移效应等提高了农民纯收入。也发现中部地区农村平均受教育程度提高 1 个百分点，农民非农收入增加 0.2317 个百分点，在 5% 水平上通过显著性检验，农民农业收入降低 0.0732 个百分点，在 10% 水平上通过

显著性检验，农民其他收入增加 0.0324 个百分点，未通过显著性检验，说明农村教育主要是促进了农民非农业收入提高，其不利于农民农业收入提高，未显著促进农民其他收入提高，在一定程度上优化了农民收入结构。还发现中部地区农村平均受教育程度提高 1 个百分点，农村收入基尼系数提高 0.1426%，在 5% 水平上显著，说明中部地区农村教育水平提高拉大了农村收入差距。

　　运用 EViews 软件进行协整回归。结果发现拟合度较高，不存在序列自相关，整体回归效果较好。农村初等教育程度提高，农村低收入、中低收入、中等收入、中高收入和高收入农民的收入均未显著提高，即中部地区农村初等教育没有显著提高低收入、中低收入、中等收入、中高收入和高收入农民的收入，对农民收入水平结构优化未产生显著影响。农村中等教育程度提高，农村低收入和中低收入农民的收入均显著提高，但中等收入、中高收入和高收入农民的收入未显著提高，即中部地区农村中等教育有利于提高低收入和中低收入农民的收入，但没有显著提高中等收入、中高收入和高收入农民的收入，对农民收入水平结构的优化起到了一定作用。中部地区农村高等教育程度提高，农村低收入、中低收入、中等收入、中高收入和高收入农民的收入均显著提高，说明中部地区农村高等教育均显著提高了低收入、中低收入、中等收入、中高收入和高收入农民的收入。相对而言，高等教育对农村低收入、中低收入和中等收入农民的收入提高效应更大，即长期中部地区农村高等教育有利于农民收入水平结构优化。还发现中部地区农村初等教育程度提高 1 个百分点，农村收入基尼系数下降 0.0542%，在 10% 水平上显著，中部地区农村中等教育程度提高 1 个百分点，农村收入基尼系数提高 0.0675%，中部地区农村高等教育程度提高 1 个百分点，农村收入基尼系数提高 0.1178%，均通过了显著性检验，说明中部地区农村初等教育程度提高有助于农村收入差距缩小，中部地区农村中等教育程度和高等教育程度提高均拉大了农村收入差距。

　　进一步利用 ECM 模型来分析农村教育对农民收入的短期影响，并考察农村教育对农民收入的影响在短期波动中偏离长期均衡状态的程度。结合研究需要，以协整回归得到的残差序列作为误差修正项，构建农村教育对农民收入影响的

ECM 模型，利用 EViews 软件进行回归。结果发现模型拟合度较高，不存在序列自相关，整体回归效果较好，在短期内，农村平均受教育程度提高 1 个百分点，农民纯收入增加 0.0721 个百分点，在 5% 水平上通过显著性检验，说明短期内农村教育也提高了农民收入，但显然促进作用较小，说明中部地区农村教育不发达，教育结构不合理，农村教育促进农民收入提高的渠道受到了限制，制约了促进作用的发挥；从误差修正项 ECM 值来看，农村教育对农民收入的短期波动对长期均衡的偏离较显著。该结论也适用于农村教育结构对收入来源结构和收入水平结构的影响。即农村教育结构对农业收入、非农业收入、其他收入影响的短期波动对长期均衡的偏离较显著。农村教育结构对农村低收入、中低收入、中等收入、中高收入和高收入居民的收入影响的短期波动对长期均衡的偏离较显著。

同样利用 ECM 模型来分析农村教育对农村收入差距的短期影响，并考察农村教育对农村收入差距的影响在短期波动中偏离长期均衡状态的程度。结合研究需要，以协整回归得到的残差序列作为误差修正项，构建农村教育对农村收入差距影响的 ECM 模型，利用 EViews 软件进行回归。结果发现模型拟合度较高，不存在序列自相关，整体回归效果较好，在短期内，农村平均受教育程度提高 1 个百分点，农村收入基尼系数提高 0.1518%，在 10% 水平上通过显著性检验，说明短期内农村教育也拉大了农村收入差距，但显然拉大作用较大，说明中部地区农村教育不发达，尚未能优化农民收入结构，农村教育缩小农村收入差距的渠道不畅通；从误差修正项 ECM 值来看，农村教育对农村收入差距的短期波动对长期均衡的偏离较显著。该结论也适用于农村教育结构对农村收入差距的影响，即中部地区农村教育结构对农村收入差距影响的短期波动对长期均衡的偏离较显著。

（2）城镇教育水平及其结构与收入水平、结构与差距的检验结果。利用上述面板数据的 Pedroni 检验和 Kao 检验两种协整检验方法对变量间的协整关系进行检验。由表 4-5 和表 4-6 可知，城镇教育水平及其结构与收入水平、结构与差距变量间存在协整关系。

表 4 - 5　面板数据的协整检验结果（一）

检验方法		人均工资性收入	人均经营净收入	人均财产净收入	人均转移净收入
Pedroni 检验	Panel – v	– 0. 323 (0. 007)	– 0. 182 (0. 005)	– 0. 298 (0. 007)	– 0. 264 (0. 006)
	Panel – ρ	– 2. 849 (0. 006)	– 2. 051 (0. 004)	– 2. 793 (0. 005)	– 2. 487 (0. 005)
	Panel – PP	– 9. 957 (0. 000)	– 8. 423 (0. 000)	– 6. 965 (0. 000)	– 6. 201 (0. 000)
	Panel – ADF	– 3. 272 (0. 000)	– 4. 150 (0. 000)	– 2. 092 (0. 005)	– 1. 863 (0. 004)
	Group – ρ	– 3. 984 (0. 000)	– 2. 985 (0. 003)	– 3. 923 (0. 000)	– 3. 492 (0. 000)
	Group – PP	– 11. 457 (0. 000)	– 10. 814 (0. 000)	– 9. 976 (0. 000)	– 8. 880 (0. 000)
	Group – ADF	– 2. 742 (0. 000)	– 3. 557 (0. 000)	– 2. 040 (0. 004)	– 1. 816 (0. 003)
Kao 检验	ADF	– 2. 536 (0. 001)	– 2. 401 (0. 002)	– 2. 426 (0. 002)	– 2. 160 (0. 002)

表 4 - 6　面板数据的协整检验结果（二）

检验方法		低收入	中低收入	中等收入	中高收入	高收入	收入差距
Pedroni 检验	Panel – v	– 0. 093 (0. 005)	– 0. 374 (0. 009)	– 0. 212 (0. 007)	– 0. 345 (0. 009)	– 0. 181 (0. 006)	– 0. 342 (0. 009)
	Panel – ρ	– 3. 103 (0. 007)	– 3. 298 (0. 009)	– 2. 374 (0. 004)	– 3. 232 (0. 008)	– 2. 026 (0. 003)	– 3. 211 (0. 008)
	Panel – PP	– 9. 786 (0. 000)	– 11. 524 (0. 000)	– 9. 749 (0. 000)	– 8. 061 (0. 000)	– 9. 044 (0. 000)	– 10. 253 (0. 000)
	Panel – ADF	– 3. 670 (0. 002)	– 3. 787 (0. 000)	– 4. 796 (0. 000)	– 2. 423 (0. 004)	– 4. 449 (0. 000)	– 3. 718 (0. 001)
	Group – ρ	– 4. 280 (0. 000)	– 4. 575 (0. 000)	– 3. 453 (0. 002)	– 4. 540 (0. 000)	– 3. 203 (0. 002)	– 4. 476 (0. 000)
	Group – PP	– 12. 469 (0. 000)	– 13. 284 (0. 000)	– 12. 551 (0. 000)	– 11. 545 (0. 000)	– 10. 849 (0. 000)	– 11. 367 (0. 000)

续表

检验方法		低收入	中低收入	中等收入	中高收入	高收入	收入差距
Pedroni 检验	Group – ADF	−3.216 (0.000)	−3.173 (0.000)	−4.115 (0.000)	−2.361 (0.005)	−3.557 (0.000)	−3.204 (0.001)
Kao 检验	ADF	−2.712 (0.001)	−2.936 (0.001)	−2.568 (0.003)	−2.597 (0.003)	−2.220 (0.003)	−2.659 (0.002)

运用 EViews 软件进行协整回归。结果发现拟合度较高，不存在序列自相关，整体回归效果较好。城镇平均受教育程度提高 1 个百分点，城镇居民人均可支配收入增加 0.604 个百分点，在 1% 水平上通过显著性检验，这表明城镇教育对城镇居民人均可支配收入有显著的长期促进作用。主要原因是自改革开放以来，中部地区城镇教育发展水平得到了显著提高，其中城镇 6 岁及以上文盲半文盲人口占 6 岁及以上人口数比重不断降低；城镇劳动力平均受教育程度不断增加，2016 年中部地区城镇居民平均受教育程度为 10.2940 年。中部地区城镇教育通过素质与技能效应、职业转换效应、生产率效应、劳动力流动与转移效应等提高了城镇人均可支配收入。也发现中部地区城镇平均受教育程度提高 1 个百分点，城镇收入基尼系数下降 0.0897%，在 5% 水平上显著，说明中部地区城镇教育水平提高有助于缩小城镇收入差距。

运用 EViews 软件进行协整回归。结果发现拟合度较高，不存在序列自相关，整体回归效果较好。城镇初等教育程度提高 1%，城镇居民人均工资性收入和人均转移净收入分别提高 0.107%、0.119%，人均经营净收入和人均财产净收入分别下降 0.162% 和 0.130%，均通过了显著性检验，说明长期中部地区城镇居民初等教育程度与城镇居民人均工资性收入和人均转移净收入呈正相关关系，与人均经营净收入和人均财产净收入呈负相关关系，即中部地区城镇初等教育有利于提高城镇居民人均工资性收入和人均转移净收入，但对人均经营净收入和人均财产净收入提高产生了负面影响，不利于城镇居民收入来源结构优化。中部地区城镇居民中等教育程度提高 1%，城镇居民人均工资性收入、人均经营净收入和人均财产净收入分别提高 0.124%、0.043% 和 0.035%，人均转移净收入下降

0.078%，其中人均经营净收入和人均财产净收入的估计系数未通过显著性检验。说明长期中部地区城镇中等教育显著提高了其人均工资性收入，但对人均经营净收入和人均财产净收入的提高效应不显著，对人均转移净收入则产生了负面影响，说明中等教育对城镇居民收入来源结构的优化作用不明显。结果发现中部地区城镇高等教育程度提高 1%，城镇居民人均工资性收入、人均经营净收入、人均财产净收入和人均转移净收入分别提高 0.056%、0.094%、0.105% 和 0.061%，均通过显著性检验。说明中部地区城镇高等教育均显著提高了人均工资性收入、人均经营净收入、人均财产净收入和人均转移净收入。相对而言，高等教育对城镇居民人均经营净收入和人均财产净收入的提高效应更大，即长期中部地区城镇高等教育有利于城镇居民收入来源结构优化。

运用 EViews 软件进行协整回归，结果发现城镇居民初等教育程度提高，城镇低收入、中低收入、中等收入、中高收入和高收入居民的收入均未显著提高，即中部地区城镇初等教育没有显著提高低收入、中低收入、中等收入、中高收入和高收入居民的收入，对城镇居民收入水平结构优化未产生显著影响。城镇居民中等教育程度提高，城镇低收入和中低收入居民的收入均显著提高，但中等收入、中高收入和高收入居民的收入未显著提高，即中部地区城镇中等教育有利于提高低收入和中低收入居民的收入，但没有显著提高中等收入、中高收入和高收入居民的收入，对城镇居民收入水平结构的优化起到了一定作用。城镇居民高等教育程度提高，城镇低收入、中低收入、中等收入、中高收入和高收入居民的收入均显著提高，说明中部地区城镇高等教育均显著提高了城镇低收入、中低收入、中等收入、中高收入和高收入居民的收入。相对而言，高等教育对城镇低收入、中低收入和中等收入居民的收入提高效应更大，即长期中部地区城镇高等教育有利于城镇居民收入水平结构优化。发现中部地区城镇初等教育程度提高 1 个百分点，城镇收入基尼系数下降 0.0541%，在 10% 水平上显著，说明中部地区城镇初等教育程度提高有助于城镇收入差距缩小，中部地区城镇中等教育程度提高 1 个百分点，城镇收入基尼系数下降 0.0848%，在 5% 水平上显著，说明中部地区城镇中等教育程度提高有助于城镇收入差距缩小，中部地区城镇高等教育程度提高1个百分点，城镇收入基尼系数提高0.0472%，在10%水平上显著，说明中部地区城镇高等教育提高拉大了城镇收入差距。

进一步利用ECM模型来分析城镇教育对城镇居民人均可支配收入的短期影响，并考察城镇教育对城镇居民人均可支配收入的影响在短期波动中偏离长期均衡状态的程度。结合研究需要，以协整回归得到的残差序列作为误差修正项，构建城镇教育对城镇居民人均可支配收入影响的ECM模型，利用EViews软件进行回归。结果发现模型拟合度较高，不存在序列自相关，整体回归效果较好，在短期内，城镇平均受教育程度提高1个百分点，城镇居民人均可支配收入增加0.312个百分点，在5%水平上通过显著性检验，说明短期内城镇教育也提高了城镇居民人均可支配收入，但显然促进作用较小，说明中部地区城镇教育不发达，教育结构不合理，城镇教育促进城镇居民人均可支配收入提高的渠道受到了限制，制约了促进作用的发挥；从误差修正项ECM值来看，城镇教育对城镇居民人均可支配收入影响的短期波动对长期均衡的偏离较显著。该结论也适用于城镇教育结构对城镇居民收入来源结构和水平结构的影响。即城镇教育结构对城镇居民人均工资性收入、人均经营净收入、人均财产净收入和人均转移净收入影响的短期波动对长期均衡的偏离较显著，城镇教育结构对城镇低收入、中低收入、中等收入、中高收入和高收入居民收入影响的短期波动对长期均衡的偏离较显著。

同样利用ECM模型来分析城镇教育对城镇收入差距的短期影响，并考察城镇教育对城镇收入差距的影响在短期波动中偏离长期均衡状态的程度。结合研究需要，以协整回归得到的残差序列作为误差修正项，构建城镇教育对城镇收入差距影响的ECM模型，利用EViews软件进行回归。结果发现模型拟合度较高，不存在序列自相关，整体回归效果较好，在短期内，城镇平均受教育程度提高1个百分点，城镇收入基尼系数下降0.0501%，在5%水平上通过显著性检验，说明短期内城镇教育也缩小了城镇收入差距，但显然该作用较小，说明中部地区城镇教育有待进一步发展，对城镇居民收入结构的优化作用还不明显，城镇教育缩小城镇收入差距的渠道有待进一步畅通；从误差修正项ECM值来看，城镇教育对城镇收入差距的短期波动对长期均衡的偏离较显著。该结论也适用于城镇教育结构对城镇收入差距的影响,即中部地区城镇教育结构对城镇收入差距影响的短期波动对长期均衡的偏离较显著。

4.3 中部地区教育水平及其结构对收入水平、结构与差距的长期动态影响

4.3.1 农村教育水平及其结构对收入水平、结构与差距的长期动态影响

(1)模型设定。向量自回归模型(Vector Auto – Regressive model,VAR)是 Sims 于 1980 年提出的,对任何一组有关系的经济变量都可以直接建立 VAR 模型,这种模型采用多方程联立的形式,它不以经济理论为基础,在模型的每一个方程中,内生变量对模型的全部内生变量的滞后值进行回归,从而估计全部内生变量的动态关系,因此,VAR 考虑了模型中各变量间的相互作用,在某些给定的条件下能够用来确定一个基本的经济冲击给其他经济变量带来多大的影响,常用于为相互联系的多个时间序列系统建立模型。含有 N 个变量滞后 k 期的 VAR 模型表示如下:

$$Y_t = \pi + \pi_1 Y_{t-1} + \pi_2 Y_{t-2} + \cdots + \pi_k Y_{t-k} + u_t \tag{4-15}$$

其中,$Y_{t-i} = (c_{t-i}, edu_{t-i})'$,$\pi$ 为 2×1 阶常数项列向量,π_i 为 2×2 阶参数矩阵,$u_t \sim IID(0, \Omega)$,u_t 是 2×1 阶随机误差列向量,Ω 为 2×2 阶方差协方差矩阵。VAR 模型系数的经济解释是很困难的,要想对一个 VAR 模型做出分析,通常是观察系统的脉冲响应函数和方差分解。脉冲响应函数描述一个内生变量对误差冲击的反应。具体来说,它描述的是在随机误差项上施加一个标准差大小的冲击后对内生变量的当期值和未来值所带来的影响,而 VAR 的方差分解能够给出随机新息的相对重要性信息,因此,一般需要通过系统的脉冲响应函数和方差

分解来推断 VAR 的内涵。基于 VAR 模型与脉冲响应函数以及方差分解的优势，将采用 VAR 模型与脉冲响应函数以及方差分解对中部地区农村教育与农民收入及其结构的关系进行检验。

（2）模型滞后期的选择及其稳定性。建立 VAR 模型应该正确确定滞后期。如果滞后期太少，误差项的自相关会很严重，并导致参数的非一致性估计。从一方面来看，在 VAR 模型中适当增加滞后期，可以消除误差项中存在的自相关。从另一方面来看，滞后期又不宜过大。滞后期过大会导致自由度减小，直接影响模型参数估计量的有效性，使用 EViews 6.0 进行检验，根据 LR 统计量、赤池（Akaike）信息准则（AIC）、施瓦茨（Schwartz）准则（SC）和汉南—奎因信息准则（HQ）选择滞后期，经过多次试验，得到 AIC、SC 和 HQ 信息量在滞后二期时最小。进一步来看，EViews 6.0 运算结果表明 VAR（2）的特征方程的逆根都在单位圆内，所以 VAR（2）是稳定的，即当把一个脉动冲击施加在 VAR 模型中某一个方程的新息过程上时，随着时间的推移，这个冲击是逐渐地消失的。

（3）实证结果。使用 EViews 6.0 对建立的 VAR（2）用 OLS 进行估计，结果如表 4 – 7 所示，结果表明，整体上拟合结果较好，但由于对 VAR 模型的单一系数的经济解释很困难，因此对一个 VAR 模型做出分析，通常是观察系统的脉冲响应函数和方差分解。

表 4 – 7　VAR（2）的估计结果

变量	$\ln c_1$
$\ln c_1$（-1）	0. 6326 **
$\ln c_1$（-2）	0. 1780 ***
lnEdu（-1）	0. 0924 **
lnEdu（-2）	0. 0202 ***
常数项	0. 1543 ***
Determinant resid covariance	2. 07E – 07
Log likelihood	54. 2358
AIC	– 2. 4129
SC	– 0. 8965

注：*、** 和 *** 分别表示在 1%、5% 和 10% 的水平上通过显著性检验。

利用 EViews 6.0 得到中部地区农民收入对农村教育一个 Cholesky 正向冲击标准差新息的响应，以及中部地区农民收入对农村教育一个 Cholesky 正向冲击标准差新息的累积响应。从中可知，中部地区农村教育对农民收入的冲击效应在前 6 期都是正向效应，在第 3 期正向效应最大，随后减少，在第 7 期转为负向效应，并于第 8 期负向效应达到最大，此后趋于平稳；中部地区农民收入对农村教育单位 Cholesky 正向冲击的累积响应为正，说明在长期过程中，中部地区农村教育对农民收入有着正向冲击，且中部地区农村教育对农民收入具有明显的促进作用。Sims（1980）运用方差分解法，将任意一个内生变量的预测均方误差分解成系统中各变量的随机冲击所做的贡献，然后计算出每一变量冲击的相对重要性，即通过求解扰动项对向量自回归模型预测均方误差的贡献度，可得到中部地区农村教育对农民收入的冲击作用，方差分解结果表明现阶段中部地区农民收入的变动中，大约有 81% 的波动可以由自身的波动来解释，大约有 11% 的波动可以由农村教育的波动来解释。随着农村经济的不断发展，中部地区农村教育对农民收入的解释力度逐步加大，增加至 16.24%，可见农村教育作为影响中部地区农民收入的因素不可或缺，这与脉冲响应分析结果一致。该结论也适用于农村教育结构对农民收入来源结构和收入水平结构的影响。即方差分解结果表明现阶段中部地区农业收入、非农业收入、其他收入的变动中，大约分别有 87%、76%、82% 的波动可以由自身的波动来解释，大约分别有 11%、20%、16% 的波动可以由农村教育的波动来解释。随着农村经济的不断发展，教育对上述 3 种农民收入的解释力度也在逐步加大，可见农村教育作为影响中部地区农民收入来源结构的因素不可或缺。方差分解结果也表明现阶段中部地区农村低收入、中低收入、中等收入、中高收入和高收入农民收入的变动中，大约分别有 74%、79%、80%、83%、86% 的波动可以由自身的波动来解释，大约分别有 18%、14%、12%、9%、7% 的波动可以由农村教育的波动来解释。随着农村经济的不断发展，教育对上述 5 种水平农民收入的解释力度也在逐步加大，可见农村教育作为影响中部地区农民收入水平结构的因素不可或缺。

同样可通过求解扰动项对向量自回归模型预测均方误差的贡献度，可得到中部地区农村教育对农村收入基尼系数的冲击作用，方差分解结果表明现阶段中部地区农村收入基尼系数的变动中，大约有73%的波动可以由自身的波动来解释，大约有13%的波动可以由农村教育的波动来解释。随着农村经济的不断发展，中部地区农村教育对农村收入基尼系数的解释力度逐步加大，增加至19.16%，可见农村教育作为影响中部地区农村收入差距的因素不可或缺，这与脉冲响应分析结果一致。该结论也适用于农村教育结构对农村收入基尼系数的影响。即方差分解结果表明现阶段中部地区农村收入基尼系数的变动中，大约分别有81%、72%、64%的波动可以由自身的波动来解释，大约分别有7%、12%、21%的波动可以由农村初等教育程度、中等教育程度和高等教育程度的波动来解释。随着农村经济的不断发展，农村初等教育程度对农村收入基尼系数的解释力度在逐步缩小，农村中等教育程度和高等教育程度对农村收入基尼系数的解释力度在逐步增加，可见农村教育结构作为影响中部地区农村收入差距的因素不可或缺。

4.3.2 城镇教育水平及其结构对收入水平、结构与差距的长期动态影响

基于 VAR 模型与脉冲响应函数以及方差分解的优势，也采用 VAR 模型与脉冲响应函数以及方差分解对中部地区城镇教育水平及其结构与城镇居民收入及其结构的关系进行检验。根据 LR 统计量、赤池（Akaike）信息准则（AIC）、施瓦茨（Schwartz）准则（SC）和汉南—奎因信息准则（HQ）选择滞后期，经过多次试验，发现 AIC、SC 和 HQ 信息量在滞后二期时也最小。进一步地，EViews 6.0 运算结果表明 VAR（2）的特征方程的逆根都在单位圆内，所以 VAR（2）是稳定的，即当把一个脉动冲击施加在 VAR 模型中某一个方程的新息过程上时，随着时间的推移，这个冲击是逐渐地消失的。

使用 EViews 6.0 对建立的 VAR（2）用 OLS 进行估计，结果如表 4 - 8 所示，结果表明，整体上拟合结果较好，但由于对 VAR 模型的单一系数的经济解释很困难，因此对一个 VAR 模型做出分析，通常是观察系统的脉冲响应函数和方差分解。

表4-8　VAR（2）的估计结果

变量	lnCin
lnCin（-1）	0.6014**
lnCin（-2）	0.1621***
lnJyc（-1）	0.0703**
lnJyc（-2）	0.0236***
C	0.1702***
Determinant resid covariance	1.01E-07
Log likelihood	50.0895
AIC	-2.3567
SC	-0.8058

注：*、**和***分别表示在1%、5%和10%的水平上通过显著性检验。

依据中部地区城镇居民收入对城镇教育一个 Cholesky 正向冲击标准差新息的响应图，中部地区城镇教育对城镇居民收入的冲击效应在前5期都是正向效应，在第4期正向效应最大，随后减少，在第8期转为负向效应，并于第9期负向效应达到最大，此后趋于平稳；依据中部地区城镇居民收入对城镇教育一个 Cholesky 正向冲击标准差新息的累积响应图，中部地区城镇居民收入对城镇教育单位 Cholesky 正向冲击的累积响应为正，这说明，在长期过程中，中部地区城镇教育对城镇居民收入有着正向冲击，且中部地区城镇教育对城镇居民收入具有明显的促进作用。Sims（1980）运用方差分解法，将任意一个内生变量的预测均方误差分解成系统中各变量的随机冲击所做的贡献，然后计算出每一变量冲击的相对重要性，即通过求解扰动项对向量自回归模型预测均方误差的贡献度，可得到中部地区城镇教育对城镇居民收入的冲击作用，方差分解结果表明现阶段中部地区城镇居民收入的变动中，大约有76%的波动可以由自身的波动来解释，大约有10%的波动可以由城镇教育的波动来解释。随着城镇经济的不断发展，中部地区城镇教育对城镇居民收入的解释力度逐步加大，增加至14.65%，可见城镇教育作为影响中部地区城镇居民收入的因素不可或缺，这与脉冲响应分析结果一致。该结论也适用于城镇教育结构对城镇居民收入来源结构和水平结构的影响。即方差分解结果表明现阶段中部地区城镇居民人均工资性收入、人均经营净收入、人均财产净收入和人均转移净收入的变动中，大约分别有70%、81%、78%、80%的波动可以由自身的波动来解释，大约分别有19%、9%、7%、5%的波动可以由城镇教育的波动来解释。随着城镇经济的不断发展，教育对上述4种城镇居民收入的解释力度也在逐步加大，可见城镇教育作为影响中部地区城镇居民收入来源结构的因素不可或缺。方差分解结果也表明现阶段中部地区城镇居民低收入、中低收入、中等收入、中高收入和高收入居民收入的变动中，大约分别有69%、72%、77%、80%、82%的波动可以由自身的波动来解释，大约分别有16%、13%、9%、7%、5%的波动可以由城镇教育的波动来解释。随着城镇经济的不断发展，教育对上述5种水平城镇居民收入的解释力度也在逐步加大，可见城镇教育作为影响中部地区城镇居民收入水平结构的因素不可或缺。

同样可通过求解扰动项对向量自回归模型预测均方误差的贡献度，可得到中部地区城镇教育对城镇收入基尼系数的冲击作用，方差分解结果表明现阶段中部地区城镇收入基尼系数的变动中，大约有68%的波动可以由自身的波动来解释，大约有9%的波动可以由城镇教育的波动来解释。随着城镇经济的不断发展，中部地区城镇教育对城镇收入基尼系数的解释力度逐步加大，增加至13.21%，可见城镇教育作为影响中部地区城镇收入差距的因素不可或缺，这与脉冲响应分析结果一致。该结论也适用于城镇教育结构对城镇收入基尼系数的影响。即方差分解结果表明现阶段中部地区城镇收入基尼系数的变动中，大约分别有74%、69%、63%的波动可以由自身的波动来解释，大约分别有6%、8%、17%的波动可以由城镇初等教育程度、中等教育程度和高等教育程度的波动来解释。随着城镇经济的不断发展，城镇初等教育程度对城镇收入基尼系数的解释力度在逐步缩小，城镇中等教育程度和高等教育程度对城镇收入基尼系数的解释力度在逐步增加，可见城镇教育结构作为影响中部地区城镇收入差距的因素不可或缺。

4.4 中部地区教育水平及其结构与收入水平、结构与差距的 Granger 因果检验

4.4.1 农村教育水平及其结构与收入水平、结构与差距的 Granger 因果检验

协整检验结果显示，中部地区农村教育水平及其结构与收入水平及其结构存在长期关系，短期偏离不会影响变量之间的长期关系。但是还不能识别中部地区农村教育水平及其结构与收入水平及其结构之间的因果关系，而识别因果关系是实证研究中的一个重要方面，因此，还需要分析中部地区农村教育水平及其结构与收入水平及其结构之间的 Granger 因果关系走向，由于 Granger 因果检验的任何一种检验结果都和滞后期选择有关，根据赤池信息准则 AIC 选择滞后期，检验结果如表 4 – 9 所示，从表 4 – 9 中可看出，在 5% 概率值上，中部地区农村教育水平是农民收入水平变化的 Granger 原因，而中部地区农民收入水平是农村教育水平变化的 Granger 原因。因此，中部地区农村教育水平对农民收入水平的变化产生影响，中部地区农民收入水平对农村教育水平的变化产生影响。进一步利用 Granger 因果检验对中部地区农村教育结构与农民收入来源结构和水平结构之间的因果关系、中部地区农村教育水平及其结构与农村收入差距之间的因果关系进行分析，发现农村教育结构与农民收入来源结构和水平结构之间互为因果关系，即中部地区农村教育结构是农民收入来源结构和水平结构变化的 Granger 原因，中部地区农民收入来源结构和水平结构也是农村教育结构变化的 Granger 原因。农村教育水平及其结构与农村收入差距之间互为因果关系，即中部地区农村教育结构是农村收入差距变化的 Granger 原因，中部地区农村收入差距也是农村教育水平及其结构变化的 Granger 原因。

表 4 – 9　中部地区农村教育与农民收入的 Granger 因果检验结果

原假设	滞后期	统计值	概率值
lnc_1 不是 lnEdu 变化的 Granger 原因	2	2.7938	0.0412
lnEdu 不是 lnc_1 变化的 Granger 原因	2	3.1124	0.0256

注：概率值小于 0.01 表明在 1% 的显著性水平下拒绝原假设，概率值小于 0.05 表明在 5% 的显著性水平下拒绝原假设，概率值小于 0.1 表明在 10% 的显著性水平下拒绝原假设。

4.4.2　城镇教育水平及其结构与收入水平、结构与差距的 Granger 因果检验

协整检验结果显示，中部地区城镇教育水平及其结构与城镇居民收入及其来源结构和水平结构存在长期关系，短期偏离不会影响变量之间的长期关系。但是还不能识别中部地区城镇教育水平及其结构与城镇居民收入及其来源结构和水平结构之间的因果关系，而识别因果关系是实证研究中的一个重要方面，因此，还需要分析中部地区城镇教育水平及其结构与城镇居民收入及其来源结构和水平结构之间的 Granger 因果关系走向，由于 Granger 因果检验的任何一种检验结果都和滞后期选择有关，根据赤池信息准则 AIC 选择滞后期，检验结果如表 4 – 10 所示，从表 4 – 10 中可看出，在 5% 概率值上，中部地区城镇教育水平是城镇居民人均可支配收入变化的 Granger 原因，而中部地区城镇居民人均可支配收入是城镇教育水平变化的 Granger 原因。因此，中部地区城镇教育水平对城镇居民人均可支配收入的变化产生影响，中部地区城镇居民人均可支配收入对城镇教育水平的变化产生影响。进一步利用 Granger 因果检验对中部地区城镇教育结构与城镇居民收入来源结构和水平结构之间的因果关系、中部地区城镇教育水平及其结构与城镇收入差距之间的因果关系进行分析，发现城镇教育结构与城镇居民收入来源结构和水平结构之间互为因果关系，即中部地区城镇教育结构是城镇居民收入来源结构和水平结构变化的 Granger 原因，中部地区城镇居民收入来源结构和水平结构也是城镇教育结构变化的 Granger 原因。城镇教育水平及其结构与城镇收入差距之间互为因果关系，即中部地区城镇教育结构是城镇收入差距变化的

Granger 原因，中部地区城镇收入差距也是城镇教育水平及其结构变化的 Granger原因。

表 4 – 10　中部地区城镇教育与城镇居民人均可支配收入的 **Granger** 因果检验结果

原假设	滞后期	统计值	概率值
lnCin 不是 lnJyc 变化的 Granger 原因	2	2.7628	0.0403
lnJyc 不是 lnCin 变化的 Granger 原因	2	3.0072	0.0269

注：概率值小于 0.01 表明在 1% 的显著性水平下拒绝原假设，概率值小于 0.05 表明在 5% 的显著性水平下拒绝原假设，概率值小于 0.1 表明在 10% 的显著性水平下拒绝原假设。

4.5　本章小结

本章基于面板数据，首先采用 LLC 检验、Breitung 检验、Hadri 检验等方法对中部地区农村教育及其结构与收入水平、结构与差距所涉及的变量进行了单位根检验，结果发现，变量为一阶单整 I（1）。其次利用 Pedroni 检验和 Kao 检验法对变量间的协整关系进行检验，发现变量间存在协整关系。再次利用 VAR 模型、广义脉冲响应函数和方差分解方法实证分析了农村教育水平及其结构与收入水平、结构与差距的长期动态影响。结果表明，在长期过程中，中部地区农村教育对农民收入有着正向冲击，中部地区农村教育对农民收入具有明显的促进作用，现阶段中部地区农民收入的变动中，大约有 11% 的波动可以由农村教育的波动来解释，农村教育对中部地区农民收入的解释力度逐步加大，该结论也适用于农村教育结构对农民收入来源结构和水平结构的影响，即农村教育结构作为影响中部地区农民收入来源结构和水平结构的因素不可或缺。在长期过程中，中部地区农村教育对农村收入基尼系数有着正向冲击，中部地区农村教育对农村收入基尼系数具有明显的提高作用，现阶段中部地区农村收入基尼系数的变动中，大约有 13% 的波动可以由农村教育的波动来解释，随着农村经济的不断发展，中部地区农村教育对农村收入基尼系数的解释力度逐步加大，但农村初等教育程度对农村收入基尼系数的解释力度在逐步缩小，农村中等教育程度和高等教育程度对农村收入基尼系数的解释力度在逐步加大，即农村教育水平及其结构作为影响中部地区农村收入差距的因素不可或缺。最后利用 Granger 检验发现中部地区农村教育水平及其结构与农民收入水平、结构与差距之间存在 Granger 因果关系。据此，中部地区需加大农村教育投入，改变农村教育中师资队伍、硬件和软件等方面的落后状态，大力发展农村教育，积极优化中部地区农村教育结构，促进农民收入提高和其收入结构优化。虽然短期内会扩大当地农村收入差距，但长期来看，农村中等教育和高等教育发展会提高当地中低收入和低收入群体的非农业收入和财产性收入等其他收入的占比，优化当地农村居民收入结构，进而缩小农村收入差距。

同样地，本章基于面板数据，首先采用 LLC 检验、Breitung 检验、Hadri 检验等方法对中部地区城镇教育水平及其结构与城镇居民收入水平、结构与差距所涉及的变量进行了单位根检验。其次利用 Pedroni 检验和 Kao 检验法对变量间的协整关系进行检验，结果发现，变量为一阶单整 I（1），变量间存在协整关系。再次利用 VAR 模型、广义脉冲响应函数和方差分解方法实证分析了城镇教育对城镇居民收入的长期动态影响。结果表明，在长期过程中，中部地区城镇教育对城镇居民收入有着正向冲击，中部地区城镇教育对城镇居民收入具有明显的促进作用，现阶段中部地区城镇居民收入的变动中，大约有 10% 的波动可以由城镇教育的波动来解释，城镇教育对中部地区城镇居民收入的解释力度逐步加大，该结论也适用于城镇教育结构对城镇居民收入来源结构和水平结构的影响，即城镇教育结构作为影响中部地区城镇居民收入来源结构和水平结构的因素不可或缺。在长期过程中，中部地区城镇教育对城镇收入基尼系数有着负向冲击，中部地区城镇教育对城镇收入基尼系数具有明显的降低作用，现阶段中部地区城镇收入基尼系数的变动中，大约有 9% 的波动可以由城镇教育的波动来解释，随着城镇经济的不断发展，中部地区城镇教育对城镇收入基尼系数的解释力度逐步加大，增加至 13.21%，可见城镇教育作为影响中部地区城镇收入差距的因素不可或缺，其中城镇初等教育程度对城镇收入基尼系数的解释力度在逐步缩小，城镇中等教育程度和高等教育程度对城镇收入基尼系数的解释力度在逐步加大，城镇教育结构作为影响中部地区城镇收入差距的因素也不可或缺。最后利用 Granger 检验发现中部地区城镇教育及其结构与城镇居民收入水平、结构与差距间存在 Granger 因果关系。据此，中部地区需加大城镇教育投入，提升教育水平和质量，积极优化中部地区城镇教育结构，促进城镇居民收入水平提高，改善居民收入来源结构和水平结构。需在加大城镇初等教育和中等教育经费投入的同时，积极整合城镇初等教育和中等教育资源，提高初等教育和中等教育学校教师收入，推动两类教育师资队伍建设，提高两类教育水平，以缩小城镇收入差距。同时中部地区也需发展城镇高等教育，虽然短期内会拉大当地城镇收入差距，但长期来看，城镇高等教育发展会提高当地中低收入和低收入群体的财产净收入和经营净收入在总收入中的占比，优化当地城镇居民收入结构，进而缩小城镇收入差距。

第5章 中部地区教育水平对收入及其结构的影响

5.1 中部地区农村教育水平对农民收入及其结构的影响

自改革开放以来，中部地区农村教育发展水平得到了显著提高，其中，农村15岁及以上文盲半文盲人口占15岁及以上人口数比重不断降低，1982年该比率为38.25%，2018年则下降为4.51%；农民平均受教育程度不断提高，1982年平均受教育年限为3.42年，2018年则上升为8.17年。与东部地区相比，中部地区农村教育发展明显滞后。与此同时，中部地区农民收入较改革开放初期有了大幅增长，农民收入年均增长12.07%，2018年中部地区农村居民人均可支配收入达13851.17元，同比增长8.99%。且农民收入来源日趋多元化，非农收入比重不断提高，2018年为39.53%。但中部地区农村居民人均可支配收入依然较低，较全国平均水平和东部地区分别约低了766元和6887元，同时，中部地区农民农业收入占比较高，其他收入占比较低，农民收入结构不合理。那么，为了提高农民收入水平，优化农民收入结构，中部地区应如何发展农村教育，侧重发展农村哪一层次教育，显然是一个值得思考和极具现实意义的问题。基于该问题，将实证研究中部地区农村教育对农民收入及其结构的影响，为中部地区及其各省会、地级市和县级市地区制定科学合理的农村教育发展政策提供建议。

5.1.1　模型设定、变量测度与数据来源

依据国内外学者研究农民收入影响因素的文献，基于动态面板数据，在明瑟收入函数模型基础上构建分别以农民纯收入、农业收入、非农业收入和其他收入为被解释变量，以农村教育程度为解释变量，纳入城镇化水平、财政支农支出、金融发展、人均耕地面积等控制变量的计量模型，具体如下：

$$\ln Inc_{jit} = c + \beta_0 \ln Inc_{jit-1} + \beta_1 \ln Edu_{it} + \beta_2 \ln Urb_{it} + \beta_3 \ln Gov_{it} + \beta_4 \ln Fin_{it} +$$
$$\beta_5 \ln Lan_{it} + \varepsilon_{it} \tag{5-1}$$

其中，i、t 分别表示第 i 个城市地区和第 t 年，Inc 表示农民收入，$j = 1$、2、3、4，Inc_1、Inc_2、Inc_3、Inc_4 分别表示农民纯收入、农业收入、非农业收入和其他收入，Edu 表示农村教育，Urb、Gov、Fin、Lan 分别表示城镇化水平、财政支农力度、金融发展和人均耕地面积。由于收入具有一定的惯性，农民收入提高或下降很可能存在滞后效应，加入被解释变量的滞后项，这也涵盖了未考虑到的其他影响因素。此外，为了减弱变量的异方差性，变量均以对数形式纳入模型中。

首先，对于被解释变量测度，本节直接用现有统计年鉴中的农民纯收入、家庭经营性收入、工资性收入、财产性收入与转移性收入来分别测度被解释变量农民纯收入、农业收入、非农业收入、其他收入。其次，对于解释变量测度，本节用农村平均受教育程度来衡量，平均受教育程度 = 文盲半文盲的人口比重 × 2 年 + 小学（普小、成人小学）文化程度人口比重 × 6 年 + 初中（普通初中、职业初中、初中技工学校、成人初中）文化程度人口比重 × 9 年 + 高中（包括普高、普通中专、高中技工学校、成人高中和中专）文化程度人口比重 × 12 年 + 大专及以上文化程度人口比重 × 16 年。最后，对于控制变量测度，本节用城镇人口数占总人口数比重、财政支农支出占财政总支出比重、（金融相关率 + 金融系统效率）/2（金融相关率 = 金融机构当年存贷款余额/当年国内生产总值，金融系

统效率＝金融机构当年贷款余额／金融机构当年存款余额）、耕地面积除以农村人口数分别来衡量城镇化水平、财政支农力度、金融发展和人均耕地面积。各变量原始数据来源于《中国统计年鉴》、《中国农村统计年鉴》、《中国城市统计年鉴》、《中国农村住户调查年鉴》、《新中国六十年统计资料汇编》、《中国县市社会经济统计年鉴》和中部各省份统计年鉴。

5.1.2 整个地区实证结果分析

在利用上述设定的计量模型进行估计前，为了防止估计产生的谬误回归结果，本节已经使用面板数据的 LLC 检验等 6 种单位根检验方法、Pedroni 检验和 Kao 检验两种协整检验方法分别对变量平稳性和变量间的协整关系进行检验。由表 5－1 和表 5－2 可知，各变量有单位根，变量为一阶单整 I（1），变量间存在协整关系。但估计前还可能因为被解释变量反作用于解释变量和控制变量，产生内生性问题，如农民收入提高为农村教育发展提供了物质基础，有助于农村教育发展等，致使回归结果不可靠；还可能因为解释变量和控制变量影响被解释变量前，被解释变量已经发生了变化，而导致的内生性问题，致使回归结果即使表明解释变量和控制变量影响了被解释变量，也不能断言前者对后者有影响，如农民教育程度高的地区有可能农民收入原本就较高；城镇化水平高的地区也有可能农民收入原本就较高等。因此，为了克服上述内生性问题，本节利用系统广义矩估计方法实证研究。

表 5－1　变量一阶差分值面板单位根检验结果

变量	面板单位根检验方法					
	LLC	Breitung	Hadri	IPS	Fisher － ADF	Fisher － pp
$lnInc_1$	－ 13. 604 (0. 000)	－ 2. 506 (0. 003)	4. 818 (0. 000)	－ 6. 345 (0. 000)	157. 040 (0. 000)	243. 189 (0. 000)
$lnInc_2$	－ 11. 048 (0. 000)	－ 2. 272 (0. 007)	0. 673 (0. 221)	－ 4. 696 (0. 000)	130. 997 (0. 000)	156. 612 (0. 000)

续表

变量	面板单位根检验方法					
	LLC	Breitung	Hadri	IPS	Fisher – ADF	Fisher – pp
lnInc₃	– 20. 387 (0. 000)	– 6. 089 (0. 000)	5. 834 (0. 000)	– 6. 923 (0. 000)	159. 135 (0. 000)	133. 841 (0. 000)
lnInc₄	– 22. 805 (0. 000)	– 6. 179 (0. 000)	6. 613 (0. 000)	– 7. 880 (0. 000)	170. 332 (0. 000)	170. 836 (0. 000)
lnEdu	– 8. 216 (0. 000)	1. 308 (0. 860)	6. 687 (0. 000)	– 2. 604 (0. 003)	101. 210 (0. 000)	120. 135 (0. 000)
lnUrb	– 8. 189 (0. 000)	1. 305 (0. 860)	6. 662 (0. 000)	– 2. 598 (0. 003)	100. 899 (0. 000)	119. 767 (0. 000)
lnGov	– 6. 732 (0. 000)	– 0. 275 (0. 360)	5. 391 (0. 000)	– 1. 507 (0. 050)	76. 260 (0. 021)	90. 283 (0. 001)
lnFin	– 19. 574 (0. 000)	– 5. 852 (0. 000)	5. 446 (0. 000)	– 6. 253 (0. 000)	139. 117 (0. 000)	165. 748 (0. 000)
lnLan	– 12. 283 (0. 000)	– 1. 340 (0. 071)	3. 425 (0. 000)	– 5. 592 (0. 000)	139. 908 (0. 000)	193. 516 (0. 000)

注：括号内为概率值，括号外为统计量，概率值小于 0. 01 表明在 1% 的显著性水平下拒绝原假设，概率值小于 0. 05 表明在 5% 的显著性水平下拒绝原假设，概率值小于 0. 1 表明在 10% 的显著性水平下拒绝原假设。下同。

表 5 – 2　面板数据的协整检验结果

检验方法		纯收入	农业收入	非农业收入	其他收入
Pedroni 检验	Panel – v	– 0. 093 (0. 005)	– 0. 374 (0. 009)	– 0. 212 (0. 007)	– 0. 345 (0. 009)
	Panel – ρ	– 3. 103 (0. 007)	– 3. 298 (0. 009)	– 2. 374 (0. 004)	– 3. 232 (0. 008)
	Panel – PP	– 9. 786 (0. 000)	– 11. 524 (0. 000)	– 9. 749 (0. 000)	– 8. 061 (0. 000)
	Panel – ADF	– 3. 670 (0. 002)	– 3. 787 (0. 000)	– 4. 796 (0. 000)	– 2. 423 (0. 004)
	Group – ρ	– 4. 280 (0. 000)	– 4. 575 (0. 000)	– 3. 453 (0. 002)	– 4. 540 (0. 000)

检验方法		纯收入	农业收入	非农业收入	其他收入
Pedroni 检验	Group – PP	– 12. 469 (0. 000)	– 13. 284 (0. 000)	– 12. 551 (0. 000)	– 11. 545 (0. 000)
	Group – ADF	– 3. 216 (0. 000)	– 3. 173 (0. 000)	– 4. 115 (0. 000)	– 2. 361 (0. 005)
Kao 检验	ADF	– 2. 712 (0. 001)	– 2. 936 (0. 001)	– 2. 568 (0. 003)	– 2. 597 (0. 003)

本节利用 Stata 软件中用于求解系统广义矩估计值的 Xtabond 2 程序估计，并进行了 Sargan 检验和 Arellano – Bond 统计检验，分别检验了所选取工具变量的有效性和残差序列的自相关性，具体估计结果如表 5 – 3 所示，其中 Wald 统计量、Sargan 检验和 Arellano – Bond 检验均无异常。

表 5 – 3　估计结果

变量	纯收入	农业收入	非农业收入	其他收入
常数项	2. 373 **	2. 965 **	3. 256 ***	2. 418 **
滞后一期的被解释变量	0. 292 ***	0. 313 ***	0. 259 **	0. 281 **
lnEdu	0. 184 **	– 0. 049 ***	0. 247 ***	0. 026
lnUrb	0. 162 **	– 0. 087 **	0. 282 **	0. 195 ***
lnGov	0. 117 **	0. 173 **	– 0. 034	0. 027
lnFin	0. 075 ***	0. 041	0. 089 **	0. 106 *
lnLan	0. 066 **	0. 092 **	– 0. 027	0. 019 **
Wald 检验	1271. 838	1111. 146	955. 605	1422. 053
Sargan 检验	0. 297	0. 248	0. 223	0. 364
Arellano – Bond AR (1)	0. 006	0. 005	0. 004	0. 007
Arellano – Bond AR (2)	0. 251	0. 234	0. 219	0. 258

注：*、** 和 *** 分别表示在1%、5% 和10% 的水平上通过显著性检验。

首先，由表 5 – 3 可知，中部地区农村平均受教育程度提高1%，农民纯收入提高0. 184%，在5% 水平上通过了显著性检验。说明中部地区农村教育促进了农民纯收入提高，主要原因是中部地区农村教育通过农民素质与技能效应、农民职业转换效应、农业生产率效应、农村劳动力流动与转移效应等提高了农民纯收入。

其次，由表 5 - 3 可知，中部地区农村平均受教育程度提高 1%，农民农业收入下降 0.049%，非农业收入提高 0.247%，均在 10% 水平上通过了显著性检验，说明中部地区农村教育不利于农民农业收入提高，但促进了农民非农业收入提高。原因可能在于虽然农村教育提升了农民素质，提高了农业生产率，但降低了农民对农业收入的依赖，农民素质技能提高和信息获取能力增强提高了农村劳动力流动性，促进了农民进入城镇中第二产业和第三产业就业，进而提升了农民获取非农业收入的能力。

最后，由表 5 - 3 可知，中部地区农村平均受教育程度提高 1%，农民其他收入提高 0.026%，但未通过显著性检验。说明中部地区农村教育并未显著促进农民其他收入提高，主要原因在于中部地区农村平均受教育程度还较低，理财能力较差，财产性收入主要以利息为主，收入来源较为单一；且中部地区农民拥有的财产数量本身较少，也致使农民难以通过出租、分红以及金融资产增值等方式获取较多的财产性收入。

5.1.3　分城市类型实证结果分析

本节进一步利用系统广义矩估计法分省会、地级市和县级市三类地区实证分析农村教育对农民收入及其结构的影响，具体估计结果如表 5 - 4 所示，其中 Wald 统计量、Sargan 检验和 Arellano - Bond 检验均无异常。

首先，由表 5 - 4 可知，省会、地级市和县级市三类地区农村平均受教育程度提高 1%，农民纯收入分别提高 0.273%、0.179%、0.128%，均通过了显著性检验。说明省会、地级市和县级市三类地区农村教育均促进了农民纯收入提高，其中，省会地区农村教育的促进作用最大，县级市地区农村教育的促进作用最小。主要原因是省会地区农村平均受教育程度较高，更容易通过农民素质与技能效应、农民职业转换效应、农业生产率效应、农村劳动力流动与转移效应等提

中部地区教育水平及其结构对收入水平、结构与差距的影响

表5-4 估计结果

变量	省会地区				地级市地区				县级市地区			
	纯收入	农业收入	非农业收入	其他收入	纯收入	农业收入	非农业收入	其他收入	纯收入	农业收入	非农业收入	其他收入
常数项	2.340**	2.923***	3.210**	2.384**	3.391***	4.237**	4.653**	3.455**	3.177**	3.970***	4.360**	3.238***
滞后一期的被解释变量	0.288***	0.309**	0.257***	0.275***	0.280**	0.301***	0.249***	0.272**	0.319**	0.342**	0.283**	0.307**
lnEdu	0.273**	-0.075**	0.281**	0.040**	0.179**	-0.048**	0.242**	0.025	0.128**	-0.034**	0.170***	0.019
lnUrb	0.249**	-0.134**	0.433**	0.300**	0.158**	-0.085**	0.275**	0.190**	0.113**	-0.061**	0.196**	0.135**
lnGov	0.180**	0.266*	-0.052	0.041	0.114***	0.169**	-0.033	0.026	0.081***	0.120**	-0.024	0.019
lnFin	0.115***	0.063	0.137**	0.163***	0.073**	0.040	0.087**	0.103***	0.052**	0.028	0.062***	0.074**
lnLan	0.101**	0.140**	-0.042	0.029***	0.064**	0.090*	-0.026	0.019***	0.046**	0.065**	-0.019	0.013***
Wald检验	1226.052	1071.147	921.203	1370.859	896.646	783.358	673.702	1002.547	1108.882	968.779	833.167	1239.850
Sargan检验	0.286	0.239	0.215	0.351	0.209	0.175	0.157	0.253	0.259	0.216	0.194	0.317
Arellano-Bond AR (1)	0.006	0.005	0.004	0.007	0.004	0.004	0.003	0.005	0.005	0.004	0.003	0.006
Arellano-Bond AR (2)	0.242	0.226	0.211	0.249	0.177	0.165	0.154	0.182	0.219	0.203	0.191	0.225

注：*、**和***分别表示在1%、5%和10%的水平上通过显著性检验。

高纯收入。

其次，由表 5 - 4 可知，省会、地级市和县级市三类地区农村平均受教育程度提高 1% ，农民农业收入分别下降 0.075% 、0.048% 、0.034% ，非农业收入提高 0.281% 、0.242% 、0.170% ，分别在不同水平上通过了显著性检验，说明省会、地级市和县级市三类地区农村教育均不利于农民农业收入提高，但均促进了农民非农业收入提高。其中，省会地区农村教育对农民农业收入的负面作用和对农民非农业收入的促进作用均最大，相反，县级市地区农村教育对农民农业收入的负面作用和对农民非农业收入的促进作用均最小。原因可能在于与地级市和县级市地区相比，省会地区工业化水平更高，第二产业和第三产业需要大量的劳动力，为该地区农村劳动力提供了较多就业机会，农村教育程度提高导致农民素质技能水平提升，较好地满足了省会地区产业发展需要，进而促进了该地区农民非农业收入提高，大幅降低了农民对农业收入的依赖。

最后，由表 5 - 4 可知，省会、地级市和县级市三类地区农村平均受教育程度提高 1% ，农民其他收入分别提高 0.040% 、0.025% 、0.019% ，其中，省会地区的估计结果通过了显著性检验，地级市和县级市的估计结果均不显著，说明省会地区农村教育促进了农民其他收入提高，但促进作用较小。主要原因在于与地级市和县级市地区相比，省会地区农村平均受教育程度较高，理财能力较强，财产性收入来源更为多元化；且该地区单个农民拥有财产数量整体高于地级市和县级市地区农民，该地区农民通过出租、分红以及金融资产增值等方式获取较多财产性收入的机会更大。但与地级市和县级市地区相比，省会地区农民转移性收入少，使省会地区农村教育对农民其他收入的促进作用仅略高于地级市和县级市地区。

5.2 中部地区城镇教育水平对城镇居民 收入及其结构的影响

自改革开放以来，中部地区城镇教育发展水平得到了显著提高，城镇居民平均受教育程度不断提高，2016 年平均受教育年限为 10.2940 年。与此同时，中部地区城镇居民收入快速增长，城镇居民收入结构不断优化，2016 年城镇居民人均可支配收入达 28847.3 元，其中，工资性收入、经营净收入、财产性收入与转移性收入分别占 60.42%、12.03%、10.36% 和 17.19%。但与全国城镇居民可支配收入 33616.25 元和东部地区城镇居民可支配收入 40387.88 元相比，中部地区城镇居民可支配收入依然较低，同时，与东部地区相比，中部地区城镇居民收入结构仍然不合理。为了提高城镇居民收入水平，优化城镇居民收入结构，中部地区应如何发展城镇教育，侧重发展城镇哪一层次教育，显然是一个值得思考和极具现实意义的问题。基于该问题，将 2002～2016 年数据实证研究中部地区城镇教育对城镇居民收入及其结构的影响，为中部地区及其各省会、地级市和县级市地区制定科学合理的城镇教育发展政策提供建议。

5.2.1 模型设定、变量测度与数据来源

依据国内外学者研究城镇居民收入影响因素的文献，基于动态面板数据，在明瑟收入函数模型基础上构建分别以城镇居民人均可支配收入、人均工资性收入、人均经营净收入、人均财产性收入与人均转移性收入为被解释变量，以城镇教育程度为解释变量，纳入控制变量城镇化水平、经济发展水平、教育支出、金融发展、反腐败力度的计量模型，具体如下：

$$\ln Cin_{jit} = c + \beta_0 \ln Cin_{jit-1} + \beta_1 \ln Jyc_{jit} + \beta_2 \ln Chz_{it} + \beta_3 \ln Jfa_{it} + \beta_4 \ln Jyz_{it} + \beta_5 \ln Jrf_{it} +$$
$$\beta_6 \ln Ffb_{it} + \varepsilon_{it} \qquad (5-2)$$

其中，i、t 分别表示第 i 个城市地区和第 t 年，j = 1、2、3、4，Cin_0、Cin_1、Cin_2、Cin_3、Cin_4 分别表示城镇居民人均可支配收入、人均工资性收入、人均经营净收入、人均财产性收入与人均转移性收入，Jyc_0 表示城镇教育程度，Chz、Jfa、Jyz、Jrf、Ffb 分别为城镇化水平、经济发展水平、教育支出、金融发展、反腐败力度。由于收入具有一定的惯性，城镇居民收入提高或下降很可能存在滞后效应，加入被解释变量的滞后项，这也涵盖了未考虑到的其他影响因素。此外，为了减弱变量的异方差性，变量均以对数形式纳入模型中。

首先，对于被解释变量测度，本节直接用现有统计年鉴中的城镇居民人均可支配收入、人均工资性收入、人均经营净收入、人均财产性收入与人均转移性收入数据分别衡量。其次，对于解释变量测度，本节用城镇居民平均受教育程度来衡量，具体为平均受教育程度 = 城镇居民文盲半文盲的人口比重 × 2 年 + 小学文化程度人口比重 × 6 年 + 城镇居民初中文化程度人口比重 × 9 年 + 高中文化程度人口比重 × 12 年 + 城镇居民大专及以上文化程度人口比重 × 16 年。最后，对于控制变量测度，本节用城镇人口数占总人口数比重衡量城镇化水平，用人均 GDP 衡量经济发展水平，用人均教育经费支出衡量教育支出，用（金融机构存贷款余额/国内生产总值 + 金融机构贷款余额/金融机构存款余额）/2 衡量金融发展，用每万名公职人员贪污立案数衡量反腐败力度。各变量原始数据来源于《中国统计年鉴》、《中国城市统计年鉴》、《新中国六十年统计资料汇编》、《中国县市社会经济统计年鉴》、《中国检察年鉴》、中部各省市统计年鉴、中部各省市统计局网站与检察院网站。

5.2.2　整个地区实证结果分析

在利用上述设定的计量模型进行估计前，为了防止估计产生的谬误回归结果，已经使用面板数据的 LLC 检验等 6 种单位根检验方法、Pedroni 检验和 Kao 检验两种协整检验方法分别对变量平稳性和变量间的协整关系进行检验。由表 5－5 和表 5－6 可知，各变量有单位根，变量为一阶单整 I（1），变量间存在协整关系。但估计前还可能因为被解释变量反作用于解释变量和控制变量，产生内生性问题，如城镇居民收入提高为城镇教育发展提供了物质基础，有助于城镇教育发展等，致使回归结果不可靠；还可能因为解释变量和控制变量影响被解释变量前，被解释变量已经发生了变化，而导致的内生性问题，致使回归结果即使表明解释变量和控制变量影响了被解释变量，也不能断言前者对后者有影响，如城镇居民教育程度高的地区有可能城镇居民收入原本就较高；城镇化水平高的地区、人均 GDP 高的地区、人均教育经费支出多的地区也有可能城镇居民收入原本就较高等。因此，为了克服上述内生性问题，本节利用系统广义矩估计方法实证研究。

表 5－5 变量一阶差分值面板单位根检验结果

变量	面板单位根检验方法					
	LLC	Breitung	Hadri	IPS	Fisher－ADF	Fisher－pp
$lnCin_0$	－5.2338 (0.0000)	2.3995 (0.5967)	6.6466 (0.0000)	－0.7068 (0.2126)	81.6319 (0.0000)	96.6421 (0.0000)
$lnCin_1$	－9.4321 (0.0000)	－1.6058 (0.0517)	5.2085 (0.0000)	－3.6767 (0.0000)	125.9125 (0.0000)	194.2620 (0.0000)
$lnCin_2$	－7.4002 (0.0000)	－2.3946 (0.0029)	1.8916 (0.5597)	－2.3673 (0.0029)	105.2630 (0.0000)	125.5752 (0.0000)
$lnCin_3$	－14.8112 (0.0000)	－3.4690 (0.0000)	5.9875 (0.0000)	－4.1652 (0.0000)	127.5739 (0.0000)	107.5309 (0.0000)
$lnCin_4$	－16.7280 (0.0000)	－3.5431 (0.0000)	6.6037 (0.0000)	－4.8915 (0.0000)	136.4962 (0.0000)	136.8579 (0.0000)
$lnJyc_0$	－7.0775 (0.0000)	2.7037 (0.6542)	8.2203 (0.0000)	－1.3182 (0.0673)	105.3186 (0.0000)	124.7377 (0.0000)
$lnChz$	－5.5623 (0.0000)	－0.7371 (0.2166)	6.9148 (0.0000)	－0.1950 (0.3894)	79.9218 (0.0000)	94.3693 (0.0000)
$lnJfa$	－18.8058 (0.0000)	－4.6702 (0.0000)	6.9684 (0.0000)	－5.0836 (0.0000)	144.6706 (0.0000)	172.1041 (0.0000)
$lnJyz$	－11.2934 (0.0000)	－0.9954 (0.0705)	4.8897 (0.0000)	－4.4021 (0.0000)	145.4857 (0.0000)	200.7097 (0.0000)

续表

变量	面板单位根检验方法					
	LLC	Breitung	Hadri	IPS	Fisher – ADF	Fisher – pp
lnJrf	- 6. 4467	- 2. 2210	2. 4122	- 2. 6705	79. 3631	109. 5598
	(0. 0000)	(0. 0039)	(0. 6026)	(0. 0020)	(0. 0000)	(0. 0000)
lnFfb	- 7. 5318	1. 0501	3. 3833	- 2. 8860	98. 1163	135. 4500
	(0. 0000)	(0. 4056)	(0. 6893)	(0. 0010)	(0. 0000)	(0. 0000)

注：括号内为概率值，括号外为统计量，概率值小于 0.01 表明在 1% 的显著性水平下拒绝原假设，概率值小于 0.05 表明在 5% 的显著性水平下拒绝原假设，概率值小于 0.1 表明在 10% 的显著性水平下拒绝原假设。下同。

表 5 - 6　面板数据的协整检验结果

检验方法		人均可支配收入	人均工资性收入	人均经营净收入	人均财产性收入	人均转移性收入
Pedroni 检验	Panel – v	- 0. 0672	- 0. 2915	- 0. 1540	- 0. 2671	- 0. 2340
		(0. 0048)	(0. 0061)	(0. 0049)	(0. 0063)	(0. 0056)
	Panel – ρ	- 3. 0020	- 2. 7543	- 1. 9763	- 2. 6997	- 2. 4014
		(0. 0067)	(0. 0051)	(0. 0034)	(0. 0046)	(0. 0048)
	Panel – PP	- 9. 5179	- 9. 6846	- 8. 1890	- 6. 7674	- 6. 0225
		(0. 0000)	(0. 0000)	(0. 0000)	(0. 0000)	(0. 0000)
	Panel – ADF	- 3. 5545	- 3. 1667	- 4. 0228	- 2. 0163	- 1. 7930
		(0. 0020)	(0. 0000)	(0. 0000)	(0. 0042)	(0. 0037)
	Group – ρ	- 4. 1496	- 3. 8610	- 2. 8869	- 3. 8015	- 3. 3813
		(0. 0000)	(0. 0000)	(0. 0027)	(0. 0000)	(0. 0000)
	Group – PP	- 12. 1338	- 11. 1471	- 10. 5202	- 9. 7032	- 8. 6346
		(0. 0000)	(0. 0000)	(0. 0000)	(0. 0000)	(0. 0000)
	Group – ADF	- 3. 1122	- 2. 6500	- 3. 4446	- 1. 9656	- 1. 7472
		(0. 0000)	(0. 0000)	(0. 0000)	(0. 0032)	(0. 0025)
Kao 检验	ADF	- 2. 6207	- 2. 4492	- 2. 3175	- 2. 3419	- 2. 0826
		(0. 0014)	(0. 0010)	(0. 0028)	(0. 0015)	(0. 0023)

本节利用 Stata 软件中用于求解系统广义矩估计值的 Xtabond 2 程序估计，并进行了 Sargan 检验和 Arellano – Bond 统计检验，分别检验了所选取工具变量的有

效性和残差序列的自相关性，具体估计结果如表 5-7 所示，其中 Wald 统计量、Sargan 检验和 Arellano-Bond 检验均无异常。

表 5-7 估计结果

变量	人均可支配收入	人均工资性收入	人均经营净收入	人均财产性收入	人均转移性收入
常数项	2.3761	2.5066***	1.9423	2.7369**	2.6242***
滞后一期的被解释变量	0.2457***	0.2025	0.2038**	0.2213	0.2356**
$\ln Jyc_0$	0.2752**	0.1937**	0.0749	0.0461***	0.0323
$\ln Chz$	0.0676**	0.0283***	0.0497**	0.0338*	0.0552**
$\ln Jfa$	0.1678***	0.1180*	0.0966***	0.0712**	0.0694*
$\ln Jyz$	0.0819**	0.0671***	0.0848**	0.0634**	0.0847**
$\ln Jrf$	0.0673***	0.1132	0.1164***	0.0457**	0.0449***
$\ln Ffb$	0.0312	0.0664**	0.0350***	0.0195	0.0421
Wald 检验	881.6575	758.2439	1128.3451	796.3820	763.3025
Sargan 检验	0.1971	0.1758	0.2855	0.1845	0.2010
Arellano-Bond AR (1)	0.0274	0.0262	0.0293	0.0271	0.0276
Arellano-Bond AR (2)	0.1855	0.1729	0.2030	0.1816	0.1982

注：*、**和***分别表示在1%、5%和10%的水平上通过显著性检验。

一方面，由表 5-7 可知，中部地区城镇居民平均受教育程度提高1%，城镇居民人均可支配收入提高0.2752%，在5%水平上通过了显著性检验。说明中部地区城镇教育促进了城镇居民人均可支配收入提高，主要原因是中部地区城镇教育通过城镇居民素质与技能效应、职业转换效应、生产率效应、劳动力流动与转移效应等提高了城镇居民人均可支配收入。

另一方面，由表 5-7 可知，中部地区城镇居民平均受教育程度提高1%，城镇居民人均工资性收入、人均经营净收入、人均财产性收入和人均转移性收入分别提高0.1937%、0.0749%、0.0461%、0.0323%，其中，人均经营净收入和人均转移性收入的估计系数未通过显著性检验。说明中部地区城镇教育显著提高了其人均工资性收入和人均财产性收入，但对人均经营净收入和人均转移性收入的提高效应不显著。说明中部地区城镇教育在一定程度上优化了城镇居民收入来源结构。主要原因可能是中部地区城镇居民教育程度尚可、技能水平也尚可，信息获取能力比较强，在职业转换时稍显容易，同时被企业雇用后，培训成本较低，较好地满足了该地区城镇化和工业化对具有一定技能人才的需求，提升了其人均工资性收入。至于提高了人均财产性收入，但提高效应不大，原因可能在于中部地区城镇居民人均财产数量不多，理财能力较为有限，虽然有一定的财产性收入，但懂得的投资理财方式不多，市场可供其选择的较为合适的投资理财渠道较少，致使人均财产性收入提高幅度有限。城镇教育未显著提高城镇居民人均经营净收入，原因在于仅中部地区城镇居民从事的多是规模不大的生产经营活动，规模经济收益不明显，经营净收入不高。同时由于中部地区城镇教育使得城镇居民有了一定的工资性收入，虽然在养老金等方面转移收入增加，但也导致该地区多数城镇居民难以获得政府转移支付的社会救济福利费等各种救济金，致使人均转移性收入增幅不显著。

5.2.3　分城市类型实证结果分析

进一步利用系统广义矩估计法分省会、地级市和县级市三类地区实证分析城镇教育对城镇居民收入及其结构的影响。

一方面，从估计结果可知，省会、地级市和县级市三类地区城镇平均受教育程度提高 1%，城镇居民人均可支配收入分别提高 0.3451%、0.2832%、0.2205%，均通过了显著性检验。说明省会、地级市和县级市三类地区城镇教育均促进了城镇居民人均可支配收入提高，其中，省会地区城镇教育的促进作用最大，县级市地区城镇教育的促进作用最小。主要原因是省会地区城镇平均受教育程度较高，更容易通过素质与技能效应、职业转换效应、生产率效应、劳动力流动与转移效应等提高城镇居民人均可支配收入。

另一方面，从估计结果可知，省会、地级市和县级市三类地区城镇平均受教育程度提高，城镇居民人均工资性收入、人均经营净收入、人均财产性收入和人均转移性收入也相应提高，其中，省会地区四类收入估计系数均显著，而地级市和县级市地区人均经营净收入和人均转移性收入的估计系数未通过显著性检验。

原因可能在于与地级市和县级市地区相比，省会地区产业结构中资本技术密集型行业、附加值高的制造业和现代服务业比重较高，该地区城镇居民教育程度更高，在这些行业就业机会更大或更有可能在这些行业从事生产经营活动，且省会地区信息获取渠道更多，对于教育程度更高的该地区城镇居民，其理财能力更强，通过出租、分红以及财产增值等各种投资理财方式获取较多财产性收入的机会更多，获得政府转移支付的养老金和离退休金也较多。相比较而言，省会地区城镇教育对人均经营净收入和人均财产性收入的提高效应更大，即省会地区城镇教育有利于省会地区城镇居民收入来源结构优化。而地级市和县级市城镇教育虽然显著提高了两类地区城镇居民人均工资性收入和人均财产性收入，但对人均经营净收入和人均转移性收入的提高效应不显著，即地级市和县级市城镇教育仅在一定程度上优化了城镇居民收入来源结构。

5.3　本章小结

第一，基于 1992～2014 年动态面板数据，利用系统广义矩估计方法克服内生性问题，纳入城镇化水平、财政支农力度等控制变量，实证研究了中部地区农村教育对农民收入及其结构的影响①。结果发现，中部地区农村教育促进了农民纯收入提高，主要是促进了农民非农业收入提高，其不利于农民农业收入提高，也未显著促进农民其他收入提高；分城市地区来看，省会、地级市和县级市三类地区农村教育均促进了农民纯收入提高，其中，省会地区农村教育的促进作用最

---

① 这里实证研究中农民收入结构是来源结构，对于农村教育对农民收入水平结构的影响研究，实证发现中部地区农村教育程度提高，农村低收入和中低收入农民的收入未显著提高，但中等收入、中高收入和高收入农民的收入显著提高，即中部地区农村教育有利于中等收入、中高收入和高收入农民的收入提高，但没有显著提高低收入和中低收入农民的收入，对农民收入水平结构的优化作用不显著。该结论也适用于中部省会地区、地级市地区和县级市地区。相对地级市和县级市地区而言，省会地区农村教育程度对中等收入、中高收入和高收入农民的收入提高效应更大。

大，县级市地区农村教育的促进作用最小；三类地区农村教育均不利于农民农业收入提高，但均促进了农民非农业收入提高，其中，省会地区农村教育对农民农业收入的负面作用和对农民非农业收入的促进作用均最大；省会地区农村教育促进了农民其他收入提高，但促进作用较小，地级市和县级地区农村教育的促进作用不显著。

第二，基于 2002 ~ 2016 年动态面板数据，利用系统广义矩估计方法克服内生性问题，纳入城镇化水平、经济发展水平等控制变量，实证研究了中部地区城镇教育对城镇居民收入及其结构的影响①。结果发现，中部地区城镇教育促进了城镇居民人均可支配收入提高，主要是中部地区城镇教育显著提高了其人均工资性收入和人均财产性收入，但对人均经营净收入和人均转移性收入的提高效应不显著，说明中部地区城镇教育在一定程度上优化了城镇居民收入来源结构；分城市地区看，省会、地级市和县级市三类地区城镇教育均促进了城镇居民人均可支配收入提高，其中，省会地区城镇教育的促进作用最大，县级市地区城镇教育的促进作用最小；省会、地级市和县级市三类地区城镇平均受教育程度提高，城镇居民人均工资性收入、人均经营净收入、人均财产性收入和人均转移性收入也相应提高，其中，省会地区四类收入估计系数均显著，而地级市和县级市地区人均经营净收入和人均转移性收入的估计系数未通过显著性检验；相比较而言，省会地区城镇教育对人均经营净收入和人均财产性收入的提高效应更大，即省会地区城镇教育有利于省会地区城镇居民收入来源结构优化，而地级市和县级市城镇教育虽然显著提高了两类地区城镇居民人均工资性收入和人均财产性收入，但对人均经营净收入和人均转移性收入的提高效应不显著，即地级市和县级市城镇教育仅在一定程度上优化了城镇居民收入来源结构。

---

① 这里实证研究中城镇居民收入结构是来源结构，对于城镇教育对城镇居民收入水平结构的影响研究，实证发现中部地区城镇教育有利于提高低收入和中低收入居民的收入，但没有显著提高中等收入、中高收入和高收入居民的收入，在一定程度上促进了城镇居民收入水平结构优化。相对地级市和县级市而言，省会城镇居民教育程度对中等收入、中高收入和高收入居民收入的提高效应更大，地级市和县级市城镇教育程度提高有利于城镇低收入和中低收入居民的收入提高，但并未显著提高中等收入、中高收入和高收入居民的收入，即两类地区城镇教育在一定程度上优化了居民收入水平结构。

第6章 中部地区教育结构对收入结构的影响

6.1 中部地区农村教育结构对农民收入结构的影响

与东部发达地区相比，中部地区农民收入结构依然不合理。为了优化农民收入结构，中部地区应侧重发展农村哪一层次教育，本节基于 1998 ~ 2014 年数据实证研究农村教育结构对中部地区农民收入结构的影响，为中部地区制定科学合理的农村教育发展政策提供建议。

6.1.1 模型设定、变量测度与数据来源

根据国内外研究农民收入结构影响因素的文献，基于动态面板数据，在明瑟收入函数模型基础上构建分别以农民农业收入占比、非农业收入占比和其他收入占比为被解释变量，以农村初等教育程度、中等教育程度、高等教育程度为解释变量，纳入控制变量城镇化水平（Urb）、财政支农支出（Gov）、金融发展（Fin）、人均耕地面积（Lan）的计量模型，具体如下：

$$\ln Inc_{jit} = c + \beta_0 \ln Inc_{jit-1} + \beta_1 \ln Edu_{jit} + \beta_2 \ln Urb_{it} + \beta_3 \ln Gov_{it} + \beta_4 \ln Fin_{it} +$$
$$\beta_5 \ln Lan_{it} + \varepsilon_{it} \qquad (6-1)$$

其中，i、t 分别表示第 i 个城市地区和第 t 年，j = 1、2、3，Inc_1、Inc_2、Inc_3 分别表示农民农业收入占比、非农业收入占比和其他收入占比；Edu_1、Edu_2、Edu_3 分别表示农村初等教育程度、中等教育程度、高等教育程度。由于各类收入具有一定的惯性，农民各类收入占比提高或下降很可能存在滞后效应，加入各类收入占比的滞后项，这也涵盖了未考虑到的其他影响因素；对上述变量取了对数，这样克服了各城市地区数据序列可能存在的异方差性。

首先，对于被解释变量农民农业收入占比、非农业收入占比、其他收入占比测度，本节直接用现有统计年鉴中的农民家庭经营性收入占比、工资性收入占比、财产性收入与转移性收入占比来分别衡量。其次，对于解释变量测度，本节用农村人口相应层次平均受教育程度来衡量，具体为初等教育程度 = 农村文盲半文盲的人口比重 × 2 年 + 小学文化程度人口比重 × 6 年；中等教育程度 = 农村初中文化程度人口比重 × 9 年 + 高中文化程度人口比重 × 12 年；高等教育程度 = 农村大专及以上文化程度人口比重 × 16 年。最后，对于控制变量测度，本节用城镇人口数占总人口数比重衡量城镇化水平，用财政支农支出占财政总支出比重衡量财政支农力度，用（金融机构存贷款余额/国内生产总值 + 金融机构贷款余额/金融机构存款余额）/2 衡量金融发展，用耕地面积除以农村人口数来衡量人均耕地面积测度。各变量原始数据来源于《中国统计年鉴》《中国农村统计年鉴》《中国城市统计年鉴》《中国农村住户调查年鉴》《新中国六十年统计资料汇编》《中国县市社会经济统计年鉴》和中部各省市统计年鉴。

6.1.2　整个地区实证结果分析

在利用上述设定的计量模型进行估计前，为了防止估计产生的谬误回归结果，本节已经使用面板数据的 LLC 检验等 6 种单位根检验方法、Pedroni 检验和 Kao 检验两种协整检验方法分别对变量平稳性和变量间的协整关系进行检验。由表 6 - 1 和表 6 - 2 可知，各变量有单位根，变量为一阶单整 I（1），变量间存在协整关系。但估计前还可能因为被解释变量反作用于解释变量和控制变量，产生内生性问题，如农民各类收入提高为农村人口教育程度提高提供了物质基础，有助于农村教育发展等，致使回归结果不可靠；还可能因为解释变量和控制变量影响被解释变量前，被解释变量已经发生了变化，而导致的内生性问题，致使回归结果即使表明解释变量和控制变量影响了被解释变量，也不能断言前者对后者有影响，如农民教育程度高的地区有可能农民各类收入原本就较高；城镇化水平高的地区也有可能农民各类收入原本就较高等。因此，为了克服上述内生性问题，本节利用系统广义矩估计方法实证研究。

表6－1　变量一阶差分值面板单位根检验结果

变量	面板单位根检验方法					
	LLC	Breitung	Hadri	IPS	Fisher－ADF	Fisher－pp
lnInc$_1$	－12.883 (0.000)	－2.375 (0.003)	4.598 (0.000)	－6.009 (0.000)	148.717 (0.000)	230.326 (0.000)
lnInc$_2$	－10.462 (0.000)	－2.152 (0.007)	0.637 (0.209)	－4.448 (0.000)	124.054 (0.000)	148.315 (0.000)
lnInc$_3$	－19.306 (0.000)	－5.763 (0.000)	5.525 (0.000)	－6.556 (0.000)	150.701 (0.000)	126.747 (0.000)
lnEdu$_1$	－21.595 (0.000)	－5.852 (0.000)	6.263 (0.000)	－7.462 (0.000)	161.354 (0.000)	161.782 (0.000)
lnEdu$_2$	－7.781 (0.000)	1.239 (0.881)	6.314 (0.000)	－2.465 (0.003)	95.846 (0.000)	113.768 (0.000)
lnEdu$_3$	－7.690 (0.000)	1.225 (0.892)	6.259 (0.000)	－2.437 (0.003)	94.733 (0.000)	112.441 (0.000)
lnUrb	－10.072 (0.000)	1.607 (0.714)	8.194 (0.000)	－3.196 (0.002)	124.128 (0.000)	147.313 (0.000)
lnGov	－8.263 (0.000)	－0.336 (0.320)	6.631 (0.000)	－1.854 (0.045)	93.805 (0.019)	111.049 (0.001)
lnFin	－24.076 (0.000)	－7.198 (0.000)	6.699 (0.000)	－7.691 (0.000)	171.114 (0.000)	203.870 (0.000)
lnLan	－15.108 (0.000)	－1.644 (0.059)	4.216 (0.000)	－6.878 (0.000)	172.087 (0.000)	238.025 (0.000)

注：括号内为概率值，括号外为统计量，概率值小于0.01表明在1%的显著性水平下拒绝原假设，概率值小于0.05表明在5%的显著性水平下拒绝原假设，概率值小于0.1表明在10%的显著性水平下拒绝原假设。下同。

表 6 - 2　面板数据的协整检验结果

检验方法		农业收入	非农业收入	其他收入
Pedroni 检验	Panel - v	- 0. 354 (0. 008)	- 0. 201 (0. 007)	- 0. 327 (0. 008)
	Panel - ρ	- 3. 123 (0. 007)	- 2. 248 (0. 004)	- 3. 061 (0. 006)
	Panel - PP	- 10. 914 (0. 000)	- 9. 232 (0. 000)	- 7. 634 (0. 000)
	Panel - ADF	- 3. 586 (0. 000)	- 4. 549 (0. 000)	- 2. 293 (0. 005)
	Group - ρ	- 4. 367 (0. 000)	- 3. 270 (0. 003)	- 4. 299 (0. 000)
	Group - PP	- 12. 580 (0. 000)	- 11. 886 (0. 000)	- 10. 932 (0. 000)
	Group - ADF	- 3. 005 (0. 000)	- 3. 897 (0. 000)	- 2. 236 (0. 004)
Kao 检验	ADF	- 2. 780 (0. 001)	- 2. 632 (0. 002)	- 2. 659 (0. 002)

　　本节利用 Stata 软件中用于求解系统广义矩估计值的 Xtabond 2 程序估计，并进行了 Sargan 检验和 Arellano - Bond 统计检验，分别检验了所选取工具变量的有效性和残差序列的自相关性，具体估计结果如表 6 - 3 所示，其中 Wald 统计量、Sargan 检验和 Arellano - Bond 检验均无异常。

表 6 - 3　估计结果

变量	农业收入	非农业收入	其他收入
常数项	2. 808 ***	3. 083 **	2. 290 **
滞后一期的被解释变量	0. 293 **	0. 245 ***	0. 266 ***
$\ln Edu_1$	0. 139 *	- 0. 043 **	- 0. 061 **
$\ln Edu_2$	- 0. 067 **	0. 258 *	0. 032
$\ln Edu_3$	- 0. 091 *	0. 164 **	0. 053 **
$\ln Urb$	- 0. 082 **	0. 267 **	0. 185 ***

变量	农业收入	非农业收入	其他收入
lnGov	0. 164 **	− 0. 032	0. 029
lnFin	0. 039	0. 083 **	0. 101 *
lnLan	0. 087 **	− 0. 026	0. 018 **
Wald 检验	1052. 255	904. 958	1346. 684
Sargan 检验	0. 236	0. 211	0. 345
Arellano – Bond AR（1）	0. 005	0. 004	0. 007
Arellano – Bond AR（2）	0. 222	0. 207	0. 243

注：*、** 和 *** 分别表示在 1%、5% 和 10% 的水平上通过显著性检验。

首先，由表 6 - 3 可知，中部地区农村初等教育程度人力资本提高 1%，农民农业收入占比提高 0.139%，农民非农业收入占比与其他收入占比分别下降 0.043% 和 0.061%，均在不同水平上通过了显著性检验。说明中部地区农村初等教育程度与农民农业收入占比呈正相关关系，与农民非农业收入占比以及其他收入占比呈负相关关系，即中部地区农村初等教育提高了农民农业收入占比，降低了农民非农业收入占比以及其他收入占比，不利于农民收入结构优化。原因在于仅受过初等教育的农民技能水平较低，难以进行职业转换，劳动力流动性差，在城镇劳动力市场上竞争力低，外出就业能力弱，难以进入城镇中第二产业和第三产业就业。因此，往往对农业收入更加依赖。

其次，由表 6 - 3 可知，中部地区农村中等教育程度提高 1%，农民农业收入占比下降 0.067%，在 5% 水平上通过了显著性检验，农民非农业收入占比与其他收入占比则分别提高 0.258% 和 0.032%，前者在 1% 水平上通过了显著性检验，后者则未通过显著性检验。说明中部地区农村中等教育程度与农民农业收入占比呈负相关关系，与农民非农业收入占比以及其他收入占比呈正相关关系，即中部地区农村中等教育不利于农民农业收入占比提高，但有利于农民非农业收入占比以及其他收入占比提高，其中后者不显著，表明农村中等教育有利于农民收入结构优化。主要原因可能是受过中等教育的农民技能水平较高，信息获取能力较强，比较容易进行职业转换，外出就业能力较强，较好地满足了城镇化和工业化用工需求，降低了对农业收入的依赖，提升了农民非农业收入占比。至于中等教育并未显著提高农民其他收入占比，原因可能是仅受过中等教育的农民，理财能力较差，财产性收入主要以利息为主，收入来源较为单一，且拥有的财产数量本身较少，难以通过出租、分红以及金融资产增值等方式获取较多的财产性收入。

再次，由表6-3可知，中部地区农村高等教育程度提高1%，农民农业收入占比下降0.091%，在1%水平上通过了显著性检验，农民非农业收入占比与其他收入占比则分别提高0.164%和0.053%，均在5%水平上通过了显著性检验。说明中部地区农村高等教育程度与农民农业收入占比呈负相关关系，与农民非农业收入占比以及其他收入占比呈正相关关系，即中部地区农村高等教育不利于农民农业收入占比提高，但有利于农民非农业收入占比以及其他收入占比提高，表明农村高等教育有利于农民收入结构优化。主要原因可能是受过高等教育的农民更易通过素质与技能效应、职业转换效应、劳动力流动与转移效应进入城镇中资本技术附加值高的行业就业，提升了农民非农业收入占比。至于高等教育显著提高农民其他收入占比，原因可能是受过高等教育的农民，信息获取能力较强，理财能力较强，财产性收入来源较为多样化，且拥有的相对财产数量较多，更易通过金融资产增值等方式获取较多的财产性收入。

最后，由表6-3可知，与农村中等教育对中部地区农民收入结构的优化作用相比，高等教育的优化作用显然较小，这可能还是与中部地区整个产业结构水平不高有关。

6.1.3　分城市类型实证结果分析

本节进一步利用系统广义矩估计法分省会、地级市和县级市三类地区实证分析农村教育结构对农民收入结构的影响，具体估计结果如表6-4所示，其中Wald统计量、Sargan检验和Arellano-Bond检验均无异常。

表6-4 估计结果

变量	省会地区			地级市地区			县级市地区		
	农业收入	非农业收入	其他收入	农业收入	非农业收入	其他收入	农业收入	非农业收入	其他收入
常数项	2.821 **	3.098 ***	2.301 ***	4.089 **	4.493 ***	3.335 **	3.831 ***	4.207 **	3.125 **
滞后一期的被解释变量	0.298 ***	0.247 **	0.265 ***	0.291 **	0.240 **	0.262 **	0.334 ***	0.273 **	0.296 **
$lnEdu_1$	0.163 *	-0.050 ***	-0.071 **	0.134 ***	-0.041 **	-0.059 **	0.117 *	-0.036 ***	-0.052 **
$lnEdu_2$	-0.078 ***	0.192 **	0.037	-0.065 ***	0.249 ***	0.031	-0.053 ***	0.215 ***	0.027
$lnEdu_3$	-0.107 **	0.283 **	0.062 **	-0.088 **	0.156 ***	0.050 **	-0.075 **	0.138 ***	0.044 ***
lnUrb	-0.129 **	0.418 ***	0.290 ***	-0.082 **	0.265 **	0.183 ***	-0.059 **	0.189 **	0.130 **
lnGov	0.256 ***	-0.050	0.044	0.163 ***	-0.032	0.024	0.116 ***	-0.023	0.018
lnFin	0.061	0.132 **	0.157 **	0.039	0.084 ***	0.099 **	0.027	0.060 **	0.071 **
lnLan	0.135 **	-0.041	0.028 **	0.087 **	-0.025	0.016 ***	0.063 **	-0.017	0.013 ***
Wald 检验	1033.657	888.965	1322.879	755.940	650.127	967.458	934.872	804.006	1196.455
Sargan 检验	0.231	0.207	0.338	0.169	0.152	0.244	0.208	0.187	0.309
Arellano - Bond AR (1)	0.005	0.004	0.007	0.004	0.003	0.005	0.004	0.003	0.006
Arellano - Bond AR (2)	0.218	0.203	0.240	0.158	0.149	0.176	0.195	0.184	0.217

注：*、** 和 *** 分别表示在1%、5%和10%的水平上通过显著性检验。

首先，由表6-4可知，省会地区农村初等教育程度提高1%，农民农业收入占比提高0.163%，农民非农业收入占比与其他收入占比分别下降0.050%和0.071%，均在不同水平上通过了显著性检验。农村中等教育程度提高1%，农民农业收入占比下降0.078%，农民非农业收入占比与其他收入占比分别提高0.192%和0.037%，后者未通过显著性检验。农村高等教育程度提高1%，农民农业收入占比下降0.107%，农民非农业收入占比与其他收入占比分别提高0.283%和0.062%，均通过了显著性检验。说明对于省会地区，只有中等教育和高等教育有利于农民收入结构优化，对比来看高等教育的正面作用最大。原因可能是省会地区产业中资本技术密集型行业、附加值高的制造业和现代服务业比重较高，农村受过高等教育的农民进入省会从事上述行业的机会相对更多，也更能提升非农业收入占比；同样省会地区会有更多信息获取渠道以及通过出租、分红和金融资产增值等方式获取较多财产性收入的机会更多，这也提升了其他收入占比。

其次，由表 6 - 4 可知，地级市地区农村初等教育程度提高 1%，农民农业收入占比提高 0.134%，农民非农业收入占比与其他收入占比分别下降 0.041% 和 0.059%，均在不同水平上通过了显著性检验。农村中等教育程度提高 1%，农民农业收入占比下降 0.065%，农民非农业收入占比与其他收入占比分别提高 0.249% 和 0.031%，后者未通过显著性检验。农村高等教育程度提高 1%，农民农业收入占比下降 0.088%，农民非农业收入占比与其他收入占比分别提高 0.156% 和 0.050%，均通过了显著性检验。说明对于地级市地区，也只有中等教育和高等教育有利于农民收入结构优化，但比较发现中等教育的正面作用最大。原因可能是地级市地区产业中劳动密集型行业、附加值低的传统制造业和服务业比重较高，农村受过中等教育的农民较好地满足了地级市产业结构需求。但随着地级市产业结构升级，农村中等教育对地级市农民收入结构的优化作用将逐渐降低，高等教育的优化作用将逐渐提高。

最后，由表 6 - 4 可知，县级市地区中等教育和高等教育有利于农民收入结构优化，其中中等教育的正面作用最大。原因可能是县级市地区产业结构水平较低，处于工业化中期阶段，需要大量受过中等教育的农民，对于受过高等教育的农民需求较少。随着产业结构升级，农村中等教育对县级市农民收入结构的优化作用还将提高，直到产业结构达到高端水平，高等教育的优化作用才会高于中等教育。

6.2　中部地区城镇教育结构对城镇居民收入结构的影响

自 1978 年以来，中部地区城镇教育发展水平得到了显著提升，城镇居民平均受教育程度不断提高，2016 年平均受教育年限为 10.2940 年。与此同时，中部地区城镇居民收入快速增长，城镇居民收入结构不断优化，2016 年城镇居民人均可支配收入达 28847.3 元，其中，工资性收入、经营净收入、财产性收入与转移性收入分别占 60.42%、12.03%、10.36% 和 17.19%。显然中部地区城镇居民收入结构依然不合理，工资性收入占比较高。那么，为了优化城镇居民收入结构，中部地区应侧重发展城镇哪一层次教育，本节将实证研究城镇教育结构对中部地区城镇居民收入结构的影响，为中部地区制定科学合理的城镇教育发展政策提供建议。

目前学术界关于教育对收入的影响研究较为深入，大多数研究结果均表明教育有助于个人收入增加（Meng 等，2013；Schendel 等，2014；Thapa，2015；Medeiros 和 Galvao，2016；Ozturk，2016；Naito 和 Nishida，2017；周亚虹等，2010；杨娟和高曼，2015；刘魏等，2016），部分学者实证得到的结论却较为复杂，如彭长生和钟钰（2014）、姚旭兵等（2015）、刘新智和刘雨松（2016）的研究。但现有文献很少涉及教育结构对收入结构的影响研究，相关研究包括四方面：一是研究农村教育对收入结构的影响，阳欢和李峰（2011）以江西省为例进行实证分析发现农民受教育年限对其收入结构也具有明显影响；谭银清等（2014）、吕连菊和阚大学（2017）则就农民受教育程度对农民收入结构的影响进行了深入研究。二是研究农村教育结构对收入的影响，宋玉兰等（2017）以新疆南疆三地州少数民族地区为样本，实证研究了农村教育结构对少数民族贫困农民收入的影响。三是就城镇教育结构对收入的影响进行分析，杜育红和孙志军（2003）基于内蒙古赤峰市城镇地区为样本，实证发现大学教育的收益率最高，并且与初中相比，高中教育对收入的作用微乎其微。四是城镇居民收入结构的影响因素探讨，陈刚和李树（2011）、王晓芳等（2015）、赖志花（2016）分别实证分析了腐败、经济增长、通货膨胀对城镇居民收入结构的影响，但这些文献在研究城镇居民收入结构的影响因素时，并未纳入教育或教育结构因素。

由此可见，关于教育对收入的影响研究并未形成一致的结论，原因之一是大多数文献在实证研究时未考虑各省市数据序列存在的异方差性和自相关性以及主要因为被解释变量与解释变量间相互作用产生的内生性等，导致实证结果不够稳健；各省市自然条件、地理位置、要素禀赋、受教育程度、经济发展水平不同，致使实证结果存在差异。学者也尚未实证研究城镇教育结构对城镇居民收入结构的影响。本节区别上述文献，将城镇教育结构划分为城镇初等教育程度、中等教育程度、高等教育程度三个部分，基于 2002～2015 年动态面板数据，以中部地区为样本，运用系统广义矩估计法（Sys－GMM），克服上述文献中方法不足所产生的问题，实证研究城镇教育结构对城镇居民收入结构的影响。

6.2.1　模型设定、变量测度与数据来源

根据学术界关于城镇居民收入结构影响因素的研究文献，基于中部地区市域动态面板数据，在明瑟收入函数模型基础上构建分别以城镇居民人均工资性收入、人均经营净收入、人均财产性收入与人均转移性收入为被解释变量，以城镇初等教育程度、中等教育程度、高等教育程度为解释变量，纳入控制变量城镇化水平（Chz）、经济发展水平（Jfa）、教育支出（Jyz）、金融发展（Jrf）、反腐败力度（Ffb）的计量模型，具体如下：

$$\ln Cin_{jit} = c + \beta_0 \ln Cin_{jit-1} + \beta_1 \ln Jyc_{jit} + \beta_2 \ln Chz_{it} + \beta_3 \ln Jfa_{it} + \beta_4 \ln Jyz_{it} + \beta_5 \ln Jrf_{it} +$$
$$\beta_6 \ln Ffb_{it} + \varepsilon_{it} \qquad\qquad (6-2)$$

其中，i、t 分别表示第 i 个城市地区和第 t 年，j＝1、2、3、4，Cin_1、Cin_2、Cin_3、Cin_4 分别表示城镇居民人均工资性收入、人均经营净收入、人均财产性收入与人均转移性收入；Jyc_1、Jyc_2、Jyc_3 分别表示城镇初等教育程度、中等教育程度、高等教育程度。由于城镇居民人均收入具有一定的惯性，城镇居民各类收入提高或下降很可能存在滞后效应，加入城镇居民各类收入的滞后项，这也涵盖了未考虑到的其他影响因素；对上述变量取了对数，这样克服了各城市地区数据序列可能存在的异方差性。

首先，对于被解释变量测度，本节直接用现有统计年鉴中的城镇居民人均工资性收入、人均经营净收入、人均财产性收入与人均转移性收入数据分别衡量。其次，对于解释变量测度，本节用城镇居民人口相应层次平均受教育程度来衡量，具体为初等教育程度＝城镇居民文盲半文盲的人口比重×2 年＋小学文化程

度人口比重×6年；中等教育程度＝城镇居民初中文化程度人口比重×9年＋高中文化程度人口比重×12年；高等教育程度＝城镇居民大专及以上文化程度人口比重×16年。最后，对于控制变量测度，本节用城镇人口数占总人口数比重衡量城镇化水平，用人均GDP衡量经济发展水平，用人均教育经费支出衡量教育支出，用（金融机构存贷款余额/国内生产总值＋金融机构贷款余额/金融机构存款余额）/2衡量金融发展，用每万名公职人员贪污立案数衡量反腐败力度。各变量原始数据来源于《中国统计年鉴》、《中国城市统计年鉴》、《新中国六十年统计资料汇编》、《中国县市社会经济统计年鉴》、《中国检察年鉴》、中部各省份统计年鉴、中部各省份统计局网站与检察院网站。

6.2.2 整个地区实证结果分析

在估计前，为了防止产生伪回归，需对上述模型中涉及的变量进行平稳性检验和协整检验。平稳性检验主要利用LLC、Breitung、Hadri检验等6种方法，协整检验主要采用Pedroni和Kao检验两种方法。其中平稳性检验结果如表6-5所示，可知各变量是非平稳的，但各变量一阶差分值是平稳的，各变量一阶差分值的概率值整体在10%的显著性水平下拒绝了原假设，说明各变量为一阶单整I（1）；由表6-6协整检验结果可知，被解释变量分别为城镇居民人均工资性收入、人均经营净收入、人均财产性收入与人均转移性收入时，Pedroni和Kao检验得到的概率值均在1%的显著性水平下拒绝了原假设，说明模型所涉及的变量间存在协整关系。但估计前还可能因为城镇化水平、经济发展水平、教育支出、金融发展和反腐败力度5个控制变量间相互影响，产生内生性问题，使得估计结果不准确；还可能因为城镇居民某类收入占比反作用于某一层次教育，产生内生性问题，致使回归结果不可靠；还可能因为某一层次教育在影响城镇居民某类收入前，城镇居民该类收入占比已经发生了变化，而导致的内生性问题，如城镇居民高等教育程度高的地区有可能居民某类收入原本就较高等，这样回归结果即使表明城镇教育结构影响了城镇居民收入结构，也不能断言前者对后者有影响。因此，本节利用Sys-GMM法实证分析，选取各解释变量的部分已知值（原变量加滞后二期）作为 Sys – GMM 法估计的工具变量克服上述内生性问题。具体利用 Stata13.0 软件估计，结果如表 6 – 7 所示，Sargan 检验统计量无异常，说明选取的工具变量有效，克服了内生性问题，Arellano – Bond AR（2）值表明残差没有了二阶自相关性。

表 6 – 5　变量一阶差分值面板单位根检验结果

变量	面板单位根检验方法					
	LLC	Breitung	Hadri	IPS	Fisher – ADF	Fisher – pp
$lnCin_1$	− 9.698 （0.000）	− 1.671 （0.053）	5.318 （0.000）	− 3.795 （0.000）	129.117 （0.000）	199.219 （0.000）
$lnCin_2$	− 7.614 （0.000）	− 2.480 （0.003）	1.916 （0.574）	− 2.452 （0.003）	107.938 （0.000）	128.771 （0.000）
$lnCin_3$	− 15.215 （0.000）	− 3.582 （0.000）	6.117 （0.000）	− 4.296 （0.000）	130.821 （0.000）	110.264 （0.000）
$lnCin_4$	− 17.181 （0.000）	− 3.658 （0.000）	6.749 （0.000）	− 5.041 （0.000）	139.972 （0.000）	140.343 （0.000）
$lnJyc_1$	− 5.392 （0.000）	2.437 （0.612）	6.793 （0.000）	− 0.749 （0.218）	83.701 （0.000）	99.096 （0.000）
$lnJyc_2$	− 5.237 （0.000）	2.428 （0.609）	6.745 （0.000）	− 0.723 （0.211）	82.744 （0.000）	97.950 （0.000）
$lnJyc_3$	− 7.283 （0.000）	2.749 （0.671）	8.407 （0.000）	− 1.376 （0.069）	107.995 （0.000）	127.912 （0.000）
$lnChz$	− 5.729 （0.000）	− 0.780 （0.223）	7.068 （0.000）	− 0.224 （0.401）	81.947 （0.000）	96.765 （0.000）
$lnJfa$	− 19.312 （0.000）	− 4.814 （0.000）	7.123 （0.000）	− 5.238 （0.000）	148.356 （0.000）	176.493 （0.000）
$lnJyz$	− 11.607 （0.000）	− 1.045 （0.072）	4.991 （0.000）	− 4.539 （0.000）	149.192 （0.000）	205.832 （0.000）
$lnJrf$	− 6.636 （0.000）	− 2.302 （0.004）	2.450 （0.618）	− 2.763 （0.002）	81.374 （0.000）	112.345 （0.000）
$lnFfb$	− 7.749 （0.000）	1.053 （0.416）	3.446 （0.707）	− 2.984 （0.001）	100.608 （0.000）	138.899 （0.000）

注：括号内为概率值，括号外为统计量，概率值小于 0.01 表明在 1% 的显著性水平下拒绝原假设，概率值小于 0.05 表明在 5% 的显著性水平下拒绝原假设，概率值小于 0.1 表明在 10% 的显著性水平下拒绝原假设。下同。

表 6 - 6　面板数据的协整检验结果

检验方法		人均工资性收入	人均经营净收入	人均财产性收入	人均转移性收入
Pedroni 检验	Panel - v	-0.323 (0.007)	-0.182 (0.005)	-0.298 (0.007)	-0.264 (0.006)
	Panel - ρ	-2.849 (0.006)	-2.051 (0.004)	-2.793 (0.005)	-2.487 (0.005)
	Panel - PP	-9.957 (0.000)	-8.423 (0.000)	-6.965 (0.000)	-6.201 (0.000)
	Panel - ADF	-3.272 (0.000)	-4.150 (0.000)	-2.092 (0.005)	-1.863 (0.004)
	Group - ρ	-3.984 (0.000)	-2.985 (0.003)	-3.923 (0.000)	-3.492 (0.000)
	Group - PP	-11.457 (0.000)	-10.814 (0.000)	-9.976 (0.000)	-8.880 (0.000)
	Group - ADF	-2.742 (0.000)	-3.557 (0.000)	-2.040 (0.004)	-1.816 (0.003)
Kao 检验	ADF	-2.536 (0.001)	-2.401 (0.002)	-2.426 (0.002)	-2.160 (0.002)

表 6 - 7　估计结果

变量	人均工资性收入	人均经营净收入	人均财产性收入	人均转移性收入
常数项	2.413 **	2.649	1.968 ***	2.783 **
滞后一期的被解释变量	0.252	0.211 ***	0.209 **	0.227
$\ln Jyc_1$	0.147 **	-0.216 *	-0.192 **	0.159 ***
$\ln Jyc_2$	0.184 ***	0.065	0.048	-0.131 **
$\ln Jyc_3$	0.086 **	0.112 **	0.149 *	0.078 **
$\ln Chz$	0.070 **	0.029 **	0.051 **	0.034 **
$\ln Jfa$	0.148 *	0.097 **	0.075 **	0.049 ***
$\ln Jyz$	0.084 **	0.070 ***	0.087 ***	0.065 **
$\ln Jrf$	0.045 **	0.092 **	0.095 *	0.023
$\ln Ffb$	0.032	0.068 **	0.036	0.020
Wald 检验	904.240	777.662	1157.253	816.778
Sargan 检验	0.203	0.181	0.294	0.190
Arellano - Bond AR (1)	0.004	0.003	0.006	0.004
Arellano - Bond AR (2)	0.191	0.178	0.209	0.187

注：*、** 和 *** 分别表示在 1%、5% 和 10% 的水平上通过显著性检验。

由表6-7可知，首先，中部地区城镇居民初等教育程度提高1%，城镇居民人均工资性收入和人均转移性收入分别提高0.147%、0.159%，人均经营净收入和人均财产性收入分别下降0.216%和0.192%，均在不同水平上通过了显著性检验。说明中部地区城镇居民初等教育程度与城镇居民人均工资性收入和人均转移性收入呈正相关关系，与人均经营净收入和人均财产性收入呈负相关关系，即中部地区城镇居民初等教育有利于提高城镇居民人均工资性收入和人均转移性收入，但对人均经营净收入和人均财产性收入提高产生了负面影响，不利于城镇居民收入结构优化。一般认为教育有助于城镇劳动力素质与技能提高，增强其在劳动力市场的竞争力，提高城镇居民收入水平。素质与技能高的劳动力思想观念新，接受新鲜事物快，自我发展能力强，就业机会多，获取收入多，同时理财投资能力更强，收入多元化，收入结构趋于合理；素质与技能高的劳动力就业能力强，也能在劳动强度相对较低、收入水平相对较高的行业就业，且大多就业于效益好的行业；素质与技能对城镇劳动力收入增长及结构优化的贡献不断增强，即教育通过素质与技能效应提高了城镇居民收入水平。教育有助于提高城镇居民在行业间转移就业的可能性，使其能较好地适应和满足城镇第二产业、第三产业发展及其升级的需要，实现职业转换，提高收入，即教育通过职业转换效应提高了城镇居民收入水平。教育也有利于提高城镇劳动力生产率，增加收入。教育能够提高城镇劳动力获取和理解市场信息的能力，有利于其合理配置生产要素，采用成本较小的生产投入组合以及采用更为合理的生产技术，提高效率，同时教育能提高城镇劳动力适应新技术的能力以及与其他生产要素协调的能力，降低新技术和生产要素使用的非技术效率；且教育有助于缓解城镇劳动力的信贷约束，降低其风险厌恶程度，进而扩大生产规模，实现规模经济，增加收入；城镇劳动力教育程度越高，往往更容易获取和捕捉潜在的技术创新信息，更为合理地评估采用新技术、新方法和新生产要素的风险等，有利于生产中新技术和新要素的引入，提高生产率，提高收入，即教育通过生产率效应提高了城镇居民收入水平。教育对城镇劳动力的流动也有显著的、积极的作用，在其他条件相同的情况下，个体教育水平越高，就业的概率越大，越有可能提高收入，即教育通过劳动力流动效应也会提高城镇居民收入水平。仅受过初等教育的城镇居民素质与技能水平较低，难以进行职业转换，劳动力流动性差，在城镇劳动力市场上竞争力低，就业能力弱，多进入城镇中初级产品加工行业、低端制造业和传统服务业就业。因此，初等教育有利于提高城镇居民人均工资性收入，但人均工资性收入提高幅度较小，由于提高幅度较小，也致使仅受过初等教育的城镇居民获得政府转移的社会救济福利费等各种救济金较多，进而提高了人均转移性收入。至于初等教育对城镇居民人均经营净收入和人均财产性收入产生的是负面影响，原因可能是仅受过初等教育的城镇居民，收入来源单一，收入水平整体较低，从事生产经营活动极少，同时理财能力差，其财产性收入主要以利息为主，且拥有财产较少，难以通过出租、分红以及财产增值等方式获取较多收入。

其次，中部地区城镇居民中等教育程度提高 1%，城镇居民人均工资性收入、人均经营净收入和人均财产性收入分别提高 0.184%、0.065% 和 0.048%，人均转移性收入下降 0.131%，其中人均经营净收入和人均财产性收入的估计系数未通过显著性检验。说明中部地区城镇居民中等教育显著提高了其人均工资性收入，但对人均经营净收入和人均财产性收入的提高效应不显著，对人均转移性收入则产生了负面影响。说明中部地区城镇居民中等教育对城镇居民收入结构的优化作用不明显。主要原因可能是受过中等教育的城镇居民技能水平尚可，信息获取能力比较强，在职业转换时稍显容易，同时被企业雇用后，培训成本较低，该类教育层次的城镇居民较好地满足了城镇化和工业化对具有一定技能人才的需求，提升了其人均工资性收入。至于中等教育并未显著提高城镇居民人均经营净收入和人均财产性收入，原因在于仅受过中等教育的城镇居民，由于财产较为有限，从事的也多是规模较小收益较低的生产经营活动，经营净收入不高，同时这一教育层次的城镇居民理财能力也比较欠缺，虽然有一定的财产性收入，但其懂得的投资理财方式不多，市场可供其选择的较为合适的投资理财渠道较少，致使人均财产性收入较低。中等教育对人均转移性收入产生负面影响的原因则是这一教育层次的城镇居民有了一定的工资性收入，其多数难以获得政府转移支付的社会救济福利费等各种救济金。

最后，中部地区城镇居民高等教育程度提高 1%，城镇居民人均工资性收入、人均经营净收入、人均财产性收入和人均转移性收入分别提高 0.086%、0.112%、0.149% 和 0.078%，均通过显著性检验。说明中部地区城镇居民高等教育均显著提高了人均工资性收入、人均经营净收入、人均财产性收入和人均转移性收入。主要原因可能是高等教育的素质与技能效应、职业转换效应、生产率效应、劳动力流动效应更大，受过高等教育的城镇居民更易进入城镇中资本技术附加值高的行业就业或在这些行业从事生产经营活动，提升了其人均工资性收入和人均经营净收入。至于高等教育显著提高城镇居民人均财产性收入，原因可能是受过高等教育的城镇居民，信息获取能力和理财能力均较强，财产性收入来源较为多样化，且拥有的相对财产数量较多，更易通过出租、分红以及财产增值等各种投资理财方式获取较多收入。同时，受过高等教育的城镇居民所获得政府转移支付的养老金和离退休金较多，使高等教育也显著提高了城镇居民人均转移性收入。但相对而言，高等教育对城镇居民人均经营净收入和人均财产性收入的提高效应更大，即中部地区城镇居民高等教育有利于城镇居民收入结构优化。

6.2.3　分城市类型实证结果分析

本节进一步利用系统广义矩估计法分省会、地级市和县级市三类地区实证分析城镇教育结构对居民收入结构的影响，具体估计结果如表 6 – 8 所示。

由表 6 – 8 可知，首先，初等教育程度提高 1%，省会地区居民人均工资性收入和人均转移性收入分别提高 0.067%、0.174%，人均经营净收入和人均财产性收入分别下降 0.153% 和 0.108%，均显著，说明省会地区初等教育有利于居民人均工资性收入和人均转移性收入提高，但对人均经营净收入和人均财产性收入产生了负面影响，不利于城镇居民收入结构优化。中等教育程度提高 1%，省会地区居民人均工资性收入、人均经营净收入和人均财产性收入分别提高 0.141%、0.069% 和 0.046%，人均转移性收入下降 0.127%，其中人均经营净收入和人均财产性收入的估计系数不显著。说明中等教育显著提高了省会地区居民人均工资

表6-8 估计结果

变量	省会城市				地级市				县级市			
	人均工资性收入	人均经营净收入	人均财产性收入	人均转移性收入	人均工资性收入	人均经营净收入	人均财产性收入	人均转移性收入	人均工资性收入	人均经营净收入	人均财产性收入	人均转移性收入
常数项	2.074***	2.276	1.691**	2.512	2.737**	3.015	2.229***	3.151	2.164	2.375**	1.765**	2.496
滞后一期的被解释变量	0.218	0.181**	0.180	0.202***	0.285***	0.239**	0.237	0.253***	0.226***	0.189	0.187***	0.204**
$lnJyc_1$	0.067**	-0.153**	-0.108**	0.174***	0.156**	-0.245*	-0.217**	0.180**	0.178**	-0.194**	-0.172**	0.193*
$lnJyc_2$	0.141**	0.069	0.046	-0.127**	0.198**	0.124**	0.113**	-0.149**	0.205***	0.158**	0.143**	-0.118**
$lnJyc_3$	0.108**	0.140***	0.187***	0.098*	0.184**	0.103***	0.098*	0.072***	0.143**	0.092**	0.084**	0.057***
$lnChz$	0.089***	0.036***	0.064***	0.043**	0.065**	0.026**	0.047	0.031**	0.050*	0.024**	0.037**	0.025**
$lnJfa$	0.186**	0.122*	0.091*	0.062**	0.137**	0.090*	0.069**	0.045***	0.108**	0.071***	0.055***	0.036**
$lnJyz$	0.105***	0.088***	0.109**	0.081**	0.078**	0.065**	0.082**	0.060**	0.061**	0.059**	0.063***	0.047***
$lnJrf$	0.056***	0.115***	0.118*	0.029	0.042**	0.085***	0.088**	0.021	0.033	0.067***	0.069	0.014
$lnFfb$	0.040	0.087**	0.045	0.026	0.030	0.062***	0.033	0.018	0.029	0.050**	0.028	0.015
Wald检验	777.045	668.272	994.467	745.359	1053.168	906.521	1347.853	951.301	812.912	699.118	1040.370	734.283
Sargan检验	0.172	0.156	0.253	0.171	0.236	0.214	0.342	0.227	0.182	0.163	0.264	0.159
Arellano-Bond AR (1)	0.004	0.003	0.005	0.004	0.005	0.005	0.007	0.005	0.004	0.003	0.006	0.003
Arellano-Bond AR (2)	0.162	0.153	0.180	0.169	0.217	0.206	0.243	0.218	0.172	0.161	0.188	0.165

注：*、**和***分别表示在1%、5%和10%的水平上通过显著性检验。

性收入，但对其人均经营净收入和人均财产性收入的提高效应不显著，对人均转移性收入则产生了负面影响，说明省会地区中等教育对居民收入结构的优化作用不明显。高等教育程度提高1%，省会地区居民人均工资性收入、人均经营净收入、人均财产性收入和人均转移性收入分别提高0.108%、0.140%、0.187%和0.098%，均通过显著性检验。说明高等教育均提高了省会地区居民四类收入，但相对而言，其对人均经营净收入和人均财产性收入的提高效应更大，即高等教育有利于省会地区居民收入结构优化。因此，对于中部地区省会地区而言，初等教育不利于居民收入结构优化，中等教育对居民收入结构的优化作用不明显，高等教育有利于居民收入结构优化。主要原因可能是省会产业结构中资本技术密集型行业、附加值高的制造业和现代服务业比重较高，受过高等教育的城镇居民在这些行业就业机会更大或更有可能在这些行业从事生产经营活动，且省会信息获取渠道更多，对于受过高等教育的城镇居民，其理财能力更强，通过出租、分红以及财产增值等各种投资理财方式获取较多财产性收入的机会更多，获得政府转移支付的养老金和离退休金也较多。

其次，地级市初等教育也有利于居民人均工资性收入和人均转移性收入提高，对人均经营净收入和人均财产性收入产生了负面影响，不利于城镇居民收入结构优化。中等教育显著提高了地级市居民人均工资性收入、人均经营净收入和人均财产性收入，对人均转移性收入产生了负面影响，相对而言，其对人均经营净收入和人均财产性收入的提高效应较大，说明地级市中等教育有利于居民收入结构优化。高等教育均提高了地级市居民人均工资性收入、人均经营净收入、人均财产性收入和人均转移性收入，相对而言，其对人均经营净收入和人均财产性收入的提高效应更大，即高等教育也有利于地级市居民收入结构优化。但对于地级市而言，中等教育对其居民收入结构的优化作用高于高等教育。原因可能是地级市产业中劳动密集型行业、附加值较低的制造业和服务业比重较高，这些行业生产经营活动较为丰富，金融发展规模、金融发展广度和深度、金融发展效益居中，受过中等教育的居民较好地满足了地级市产业结构和生产经营活动需求，较好地契合了地级市金融发展现状。但随着地级市产业结构升级，金融水平进一步

发展，中等教育对地级市居民收入结构的优化作用将逐渐降低，高等教育的优化
作用将逐渐提高。

最后，县级市初等教育也不利于城镇居民收入结构优化，中等教育和高等教
育有利于城镇居民收入结构优化，其中中等教育的优化作用最大。

6.3 本章小结

第一，基于 1998 ~ 2014 年动态面板数据，利用系统广义矩估计方法克服
内生性问题，实证研究了农村教育结构对农民收入结构的影响①，结果发现，
中部地区农村初等教育提高了农民农业收入占比，降低了农民非农业收入占比
以及其他收入占比，不利于农民收入结构优化；农村中等和高等教育均不利于
农民农业收入占比提高，但有利于农民非农业收入占比以及其他收入占比提
高，有利于农民收入结构优化，其中，农村中等教育未显著提高农民其他收入
占比，但与农村高等教育对中部地区农民收入结构的优化作用相比，中等教育
的优化作用仍然较大；分地区来看，对于省会地区、地级市地区和县级市地
区，中等教育和高等教育均有利于农民收入结构优化，其中，省会地区高等教
育对农民收入结构的优化作用最大，地级市地区和县级市地区中等教育的优化
作用最大。

第二，基于 2002 ~ 2015 年动态面板数据，在明瑟收入函数模型基础上构建

---

① 这里农民收入结构是来源结构，对于农村教育结构对农民收入水平结构的影响研究，实证发现农
村初等教育程度提高，有利于农村低收入和中低收入农民的收入提高，不利于中等收入、中高收入和高收
入农民的收入提高。农村中等教育程度和高等教育程度提高，不利于农村低收入和中低收入农民的收入提
高，但有利于中等收入、中高收入和高收入农民的收入显著提高。该结论也是适用于中部省会地区、地级
市地区和县级市地区。相对地级市和县级市地区而言，省会地区农村高等教育对中等收入、中高收入和高
收入农民的收入提高效应更大，相对省会地区，地级市和县级市地区农村中等教育对中等收入、中高收入
和高收入农民的收入提高效应更大。

分别以城镇居民人均工资性收入、人均经营净收入、人均财产性收入与人均转移性收入为被解释变量，以城镇初等教育程度、中等教育程度、高等教育程度为解释变量，纳入城镇化水平、经济发展水平、教育支出、金融发展、反腐败力度等控制变量的计量模型，利用系统广义矩估计方法克服内生性问题，实证研究了中部地区城镇教育结构对城镇居民收入结构的影响①。结果发现，中部地区城镇初等教育有利于城镇居民人均工资性收入和人均转移性收入提高，对人均经营净收入和人均财产性收入产生了负面影响，不利于城镇居民收入结构优化；中等教育显著提高了城镇居民人均工资性收入，对人均经营净收入和人均财产性收入的提高效应不显著，对人均转移性收入产生了负面影响，进而对城镇居民收入结构的优化作用不明显；高等教育均提高了城镇居民上述四类收入，相对而言，其对人均经营净收入和人均财产性收入的提高效应更大，有利于城镇居民收入结构优化。分城市类型看，对于三类城市，初等教育均不利于城镇居民收入结构优化，省会中等教育对城镇居民收入结构的优化作用不明显，高等教育有利于城镇居民收入结构优化，地级市和县级市中等教育和高等教育均有利于城镇居民收入结构优化，其中前者优化作用更高。

---

① 这里城镇收入结构是来源结构，对于城镇教育结构对城镇收入水平结构的影响研究，实证发现城镇初等教育程度提高，有利于城镇低收入和中低收入居民的收入提高，不利于中等收入、中高收入和高收入居民的收入均提高。城镇中等教育程度提高，有利于城镇低收入和中低收入居民的收入提高，未显著提高中等收入、中高收入和高收入居民的收入。城镇高等教育程度提高，有利于城镇低收入、中低收入、中等收入、中高收入和高收入居民的收入提高，其中对中等收入、中高收入和高收入居民的收入提高效应更大。分地区类型，中部省会、地级市和县级市地区城镇初等教育程度提高，均有利于城镇低收入和中低收入居民的收入提高，不利于中等收入、中高收入和高收入居民的收入提高。三类地区城镇高等教育程度提高，均有利于城镇低收入、中低收入、中等收入、中高收入和高收入居民的收入提高，其中对中等收入、中高收入和高收入居民的收入提高效应更大。省会城镇中等教育提高未显著提高城镇低收入和中低收入居民的收入，地级市和县级市城镇中等教育提高有利于城镇低收入和中低收入居民的收入提高，未显著提高中等收入、中高收入和高收入居民的收入。

第7章 中部地区教育水平及其结构对城乡内部与城乡间收入差距的影响

本章主要是基于农村与城镇二维视角实证分析教育水平及其各层次教育对中部地区收入差距的影响。具体包括三方面内容：一是实证研究中部地区农村教育水平及其结构对农村收入差距影响；二是就中部地区城镇教育水平及其结构对城镇收入差距影响进行实证分析；三是实证检验中部地区教育水平及其结构对城乡收入差距的影响。

7.1 中部地区农村教育水平及其结构对农村收入差距的影响

自改革开放以来，中部地区农村教育发展水平均得到了显著提高，其中，农村15岁及以上文盲半文盲人口占15岁及以上人口数比重不断降低，1982年该比率为38.25%，2016年则下降为4.54%；农民平均受教育程度不断提高，1982年，中部地区农民平均受教育年限为3.42年，2016年则上升为8.15年。与此同时，中部地区农民收入较改革开放初期有了大幅增长，农民人均可支配收入年均增长11.85%，2016年中部地区农民人均可支配收入达11715.5元，同比增长7.97%。但中部地区农村收入差距仍然较大，2016年中部地区农民高收入组和

中高收入组群体收入之和与中低收入组和低收入组群体收入之和的比值约为
3.31。那么中部地区农村教育对农村收入差距产生了何种影响？中部地区在提高
农村收入水平的同时，需侧重发展哪一层次农村教育才能缩小农村收入差距显然
值得关注。基于上述思考，本节实证分析中部地区农村教育水平及其结构对农村
收入差距的影响，为中部地区制定科学合理的农村教育发展政策提供依据。目前
学者在研究内容方面，关于教育对城乡收入差距影响以及农村教育对农村收入差
距影响的研究取得了丰硕成果，但鲜有文献对农村不同层次教育水平对农村收入
差距的影响进行探讨。本节首次以中部地区为样本，基于 1998～2016 年市域层
面动态面板数据，运用系统广义矩估计法（Sys－GMM）克服内生性，实证分析
农村教育水平及其结构对农村收入差距的影响，进一步分省会地区、地级市地区
和县级市地区进行实证检验。

7.1.1　模型设定、变量测度与数据来源

根据国内外学者探讨收入差距的影响因素文献，基于中部地区市域层面动态
面板数据，构建以农民收入差距（Sd）为被解释变量，分别以农村教育水平
（Eu_1）、农村初等教育程度（Eu_2）、农村中等教育程度（Eu_3）、农村高等教育程
度（Eu_4）为解释变量，纳入控制变量城镇化水平（Ur）、财政支农支出（Go）、
农民健康投资（Jk）、农民迁移投资（Qy）、农村金融发展水平（Fe）、人均国内
生产总值（Rd）、人均耕地面积（Gm）的计量模型，具体如下：

$$\ln Sd_{it} = c + \alpha_0 \ln Sd_{it-1} + \alpha_1 \ln Eu_{1it} + \alpha_2 \ln Ur_{it} + \alpha_3 \ln Go_{it} + \alpha_4 \ln Jk_{it} + \alpha_5 \ln Qy_{it} +$$
$$\alpha_6 \ln Fe_{it} + \alpha_7 \ln Rd_{it} + \alpha_8 \ln Gm_{it} + \varepsilon_{it} \tag{7-1}$$

$$\ln Sd_{it} = c + \alpha_0 \ln Sd_{it-1} + \alpha_1 \ln Eu_{2it} + \alpha_2 \ln Ur_{it} + \alpha_3 \ln Go_{it} + \alpha_4 \ln Jk_{it} + \alpha_5 \ln Qy_{it} +$$
$$\alpha_6 \ln Fe_{it} + \alpha_7 \ln Rd_{it} + \alpha_8 \ln Gm_{it} + \varepsilon_{it} \tag{7-2}$$

$$\ln Sd_{it} = c + \alpha_0 \ln Sd_{it-1} + \alpha_1 \ln Eu_{3it} + \alpha_2 \ln Ur_{it} + \alpha_3 \ln Go_{it} + \alpha_4 \ln Jk_{it} + \alpha_5 \ln Qy_{it} +$$
$$\alpha_6 \ln Fe_{it} + \alpha_7 \ln Rd_{it} + \alpha_8 \ln Gm_{it} + \varepsilon_{it} \tag{7-3}$$

$$\ln Sd_{it} = c + \alpha_0 \ln Sd_{it-1} + \alpha_1 \ln Eu_{4it} + \alpha_2 \ln Ur_{it} + \alpha_3 \ln Go_{it} + \alpha_4 \ln Jk_{it} + \alpha_5 \ln Qy_{it} +$$
$$\alpha_6 \ln Fe_{it} + \alpha_7 \ln Rd_{it} + \alpha_8 \ln Gm_{it} + \varepsilon_{it} \tag{7-4}$$

其中，i、t 分别表示中部地区第 i 个城市地区、第 t 年，由于农村收入差距拉大或缩小具有一定的惯性，很可能存在滞后效应，故在模型设定时加入各农村收入差距的滞后项，这也包括了尚未考虑到的其他影响农村收入差距的因素；此外，由于各城市地区宏观变量数据序列可能存在异方差，故在设定上述计量模型时对各变量取了对数。

首先，关于被解释变量农村收入差距测度。由于现有统计资料中将农民收入分为 5 个层次，即低收入组、中低收入组、中等收入组、中高收入组和高收入组，因此，可以利用国际公认的衡量收入差距的基尼系数来测度，主要是基于洛伦兹曲线不平等面积与完全平等面积比值构造计算公式，具体如下：

$$G_n = 1 - \sum_{j=1}^{5} \left(W_{nj-1} + W_{nj} \right) \cdot P_{nj} \qquad (7-5)$$

其中，G_n、P_{nj}、W_{nj} 分别表示农村收入基尼系数、每组人口数/总人口数、累积到第 j 组收入/所有组收入。原始数据源自中部各省份统计年鉴和统计公报、《中国农村统计年鉴》、《中国住户调查年鉴》（2017）等。

其次，对于解释变量农村教育水平、农村初等教育程度、农村中等教育程度和农村高等教育程度测度，本节借鉴吕连菊和阚大学（2018）的做法来衡量。

最后，对于控制变量测度，本节用城镇人口数占总人口数比重衡量城镇化水平，用财政支农支出占财政总支出比重衡量财政支农力度，原始数据源自《中国城市统计年鉴》、中部各省市统计年鉴和统计公报；用农村居民家庭医疗保健支出和交通通信支出分别衡量农民健康投资和迁移投资，用（农户储蓄值＋农业贷款值）/农业总产值衡量农村金融发展水平，原始数据来源于《中国金融年鉴》《中国农村统计年鉴》和《中国农村金融统计年鉴》；用国内生产总值除以人口数衡量人均 GDP，用耕地面积除以农村人口数来衡量人均耕地面积，原始数据来源于中部各省市统计年鉴、《中国县市社会经济统计年鉴》和《中国农村统计年鉴》等相关统计资料。

7.1.2 实证分析

（1）整个地区实证结果。由于是利用宏观层面变量数据序列进行估计，为了使估计结果更为可靠，而非伪回归估计结果，需利用 LLC、Breitung、Hadri 检验等方法对上述各变量数据序列的平稳性进行检验以及采用 Pedroni 和 Kao 检验方法对变量间的协整关系进行检验。具体结果如表 7－1 和表 7－2 所示，从中可知计量模型中涉及的各变量一阶差分值是平稳的，均为一阶单整 I（1），当被解释变量分别为农村教育水平、农村初等教育程度、农村中等教育程度和农村高等教育程度时，两种检验得到的统计量均显著拒绝了原假设，说明上述设定的模型中变量间存在协整关系。但估计前还可能由于农村收入差距反作用于农村教育水平、农村初等教育程度、农村中等教育程度和农村高等教育程度，产生内生性问题，致使回归结果不可靠；还可能由于农村教育水平、农村初等教育程度、农村中等教育程度和农村高等教育程度在影响农村收入差距前，农村收入差距已经发生了变化而导致的内生性问题。故本节取各解释变量的滞后二期作为工具变量，利用 Sys－GMM 法克服上述内生性进行估计。

表 7－1　变量一阶差分值面板单位根检验结果

变量	面板单位根检验方法					
	LLC	Breitung	Hadri	IPS	Fisher－ADF	Fisher－pp
$lnSd$	－20.296 (0.000)	－5.501 (0.000)	5.887 (0.000)	－7.014 (0.000)	151.673 (0.000)	152.075 (0.000)
$lnEu_1$	－7.314 (0.000)	1.169 (0.828)	5.935 (0.000)	－2.317 (0.003)	90.098 (0.000)	106.942 (0.000)
$lnEu_2$	－7.229 (0.000)	1.152 (0.837)	5.883 (0.000)	－2.291 (0.003)	89.049 (0.000)	105.696 (0.000)
$lnEu_3$	－9.468 (0.000)	1.511 (0.673)	7.702 (0.000)	－3.005 (0.002)	116.680 (0.000)	138.474 (0.000)
$lnEu_4$	－7.767 (0.000)	－0.315 (0.301)	6.236 (0.000)	－1.748 (0.041)	88.177 (0.018)	104.383 (0.001)
$lnUr$	－22.631 (0.000)	－6.766 (0.000)	6.297 (0.000)	－7.230 (0.000)	160.845 (0.000)	191.638 (0.000)

变量	面板单位根检验方法					
	LLC	Breitung	Hadri	IPS	Fisher – ADF	Fisher – pp
lnGo	– 14. 202	– 1. 545	3. 969	– 6. 466	161. 762	223. 724
	(0. 000)	(0. 055)	(0. 000)	(0. 000)	(0. 000)	(0. 000)
lnJk	– 7. 519	– 0. 308	6. 034	– 1. 687	85. 363	101. 055
	(0. 000)	(0. 301)	(0. 000)	(0. 042)	(0. 018)	(0. 001)
lnQy	– 21. 905	– 6. 550	6. 096	– 6. 993	155. 714	185. 527
	(0. 000)	(0. 000)	(0. 000)	(0. 000)	(0. 000)	(0. 000)
lnFe	– 12. 110	– 2. 231	4. 323	– 5. 648	139. 792	216. 506
	(0. 000)	(0. 003)	(0. 000)	(0. 000)	(0. 000)	(0. 000)
lnRd	– 9. 834	– 2. 023	0. 598	– 4. 189	116. 615	139. 412
	(0. 000)	(0. 007)	(0. 196)	(0. 000)	(0. 000)	(0. 000)
lnGm	– 18. 148	– 5. 419	5. 192	– 6. 161	141. 657	119. 143
	(0. 000)	(0. 000)	(0. 000)	(0. 000)	(0. 000)	(0. 000)

注：括号内外分别为概率值和统计量。下同。

表7 – 2　面板数据的协整检验结果

检验方法		农村教育水平	农村初等教育程度	农村中等教育程度	农村高等教育程度
Pedroni 检验	Panel – v	– 0. 332	– 0. 189	– 0. 304	– 0. 295
		(0. 009)	(0. 008)	(0. 009)	(0. 008)
	Panel – ρ	– 2. 934	– 2. 113	– 2. 879	– 2. 782
		(0. 008)	(0. 005)	(0. 007)	(0. 006)
	Panel – PP	– 10. 259	– 8. 678	– 7. 175	– 6. 934
		(0. 000)	(0. 000)	(0. 000)	(0. 000)
	Panel – ADF	– 3. 371	– 4. 276	– 2. 154	– 2. 089
		(0. 000)	(0. 000)	(0. 006)	(0. 007)
	Group – ρ	– 4. 105	– 3. 075	– 4. 048	– 3. 913
		(0. 000)	(0. 004)	(0. 000)	(0. 000)
	Group – PP	– 11. 827	– 11. 162	– 10. 276	– 9. 948
		(0. 000)	(0. 000)	(0. 000)	(0. 000)
	Group – ADF	– 2. 828	– 3. 667	– 2. 103	– 2. 036
		(0. 001)	(0. 000)	(0. 005)	(0. 005)
Kao 检验	ADF	– 2. 530	– 2. 395	– 2. 421	– 2. 417
		(0. 002)	(0. 003)	(0. 003)	(0. 003)

利用 Stata13.0 软件估计，结果如表 7 - 3 所示。首先，由表 7 - 3 可知，中部地区农村教育水平提高 1%，农村收入基尼系数提高 0.091%，在 5% 水平上显著，说明中部地区农村教育水平提高拉大了农村收入差距。原因可能在于农村教育水平提高对农民农业收入产生了负面影响，对农民非农业收入和财产性收入等其他收入起到了促进作用，但对财产性收入等其他收入的促进作用并不显著①，农村居民中中低收入和低收入群体的收入多以农业收入为主或农业收入在这两类收入群体中占比较高，同时农村居民中中等收入、中高收入和高收入群体的收入多以非农业收入和财产性收入等其他收入为主或非农业收入和财产性收入等其他收入在这三类收入群体中占比较高。但随着农村教育进一步发展，农村中低收入和低收入群体的收入结构将会随之改善，非农业收入和财产性收入等其他收入占比将会高于农业收入占比，此时农村教育水平进一步提高将有可能缩小农村收入差距。

表 7 - 3　估计结果

变量	农村教育水平	农村初等教育程度	农村中等教育程度	农村高等教育程度
常数项	2.642 ***	2.898	2.153	2.084 **
滞后一期的被解释变量	0.275	0.236 **	0.250 ***	0.242
$\ln Eu_1/\ln Eu_2/\ln Eu_3/\ln Eu_4$	0.091 **	- 0.040 ***	0.047 ***	0.096 **
$\ln Ur$	0.063 **	0.052 ***	0.051 **	0.059 ***
$\ln Go$	- 0.086 **	- 0.084 **	- 0.079 *	- 0.077 **
$\ln Jk$	- 0.057 **	- 0.051 *	- 0.054 **	- 0.058 **
$\ln Qy$	0.051 ***	0.055 **	0.058 ***	0.053 ***
$\ln Fe$	0.037	0.038	0.035	0.032
$\ln Rd$	0.042 *	0.044 **	0.047 **	0.046 **
$\ln Gm$	- 0.028	- 0.023	- 0.019	- 0.025
Wald 检验	989.120	850.661	965.882	925.483
Sargan 检验	0.221	0.198	0.219	0.214

---

① 农村教育提升了中部地区农民素质，提高了农业生产率，但降低了农民对农业收入的依赖，农民素质技能提高和信息获取能力增强提高了农村劳动力流动性，促进了农民进入城镇中第二产业和第三产业就业，进而提升了农民获取非农业收入的能力。至于农村教育未显著促进财产性收入等其他收入提高，原因可能是中部地区农村平均受教育程度还比较低，理财能力较差，财产性收入主要以利息为主，收入来源较为单一；且中部地区农民拥有的财产数量本身较少，也致使农民难以通过出租、分红以及金融资产增值等方式获取较多的财产性收入。

续表

变量	农村教育水平	农村初等教育程度	农村中等教育程度	农村高等教育程度
Arellano - Bond AR（1）	0.005	0.004	0.005	0.005
Arellano - Bond AR（2）	0.209	0.195	0.206	0.204

注：*、**和***分别表示在1%、5%和10%的水平上通过显著性检验。下同。

其次，由表7-3可知，中部地区农村初等教育程度提高1%，农村收入基尼系数下降0.040%，在10%水平上显著，说明中部地区农村初等教育程度提高有助于农村收入差距缩小。原因可能在于中部地区农村初等教育程度提高有利于农民农业收入占比提高，不利于农民非农业收入占比以及其他收入占比提高①，对于农业收入占比较高的中低收入和低收入群体而言，农村初等教育显然有利于这两类群体收入提高，而对于非农业收入和财产性收入等其他收入占比较高的中等收入、中高收入和高收入群体而言，农村初等教育显然不利于这三类群体收入提高。

最后，由表7-3可知，中部地区农村中等教育程度提高1%，农村收入基尼系数提高0.047%，中部地区农村高等教育程度提高1%，农村收入基尼系数提高0.096%，均通过了显著性检验，说明中部地区农村中等教育程度和高等教育程度提高均拉大了农村收入差距。原因可能在于中部地区农村中等教育和高等教育程度提高不利于农民农业收入占比提高，有利于农民非农业收入占比以及其他收入占比提高，其中农村中等教育对农民其他收入的促进作用并不显著②，对于

---

① 原因在于中部地区仅受过初等教育的农民技能水平较低，难以进行职业转换，劳动力流动性差，在城镇劳动力市场上竞争力低，外出就业能力弱，难以进入城镇中第二产业和第三产业就业。因此，往往对农业收入更加依赖。

② 前者原因可能是受过中等教育的农民技能水平较高，信息获取能力较强，比较容易进行职业转换，外出就业能力较强，较好地满足了城镇化和工业化用工需求，降低了对农业收入的依赖，提升了农民非农业收入占比；至于中等教育并未显著提高农民其他收入占比，原因可能是仅受过中等教育的农民，收入来源较为单一，理财能力较差，其财产性收入主要以利息为主，且拥有财产较少，难以通过出租、分红以及财产增值等方式获取较多其他收入。后者原因可能是受过高等教育的农民更易通过素质与技能效应、职业转换效应、劳动力流动与转移效应进入城镇中资本技术附加值高的行业就业，提升了农民非农业收入占比。至于高等教育显著提高农民其他收入占比，原因可能是受过高等教育的农民，信息获取能力较高，理财能力较强，财产性收入来源较为多样化，且拥有的相对财产数量较多，更易通过出租、分红以及财产增值等方式获取较多其他收入。

农业收入占比较高的中低收入和低收入群体而言，农村中等和高等教育显然不利于这两类群体收入提高，而对于非农业收入和财产性收入等其他收入占比较高的中等收入、中高收入和高收入群体而言，农村中等和高等教育显然有利于这三类群体收入提高。虽然中部地区农村中等教育程度和高等教育程度提高均拉大了农村收入差距，但随着农村这两类教育进一步发展，农村中低收入和低收入群体的收入结构将会优化，这两类教育将有可能缩小农村收入差距。

（2）分地区实证结果。本节进一步利用 Sys – GMM 法分省会、地级市和县级市三类地区实证分析农村教育水平及其结构对农村收入差距的影响，估计结果如表 7 –4 所示。

由表 7 –4 可知，省会地区农村教育水平提高 1%，农村收入基尼系数显著提高 0.114%，地级市和县级市地区农村教育水平提高 1%，农村收入基尼系数分别显著提高 0.085% 和 0.076%，说明相对于地级市和县级市地区，中部省会地区农村教育水平对农村收入差距的拉大作用较大。原因可能在于中部省会地区农村教育对农民农业收入的负面作用和对农民非农业收入及财产性收入等其他收入的促进作用更大①，地级市和县级市地区农村教育对农民农业收入的负面作用和对农民非农业收入及财产性收入等其他收入的促进作用较低。

由表 7 –4 可知，三类地区农村初等教育程度提高 1%，农村收入基尼系数分别显著缩小 0.021%、0.038% 和 0.059%，三类地区农村中等教育程度提高 1%，农村收入基尼系数分别显著提高 0.032%、0.046% 和 0.065%，三类地区农村高等教育程度提高 1%，农村收入基尼系数分别显著提高 0.107%、0.043% 和 0.052%。说明中部三类地区农村初等教育程度提高均有助于农村收入差距缩小，三类地区农村中等教育程度和高等教育程度提高均拉大了农村收入差距，其中，

---

① 原因可能是与地级市和县级市地区相比，中部省会地区工业化水平更高，第二产业和第三产业需要大量的劳动力，为该地区农村劳动力提供了较多就业机会，农村教育水平提高导致农民素质技能水平增强，较好满足了省会地区产业发展需要，进而促进了该地区农民非农业收入提高，大幅降低了农民对农业收入的依赖。同时中部省会地区农村教育水平较高，农民理财能力较强，财产性收入来源更为多元化；且该地区单个农民拥有财产数量整体高于地级市和县级市地区农民，该地区农民通过出租、分红以及金融资产增值等方式获取较多财产性收入的机会更大。

表7-4 估计结果

变量	省会地区				地级市地区				县级市地区			
	农村教育水平	农村初等教育程度	农村中等教育程度	农村高等教育程度	农村教育水平	农村初等教育程度	农村中等教育程度	农村高等教育程度	农村教育水平	农村初等教育程度	农村中等教育程度	农村高等教育程度
常数项	2.691***	2.959**	2.198***	3.901**	4.286***	3.182***	3.655**	4.013***	2.981***	3.492**	3.837***	2.854**
滞后一期的被解释变量	0.242**	0.236***	0.253**	0.278***	0.229***	0.257**	0.319***	0.260***	0.264**	0.305***	0.249***	0.271***
$lnEu_1$	0.114**	—	—	—	0.085**	—	—	—	0.076***	—	—	—
$lnEu_2$	—	-0.021**	—	—	—	-0.038**	—	—	—	-0.059***	—	—
$lnEu_3$	—	—	0.032***	—	—	—	0.046***	—	—	—	0.065**	—
$lnEu_4$	—	—	—	0.107**	—	—	—	0.043**	—	—	—	0.052**
控制变量	加入	加入	加入	加入	加入	加入	加入	加入	加入	加入	加入	加入
Wald检验	986.109	848.073	997.451	721.167	620.201	922.946	891.868	767.022	902.127	852.603	733.253	971.525
Sargan检验	0.220	0.197	0.255	0.161	0.145	0.213	0.207	0.168	0.209	0.198	0.162	0.218
Arellano-Bond AR (1)	0.005	0.004	0.006	0.004	0.003	0.005	0.005	0.003	0.005	0.004	0.004	0.005
Arellano-Bond AR (2)	0.208	0.195	0.217	0.149	0.142	0.204	0.201	0.156	0.202	0.196	0.151	0.207

省会地区农村高等教育程度对农村收入差距的拉大作用更大，地级市和县级市地区农村中等教育程度对农村收入差距的拉大作用更大，原因在于中部地级市和县级市地区产业中劳动密集型行业、附加值低的传统制造业和服务业比重较高，受过中等教育的农民较好地满足了两类地区产业结构需求，提升了非农业收入占比；而省会地区产业中资本技术密集型行业、附加值高的制造业和现代服务业比重较高，受过高等教育的农民进入省会从事上述行业的机会相对更多，也更能够提升非农业收入占比；并且省会地区会有更多信息获取渠道以及通过出租、分红和财产增值等方式获取较多财产性收入的机会更多，这也提升了其他收入占比。同样随着三类地区农村这两类教育进一步发展，三类地区农村中低收入和低收入群体的收入结构也将会改善，三类地区这两类教育将有可能缩小各自地区农村收入差距。

7.2 中部地区城镇教育水平及其结构对城镇收入差距的影响

自改革开放以来，中部地区城镇教育发展水平得到了显著提升，城镇居民平均受教育程度不断提高，2018 年平均受教育年限为 10.2228 年。与此同时，中部地区城镇居民收入快速增长，2018 年城镇居民人均可支配收入达 33712.39 元，同比增长 7.96%。但中部地区城镇收入差距仍然较大，2018 年中部地区城镇高收入组和中高收入组群体收入之和与中低收入组和低收入组群体收入之和的比值约为 3.36。那么中部地区城镇教育对城镇收入差距产生了何种影响？中部地区在提高城镇居民收入水平的同时，需侧重发展哪一层次城镇教育，才能缩小城镇收入差距显然值得关注。基于上述思考，本节实证分析中部地区城镇教育水平及其结构对城镇收入差距的影响，为中部地区制定科学合理的城镇教育发展政策提供依据。当前学术界关于教育对城乡收入差距影响的研究取得了丰硕成果，但鲜有文献对城镇不同层次教育水平对城镇收入差距的影响进行探讨。本节首次以中部地区为样本，基于 1998～2016 年市域动态面板数据，运用 Sys – GMM 估计法克服内生性，实证分析城镇教育水平及其结构对城镇收入差距的影响，进一步分省会、地级市和县级市地区进行实证检验。

7.2.1　模型设定、变量测度与数据来源

根据现有探讨收入差距的影响因素文献，基于中部地区市域动态面板数据，构建以城镇收入差距（Cs）为被解释变量，分别以城镇教育水平（Ce_1）、城镇初等教育程度（Ce_2）、城镇中等教育程度（Ce_3）、城镇高等教育程度（Ce_4）为解释变量，纳入城镇化水平（Cz）、城镇居民健康投资（Cj）、城镇居民迁移投资（Cq）、人均国内生产总值（Rg）、最低工资标准（Zd）、产业结构（Cy）、金融发展水平（Jr）等控制变量的计量模型，具体如下：

$$\ln Cs_{it} = c + \alpha_0 \ln Cs_{it-1} + \alpha_1 \ln Ce_{1it} + \alpha_2 \ln Cz_{it} + \alpha_3 \ln Cj_{it} + \alpha_4 \ln Cq_{it} + \alpha_5 \ln Rg_{it} +$$
$$\alpha_6 \ln Zd_{it} + \alpha_7 \ln Cy_{it} + \alpha_8 \ln Jr_{it} + \varepsilon_{it} \tag{7-6}$$

$$\ln Cs_{it} = c + \alpha_0 \ln Cs_{it-1} + \alpha_1 \ln Ce_{2it} + \alpha_2 \ln Cz_{it} + \alpha_3 \ln Cj_{it} + \alpha_4 \ln Cq_{it} + \alpha_5 \ln Rg_{it} +$$
$$\alpha_6 \ln Zd_{it} + \alpha_7 \ln Cy_{it} + \alpha_8 \ln Jr_{it} + \varepsilon_{it} \tag{7-7}$$

$$\ln Cs_{it} = c + \alpha_0 \ln Cs_{it-1} + \alpha_1 \ln Ce_{3it} + \alpha_2 \ln Cz_{it} + \alpha_3 \ln Cj_{it} + \alpha_4 \ln Cq_{it} + \alpha_5 \ln Rg_{it} +$$
$$\alpha_6 \ln Zd_{it} + \alpha_7 \ln Cy_{it} + \alpha_8 \ln Jr_{it} + \varepsilon_{it} \tag{7-8}$$

$$\ln Cs_{it} = c + \alpha_0 \ln Cs_{it-1} + \alpha_1 \ln Ce_{4it} + \alpha_2 \ln Cz_{it} + \alpha_3 \ln Cj_{it} + \alpha_4 \ln Cq_{it} + \alpha_5 \ln Rg_{it} +$$
$$\alpha_6 \ln Zd_{it} + \alpha_7 \ln Cy_{it} + \alpha_8 \ln Jr_{it} + \varepsilon_{it} \tag{7-9}$$

其中，i、t 分别表示中部地区第 i 个城市地区、第 t 年，由于城镇收入差距拉大或缩小具有一定的惯性，很可能存在滞后效应，故在模型设定时加入各城镇收入差距的滞后项，这也包括了尚未考虑到的其他影响城镇收入差距的因素；此外，由于各城市地区宏观变量数据序列可能存在异方差，故在设定上述计量模型时对各变量取了对数。

首先，关于被解释变量城镇收入差距测度。由于现有统计资料中将城镇居民收入分为 5 个层次，即低收入组、中低收入组、中等收入组、中高收入组和高收

入组，因此，可以利用国际公认的衡量收入差距的基尼系数来测度，主要是基于洛伦兹曲线不平等面积与完全平等面积比值构造计算公式，具体如下：

$$G_c = 1 - \sum_{j=1}^{5} (W_{ej-1} + W_{ej}) \cdot P_{ej} \qquad (7-10)$$

其中，G_c、P_{ej}、W_{ej}分别表示城镇收入基尼系数、每组人口数/总人口数、累积到第 j 组收入/所有组收入。原始数据源自中部各省份统计年鉴和统计公报。

其次，对于解释变量城镇教育水平、城镇初等教育程度、城镇中等教育程度和城镇高等教育程度测度，城镇教育水平为城镇初等教育程度、城镇中等教育程度与城镇高等教育程度之和，后三者借鉴吕连菊和阚大学（2018）的做法得到。

最后，对于控制变量测度，本节用城镇人口数/总人口数衡量城镇化水平，用城镇居民家庭医疗保健支出和交通通信支出分别衡量城镇居民健康投资和迁移投资，用国内生产总值/人口数、第三产业产值/国内生产总值、（金融机构存贷款余额/国内生产总值＋金融机构贷款余额/金融机构存款余额）/2 分别衡量人均 GDP、产业结构、金融发展水平。上述各变量原始数据源自《中国统计年鉴》、《新中国六十年统计资料汇编》、《中国县市社会经济统计年鉴》和中部各省市统计年鉴等相关统计资料。最低工资标准直接用《中国城市统计年鉴》公布的中部地区各城市地区最低工资数据。

7.2.2 实证分析

（1）整个地区实证结果。由于是基于中部地区城市层面变量的数据序列实证研究，为了让回归结果更为准确，而非伪回归估计结果，需利用 LLC、Breitung、Hadri 检验等方法检验上述各变量数据序列的平稳性以及采用 Pedroni 和 Kao 检验方法检验变量间的协整关系。具体结果如表 7－5 和表 7－6 所示，从中发现各变量一阶差分值只有个别未拒绝原假设，整体是平稳的，发现当被解释变量分别为城镇教育水平、城镇初等教育程度、城镇中等教育程度和城镇高等教育程度时，Pedroni 和 Kao 检验得到的统计量和概率值均表明变量间存在协整关系。但回归前还可能因为城镇收入差距反作用于城镇教育水平、城镇初等教育程度、城镇中等教育程度和城镇高等教育程度产生内生性问题，致使回归结果不可靠；还可能由于城镇教育水平、城镇初等教育程度、城镇中等教育程度和城镇高等教育程度在影响城镇收入差距前，城镇收入差距已经发生了变化，而导致的内生性问题。故本节取各解释变量的滞后二期作为工具变量，利用 Sys – GMM 法克服上述内生性问题进行估计。

表 7 – 5　变量一阶差分值面板单位根检验结果

变量	面板单位根检验方法					
	LLC	Breitung	Hadri	IPS	Fisher – ADF	Fisher – pp
lnCs	– 19. 605	– 5. 314	5. 687	– 6. 779	146. 512	146. 903
	(0. 000)	(0. 000)	(0. 000)	(0. 000)	(0. 000)	(0. 000)
lnCe₁	– 7. 067	1. 129	5. 732	– 2. 238	87. 033	103. 305
	(0. 000)	(0. 800)	(0. 000)	(0. 003)	(0. 000)	(0. 000)
lnCe₂	– 6. 983	1. 115	5. 686	– 2. 214	86. 019	102. 100
	(0. 000)	(0. 809)	(0. 000)	(0. 003)	(0. 000)	(0. 000)
lnCe₃	– 9. 146	1. 462	7. 440	– 2. 907	112. 715	133. 764
	(0. 000)	(0. 650)	(0. 000)	(0. 002)	(0. 000)	(0. 000)
lnCe₄	– 7. 508	– 0. 304	6. 023	– 1. 686	85. 172	100. 832
	(0. 000)	(0. 291)	(0. 000)	(0. 040)	(0. 016)	(0. 001)
lnCz	– 22. 631	– 6. 766	6. 297	– 7. 230	160. 845	191. 638
	(0. 000)	(0. 000)	(0. 000)	(0. 000)	(0. 000)	(0. 000)
lnCj	– 13. 719	– 1. 497	3. 834	– 6. 245	156. 258	216. 113
	(0. 000)	(0. 052)	(0. 000)	(0. 000)	(0. 000)	(0. 000)
lnCq	– 7. 262	– 0. 298	5. 829	– 1. 631	82. 454	97. 617
	(0. 000)	(0. 291)	(0. 000)	(0. 040)	(0. 017)	(0. 001)
lnRg	– 9. 834	– 2. 023	0. 598	– 4. 189	116. 615	139. 412
	(0. 000)	(0. 007)	(0. 196)	(0. 000)	(0. 000)	(0. 000)
lnZd	– 15. 026	– 1. 639	4. 195	– 6. 838	171. 103	236. 644
	(0. 000)	(0. 045)	(0. 000)	(0. 000)	(0. 000)	(0. 000)
lnCy	– 7. 952	– 0. 326	6. 383	– 1. 784	90. 287	106. 895
	(0. 000)	(0. 273)	(0. 000)	(0. 037)	(0. 016)	(0. 001)
lnJr	– 7. 267	– 2. 521	2. 682	– 3. 025	89. 104	123. 018
	(0. 000)	(0. 004)	(0. 003)	(0. 002)	(0. 000)	(0. 000)

注：括号内外分别为概率值和统计量。下同。

表7-6 面板数据的协整检验结果

检验方法		城镇教育水平	城镇初等教育程度	城镇中等教育程度	城镇高等教育程度
Pedroni 检验	Panel - v	-0.377 (0.010)	-0.215 (0.009)	-0.343 (0.010)	-0.338 (0.009)
	Panel - ρ	-3.323 (0.009)	-2.400 (0.006)	-3.271 (0.008)	-3.162 (0.007)
	Panel - PP	-11.656 (0.000)	-9.858 (0.000)	-8.152 (0.000)	-7.874 (0.000)
	Panel - ADF	-3.829 (0.000)	-4.842 (0.000)	-2.447 (0.007)	-2.373 (0.008)
	Group - ρ	-4.663 (0.000)	-3.494 (0.005)	-4.599 (0.000)	-4.445 (0.000)
	Group - PP	-13.435 (0.000)	-12.680 (0.000)	-11.674 (0.000)	-11.301 (0.000)
	Group - ADF	-3.212 (0.001)	-4.166 (0.000)	-2.389 (0.006)	-2.343 (0.006)
Kao 检验	ADF	-2.874 (0.002)	-2.721 (0.003)	-2.750 (0.003)	-2.746 (0.003)

利用Stata13.0软件估计，结果如表7-7所示。首先，从中可知，中部地区城镇教育水平提高1%，城镇收入基尼系数下降0.065%，在10%水平上显著，说明中部地区城镇教育水平提高有助于缩小城镇收入差距。原因可能在城镇教育有利于人均工资性收入和人均财产性收入提高，更多提高了前者，并未显著提升人均经营净收入和转移性收入[①]。城镇居民中中低收入和低收入群体主要以工

[①] 主要原因可能是中部地区城镇居民教育程度尚可、技能水平也尚可，信息获取能力比较强，在职业转换时稍显容易，同时被企业雇用后，培训成本较低，城镇居民较好地满足了该地区城镇化和工业化对具有一定技能的人才的需求，提升了其人均工资性收入。至于提高了人均财产性收入，但提高效应不大，原因可能在于中部地区城镇居民人均财产数量不多，受制于教育水平，理财能力较为有限，虽然有一定的财产性收入，但懂得的投资理财方式不多，市场可供其选择的较为合适的投资理财渠道较少，致使人均财产性收入提高幅度有限。城镇教育未显著提高城镇居民人均经营净收入，原因在于中部地区城镇教育未能较好地提供居民从事生产经营活动所需的知识、技能和经验，且城镇居民从事的多是规模不大的生产经营活动，规模经济收益不明显，经营净收入不高。同时由于中部地区城镇教育使得城镇居民有了一定的工资性收入，虽然在养老金等方面转移收入增加，但也导致该地区多数城镇居民难以获得政府转移支付的社会救济福利费等各种救济金，致使人均转移性收入增幅不显著。

资性收入和转移性收入为主或工资性收入和转移性收入在这两类收入群体中占比较高，同时城镇居民中中等收入、中高收入和高收入群体的收入多以财产性收入和经营净收入为主或财产性收入和经营净收入在这三类收入群体中占比较高。

表7-7 估计结果

变量	城镇教育水平	城镇初等教育程度	城镇中等教育程度	城镇高等教育程度
常数项	2. 498 **	2. 739	2. 035	1. 967 ***
滞后一期的被解释变量	0. 260	0. 221 ***	0. 234 ***	0. 229
$\ln Ce_1/\ln Ce_2/\ln Ce_3/\ln Ce_4$	− 0. 065 ***	− 0. 032 ***	− 0. 068 **	0. 031 **
$\ln Cz$	0. 066 **	0. 054 **	0. 053 ***	0. 062 **
$\ln Cj$	− 0. 090 **	− 0. 088 ***	− 0. 082 **	− 0. 080 ***
$\ln Cq$	0. 057	0. 053	0. 056	0. 064
$\ln Rg$	0. 053 ***	0. 057 ***	0. 061 ***	0. 055 ***
$\ln Zd$	− 0. 039 **	− 0. 040 **	− 0. 037 ***	− 0. 033 **
$\ln Cy$	− 0. 044 ***	− 0. 046 **	− 0. 049 **	− 0. 048 ***
$\ln Jr$	0. 028	0. 023	0. 020	0. 026
Wald 检验	1032. 246	887. 750	1007. 994	965. 837
Sargan 检验	0. 231	0. 207	0. 229	0. 223
Arellano – Bond AR（1）	0. 005	0. 004	0. 005	0. 005
Arellano – Bond AR（2）	0. 217	0. 205	0. 216	0. 214

注：*、**和***分别表示在1%、5%和10%的水平上通过显著性检验。下同。

其次，由表7-7可知，中部地区城镇初等教育程度提高1%，城镇收入基尼系数下降0.032%，在10%水平上显著，说明中部地区城镇初等教育程度提高有助于城镇收入差距缩小。原因可能在于中部地区城镇初等教育程度提高有利于人均工资性收入和人均转移性收入提高，但不利于人均财产性收入和人均经营净收入提高①。对于工资性收入和转移性收入占比较高的中低收入和低收入群体而言，城镇初等教育显然有利于这两类群体收入提高，而对于财产性收入和经营净收入占比较高的中等收入、中高收入和高收入群体而言，城镇初等教育显然不利于这三类群体收入提高。

再次，由表 7 - 7 可知，中部地区城镇中等教育程度提高 1%，城镇收入基尼系数下降 0.068%，在 5% 水平上显著，说明中部地区城镇中等教育程度提高有助于城镇收入差距缩小。原因可能在于中部地区城镇中等教育程度提高有利于人均工资性收入提高，未显著提高人均财产性收入和人均经营净收入，不利于人均转移性收入提高，其中对人均工资性收入的提高作用大于对人均转移性收入的负面作用②。对于工资性收入和转移性收入占比较高的中低收入和低收入群体而言，城镇中等教育仍然有利于这两类群体收入提高，而对于财产性收入和经营净收入占比较高的中等收入、中高收入和高收入群体，城镇中等教育并未显著提升这三类群体收入。

最后，由表 7 - 7 可知，中部地区城镇高等教育程度提高 1%，城镇收入基尼系数提高 0.031%，在 5% 水平上显著，说明中部地区城镇高等教育程度提高拉大了城镇收入差距。原因可能在于中部地区城镇高等教育程度提高有利于人均工

① 仅受过初等教育的城镇居民素质与技能水平较低，难以进行职业转换，劳动力流动性差，在城镇劳动力市场上竞争力低，就业能力弱，多进入城镇中初级产品加工行业、低端制造业和传统服务业就业。因此，初等教育有利于提高城镇居民人均工资性收入，但人均工资性收入提高幅度较小，由于提高幅度较小，也使得仅受过初等教育的城镇居民获得政府转移的社会救济福利费等各种救济金较多，进而提高了人均转移性收入。至于初等教育对城镇居民人均经营净收入和人均财产性收入产生的是负面影响，原因可能是仅受过初等教育的城镇居民，收入来源单一，收入水平整体较低，从事生产经营活动极少，同时理财能力差，其财产性收入主要以利息为主，且拥有财产较少，难以通过出租、分红以及财产增值等方式获取较多收入。

② 主要原因可能是受过中等教育的城镇居民技能水平尚可，信息获取能力比较强，在职业转换时稍显容易，同时被企业雇佣后，培训成本较低，该类教育层次的城镇居民较好地满足了城镇化和工业化对具有一定技能的人才的需求，提升了其人均工资性收入。至于中等教育并未显著提高城镇居民人均经营净收入和人均财产性收入，原因在于仅受过中等教育的城镇居民，由于财产较为有限，从事的也多是规模较小收益较低的生产经营活动，经营净收入不高，同时这一教育层次的城镇居民理财能力也比较欠缺，虽然有一定的财产性收入，但受制于教育水平，懂得的投资理财方式不多，市场可供其选择的较为合适的投资理财渠道较少，致使人均财产性收入较低。中等教育对人均转移性收入产生负面影响的原因则是这一教育层次的城镇居民有了一定的工资性收入，其多数再难以继续获得政府转移支付的社会救济福利费等各种救济金。

资性收入、人均财产性收入、人均经营净收入和人均转移性收入提高，但对人均财产性收入和人均经营净收入的提高作用更大①。对于工资性收入和转移性收入占比较高的中低收入和低收入群体而言，城镇高等教育对这两类群体收入的提高作用相对较低，而对于财产性收入和经营净收入占比较高的中等收入、中高收入和高收入群体，城镇高等教育对这三类群体收入的提高作用相对较大。虽然中部地区城镇高等教育程度提高拉大了城镇收入差距，但随着高等教育发展，城镇居民收入结构优化，中低收入和低收入群体收入结构中财产性收入和经营净收入占比将会高于工资性收入和转移性收入占比，此时城镇高等教育程度进一步提高将会有可能缩小城镇收入差距。

（2）分地区类型实证结果。本节进一步利用 Sys – GMM 法分省会、地级市和县级市三类地区实证分析城镇教育水平及其结构对城镇收入差距的影响，估计结果如表 7 – 8 所示。

由表 7 – 8 可知，省会地区城镇教育水平提高 1%，城镇收入基尼系数显著提高 0.019%，地级市和县级市城镇教育水平提高 1%，城镇收入基尼系数分别显著下降 0.061% 和 0.078%，说明中部省会地区城镇教育水平提高拉大了城镇收入差距，地级市和县级市城镇教育水平提高有助于城镇收入差距缩小。原因可能在于中部省会地区城镇教育促进了人均工资性收入等四类收入提高，但对人均财产性收入和人均经营净收入的提高作用更大，地级市和县级市城镇教育有利于人均工资性收入和人均财产性收入提高，更多提高了前者，未显著提升人均经营净

---

① 主要原因可能是高等教育的素质与技能效应、职业转换效应、生产率效应、劳动力流动效应更大，中部地区受过高等教育的城镇居民更易进入城镇中资本技术附加值高的行业就业或在这些行业从事生产经营活动，提高了其人均工资性收入和人均经营净收入。至于高等教育显著提高城镇居民人均财产性收入，原因可能是受过高等教育的城镇居民，信息获取能力和理财能力均较强，财产性收入来源较为多样化，且拥有的相对财产数量较多，更易通过出租、分红以及财产增值等投资理财方式获较多收入。同时受过高等教育的城镇居民所获得政府转移支付的养老金和离退休金较多，使得高等教育也显著提高了城镇居民人均转移性收入。但相对而言，高等教育对城镇居民人均经营净收入和人均财产性收入的提高效应更大。

表 7 - 8　估计结果

变量	省会				地级市				县级市			
	城镇教育水平	城镇初等教育程度	城镇中等教育程度	城镇高等教育程度	城镇教育水平	城镇初等教育程度	城镇中等教育程度	城镇高等教育程度	城镇教育水平	城镇初等教育程度	城镇中等教育程度	城镇高等教育程度
常数项	2.563	2.831***	2.094	3.719***	4.086	3.012***	3.487	3.826**	2.843***	3.329	3.658***	2.721
滞后一期的被解释变量	0.231***	0.225**	0.242***	0.263**	0.217**	0.245	0.304**	0.248***	0.252	0.291***	0.237***	0.259***
$lnCe_1$	0.019**	—	—	—	-0.061***	—	—	—	-0.078**	—	—	—
$lnCe_2$	—	-0.012***	—	—	—	-0.036**	—	—	—	-0.043**	—	—
$lnCe_3$	—	—	0.028**	—	—	—	-0.073***	—	—	—	-0.085***	—
$lnCe_4$	—	—	—	0.020**	—	—	—	0.035***	—	—	—	0.044**
控制变量	加入	加入	加入	加入	加入	加入	加入	加入	加入	加入	加入	加入
Wald 检验	1 031.076	886.748	1 042.935	754.051	648.484	965.032	932.536	801.997	943.264	891.482	766.678	1 015.827
Sargan 检验	0.230	0.206	0.267	0.168	0.152	0.224	0.215	0.176	0.219	0.207	0.169	0.228
Arellano - Bond AR (1)	0.005	0.004	0.006	0.003	0.003	0.005	0.005	0.003	0.005	0.004	0.003	0.005
Arellano - Bond AR (2)	0.217	0.203	0.225	0.156	0.148	0.213	0.210	0.164	0.211	0.205	0.157	0.216

收入和转移性收入[①]。

由表7－8可知，三类地区城镇初等教育程度提高1%，城镇收入基尼系数分别显著缩小0.012%、0.036%和0.043%；三类地区城镇中等教育程度提高1%，省会地区城镇收入基尼系数提高0.028%，地级市和县级市城镇收入基尼系数分别显著下降0.073%和0.085%；三类地区城镇高等教育程度提高1%，城镇收入基尼系数分别显著提高0.020%、0.035%和0.044%。说明中部三类地区城镇初等教育程度提高均有助于城镇收入差距缩小，三类地区城镇高等教育程度提高均拉大了城镇收入差距，省会地区城镇中等教育程度提高拉大了城镇收入差距，地级市和县级市城镇中等教育程度提高缩小了城镇收入差距。原因在于省会地区产业结构中资本技术密集型行业、附加值高的制造业和现代服务业比重较高，受过中等教育的城镇劳动力难以满足上述行业需求，这对以工资性收入为主的中低收入群体和低收入群体显然不利。而地级市和县级市产业结构中劳动密集型行业、附加值较低的制造业和传统服务业比重较高，受过中等教育的城镇劳动力较好地满足了地级市和县级市产业结构与生产经营活动需求，进而显著提高了两类地区居民人均工资性收入，但对人均经营净收入和人均财产性收入的提高效应不显著，对人均转移性收入产生了负面影响，其中对居民人均工资性收入的提高作用大于对人均转移性收入产生的负面作用。

---

① 原因可能在于与地级市和县级市相比，省会产业结构中资本技术密集型行业、附加值高的制造业和现代服务业比重较高，该类地区城镇居民受教育程度更高，在这些行业就业机会更大或更有可能在这些行业从事生产经营活动，且省会信息获取渠道更多，对于教育程度更高的该类地区居民，其理财能力更强，通过出租、分红以及财产增值等各种投资理财方式获取较多财产性收入的机会更多，获得政府转移支付的养老金和离退休金也较多。相比较而言，省会城镇教育对人均经营净收入和人均财产性收入的提高效应更大。而地级市和县级市城镇教育虽然显著提高了两类地区城镇居民人均工资性收入和人均财产性收入，但对人均经营净收入和人均转移性收入的提高效应不显著。

7.3 中部地区教育水平及其结构对城乡收入差距的影响

自 1978 年以来，中部地区教育发展取得了显著成绩，人们平均受教育程度不断提高，2018 年居民平均受教育年限为 9.1964 年。但中部地区城乡收入差距仍然较大，2018 年城镇居民人均可支配收入与农村人均可支配收入比值为 2.43∶1。那么中部地区教育对城乡收入差距又产生了何种影响？中部地区在提高居民收入水平的同时，需侧重发展哪一层次教育，才能缩小城乡收入差距呢？为了回答上述问题，本节实证分析中部地区教育水平及其结构对城乡收入差距的影响，为中部地区制定科学合理的教育发展政策奠定扎实的实证基础。目前现有文献对于城乡收入差距的影响因素与教育对城乡收入差距的影响均进行了探讨，但对于教育结构对城乡收入差距的影响较少研究。本节首次以中部地区为样本，基于 1998~2016 年市域动态面板数据，运用系统广义矩估计法克服内生性问题，实证分析教育水平及其结构对城乡收入差距的影响，进一步分省会、地级市和县级市地区进行实证分析。

7.3.1 模型设定、变量测度与数据来源

根据过去研究城乡收入差距的文献得知城乡收入差距还和经济增长（Rd）、就业率（Jy）、城镇化水平（Cz）、对外贸易（Dw）、产业结构（Cy）、外商直接投资（Ws）相关，故在设定如下实证模型时加入了这些控制变量，最终设定如下实证模型：

$$\ln G_{it} = \beta_0 + \beta_1 \ln G_{it-1} + \beta_2 \ln Zj_{it} + \beta_3 \ln Rd_{it} + \beta_4 \ln Rd_{it}^2 + \beta_5 \ln Jy_{it} + \beta_6 \ln Cz_{it} +$$
$$\beta_7 \ln Dw_{it} + \beta_8 \ln Cy_{it} + \beta_7 \ln Ws_{it} + \gamma_i + \eta_t + \varepsilon_{it} \qquad (7-11)$$

$$\ln G_{it} = \beta_0 + \beta_1 \ln G_{it-1} + \beta_2 \ln Zjc_{it} + \beta_3 \ln Rd_{it} + \beta_4 \ln Rd_{it}^2 + \beta_5 \ln Jy_{it} + \beta_6 \ln Cz_{it} +$$

$$\beta_7 \ln Dw_{it} + \beta_8 \ln Cy_{it} + \beta_7 \ln Ws_{it} + \gamma_i + \eta_t + \varepsilon_{it} \qquad (7-12)$$

$$\ln G_{it} = \beta_0 + \beta_1 \ln G_{it-1} + \beta_2 \ln Zjz_{it} + \beta_3 \ln Rd_{it} + \beta_4 \ln Rd_{it}^2 + \beta_5 \ln Jy_{it} + \beta_6 \ln Cz_{it} +$$
$$\beta_7 \ln Dw_{it} + \beta_8 \ln Cy_{it} + \beta_7 \ln Ws_{it} + \gamma_i + \eta_t + \varepsilon_{it} \qquad (7-13)$$

$$\ln G_{it} = \beta_0 + \beta_1 \ln G_{it-1} + \beta_2 \ln Zjg_{it} + \beta_3 \ln Rd_{it} + \beta_4 \ln Rd_{it}^2 + \beta_5 \ln Jy_{it} + \beta_6 \ln Cz_{it} +$$
$$\beta_7 \ln Dw_{it} + \beta_8 \ln Cy_{it} + \beta_7 \ln Ws_{it} + \gamma_i + \eta_t + \varepsilon_{it} \qquad (7-14)$$

其中，i、t 分别表示中部地区第 i 个城市地区、第 t 年，G、Zj、Zjc、Zjz 和 Zjg 分别表示中部地区城乡收入差距、教育水平、初等教育程度、中等教育程度和高等教育程度，γ_i、η_t 和 ε_{it} 分别表示地区变量、时间变量和随机扰动项。由于城乡收入差距拉大或缩小具有一定的惯性，很可能存在滞后效应，故在模型设定时加入城乡收入差距的滞后项，这也包括了尚未考虑到的其他影响城乡收入差距的因素；此外，由于各城市地区宏观变量数据序列可能存在异方差，故在设定上述计量模型时对各变量取了对数。

对于城乡收入差距的测度，很多学者用城镇人均可支配收入与农村人均纯收入或农村人均可支配收入的比值来测度。王少平和欧阳志刚（2007）指出这一测度方法没有反映城乡人口所占的比重，由于我国是一个农业大国，城乡经济呈现出显著的二元结构，农村人口占有绝对大的比重，故这一测度方法没能准确测度我国的城乡收入差距。而对于基尼系数，他们则指出基尼系数将总人口划分为不同的收入群体，所测度的是总的收入差距而不是对城乡收入差距的准确测度，且城乡收入差距也不能从总收入差距中分离出来；另外，万广华（2008）也指出基尼系数的不足。首先，它对高收入群体的观察值反应比较敏感，对低收入群体的观察值反应非常迟钝，如果样本中高收入群体的收入数据误差较大（这是常常发生的），那么基尼系数的估算值就不可靠；其次，同一数量的转移收入如果转移到样本众数附近，其带来的不平等的下降比转移到收入底层更大，这不太合理；最后，基尼系数受分组的影响，一般来说，分组少，基尼系数的值就会越小，估算值就不怎么可靠。而泰尔指数按其定义能直接测度城乡收入差距。此外泰尔指数对两端（高收入和低收入群体）收入的变动比较敏感，而中国城乡收入差距主要体现两端的变化，因此，本节选择王少平和欧阳志刚（2007）提出的泰尔指数测度中部地区城乡收入差距。以 ta_{it} 表示第 i 个城市地区 t 时期的泰尔指数，其定义和计算公式如下：

$$ta_{i,t} = \sum_{j=1}^{2}\left(\frac{Income_{ij,t}}{Income_{i,t}}\right)\ln\left(\frac{Income_{ij,t}}{Income_{i,t}}\bigg/\frac{Pop_{ij,t}}{Pop_{i,t}}\right) = \frac{Income_{i1,t}}{Income_{i,t}}\ln\left(\frac{Income_{i1,t}}{Income_{i,t}}\bigg/\frac{Pop_{i1,t}}{Pop_{i,t}}\right) +$$

$$\frac{Income_{i2,t}}{Income_{i,t}}\ln\left(\frac{Income_{i2,t}}{Income_{i,t}}\bigg/\frac{Pop_{i2,t}}{Pop_{i,t}}\right) \qquad (7-15)$$

其中，j = 1、2 分别表示城镇和农村地区，Pop_{it} 表示 i 城市地区城镇或农村人口数量，Pop_i 表示 i 城市地区的总人口，$Income_{ij}$ 表示 i 城市地区城镇或农村的总收入（其中，城镇总收入用城镇人口和城镇人均可支配收入之积表示；农村总收入用农村人口和农村人均可支配收入之积表示），$Income_i$ 表示 i 城市地区的总收入。

对于教育水平、初等教育程度、中等教育程度和高等教育程度的测度，借鉴吕连菊和阚大学（2018）的做法，分别用人口平均受教育程度、初等教育程度、中等教育程度和高等教育程度来衡量。

对于经济增长，用人均 GDP 来衡量，依据库兹涅茨关于经济增长与收入差距的倒"U"形曲线分析，加入了该变量的平方项；对于就业率，使用就业人数/经济活动总人数来衡量，一般就业率越高，失业人数越少，城乡收入差距越小；对于城镇化水平，通常是以城镇人口数/总人口数来衡量，但有的学者认为这一衡量方法存在一定的片面性，应该从城镇化质量的角度出发，建立起一组指标来衡量，笔者认为从表面上看，单一衡量城镇化水平的指标已具有理论和现实的经济统计意义，可以独立反映出城镇化的发展水平和层次，故仍然采用城镇人口数/总人口数来衡量，一般而言城镇化水平越高，吸纳农村剩余劳动力的数量就越多，一方面增加了城市劳动力供给，降低了城市均衡工资，另一方面减少了农村劳动力供给，提高了农村均衡工资，缩小了城乡收入差距，此外，流向城市的劳动力将收入带回农村，用于农村经济发展，提高了农民收入，缩小了城乡收入差距；对于对外贸易，用贸易开放度来测度，即进出口总额/GDP，依据斯托尔泊－萨缪尔森（Stolper – Samelson）定理，发展中国家的对外贸易增加了非技能劳动力（多是农村居民）的相对需求，通过要素价格的同向变动缩小了城乡收入差距；对于产业结构，用第三产业产值/GDP 来测度，一般而言，由于发展中国家第三产业多以劳动密集型为主，第三产业产值占 GDP 比重越高，就越有能力吸收农村剩余劳动力就业，缩小城乡收入差距；对于外商直接投资，用实际利用外资额来测度，至于外资是扩大了城乡收入差距还是缩小了城乡收入差距还不确定，这是由于外资主要是通过以下几种渠道影响了收入分配差距：一是外资通过影响产业结构来影响收入分配差距，主要是说外资在我国三大产业分布不平衡以及在每个产业内部分布的不平衡会影响到收入分配差距；二是外资通过在我国的区位选择影响收入分配差距，主要是说外资在我国东中西部的区域分布及其在每个区域内部分布的不平衡会影响收入分配差距；三是外资通过影响我国就业人数和就业结构来影响收入分配差距，主要是说外资企业会增加技能劳动力和非技能劳动力的就业人数，影响技能劳动力和非技能劳动力的就业比重来影响收入分配差距；四是外资通过影响全要素增长率来影响收入分配差距，即外资通过资本效应、技术外溢效应、竞争效应和制度效应来影响全要素增长率影响收入分配差距；五是外资通过影响对外贸易来影响收入分配差距。对于每一种渠道是拉大还是缩小了收入分配差距，理论分析结果是不确定的。

本节选择的样本时间为 1998 ~ 2016 年。各变量涉及的原始数据来源于中部地区各省统计年鉴和统计公报、《中国城市统计年鉴》等，为了消除统计数据中价格因素和汇率因素的影响，用 GDP 指数（以 1998 年为 100）对各城市地区 GDP 的数据进行了折算；由于 1998 ~ 2016 年人民币汇率制度改革导致人民币对美元汇率变动，因此，将各城市地区进出口总额和实际利用外资金额按当年时间加权平均汇率调整。

7.3.2　数据检验与内生性问题

对于面板数据模型，其估计的前提是面板数据必须是平稳的，否则可能产生谬误回归的结果。面板数据的平稳性检验方法主要有 LLC 检验、Breitung 检验、Hadri 检验、IPS 检验、Fisher – ADF 检验和 Fisher – PP 检验，其中前三项是检验

同质面板数据平稳性,后三项是检验异质面板数据平稳性,利用这6种检验方法
来对上述变量进行平稳性检验。各变量依据其图形确定是否有常数项和时间趋
势,并根据赤池信息准则(AIC)和施瓦茨准则(SC)确定滞后期。检验结果表
明,各变量均存在单位根,是非平稳的,而对其一阶差分值进行检验,其结果整
体上表现为没有单位根,说明变量都是一阶单整I(1),表7-9是变量一阶差分
值面板平稳性检验结果。

表7-9 变量一阶差分值面板平稳性检验结果

变量	面板单位根检验方法					
	LLC	Breitung	Hadri	IPS	Fisher-ADF	Fisher-pp
lnG	-22.036	-5.973	6.392	-7.620	164.677	165.119
	(0.000)	(0.000)	(0.000)	(0.000)	(0.000)	(0.000)
lnZj	-7.943	1.269	6.447	-2.516	97.824	116.115
	(0.000)	(0.697)	(0.000)	(0.003)	(0.000)	(0.000)
lnZjc	-7.849	1.253	6.391	-2.489	96.685	114.760
	(0.000)	(0.659)	(0.000)	(0.002)	(0.000)	(0.000)
lnZjz	-10.280	1.644	8.363	-3.267	126.692	150.351
	(0.000)	(0.536)	(0.000)	(0.002)	(0.000)	(0.000)
lnZjg	-8.434	-0.342	6.770	-1.895	95.733	113.335
	(0.000)	(0.231)	(0.000)	(0.032)	(0.000)	(0.001)
lnRd	-11.053	-2.274	0.672	-4.708	131.075	156.699
	(0.000)	(0.006)	(0.159)	(0.000)	(0.000)	(0.000)
lnJy	-7.095	-3.443	4.079	-5.100	123.968	142.605
	(0.000)	(0.002)	(0.000)	(0.000)	(0.000)	(0.000)
lnCz	-25.437	-7.605	7.078	-8.127	180.790	215.403
	(0.000)	(0.000)	(0.000)	(0.000)	(0.000)	(0.000)
lnDw	-17.182	-5.311	4.430	-6.228	154.219	168.817
	(0.000)	(0.000)	(0.000)	(0.000)	(0.000)	(0.000)
lnCy	-8.938	-0.366	7.174	-2.005	101.483	120.150
	(0.000)	(0.225)	(0.000)	(0.030)	(0.000)	(0.001)
lnWs	-8.496	-1.498	3.709	-2.434	134.451	187.994
	(0.000)	(0.077)	(0.000)	(0.026)	(0.000)	(0.000)

注:括号内为概率值,括号外为统计量,概率值小于0.01表明在1%的显著性水平下拒绝原假设,概率值小于0.05表明在5%的显著性水平下拒绝原假设,概率值小于0.1表明在10%的显著性水平下拒绝原假设。下同。

由于面板数据是非平稳的，所以需要继续判断变量间是否存在协整关系，主要有两类检验方法：一类是建立在 EG 二步法检验基础上的面板协整检验，主要有 Pedroni 检验和 Kao 检验；另一类是建立在 Johanson 检验基础上的 Fisher（Combined Johanson）检验。采用 Pedroni 检验和 Kao 检验来判断变量间是否存在协整关系。检验结果表明，有的统计量拒绝了存在协整关系，因此，需对计量方程进行回归，看得到的残差是否平稳，由表 7 - 10 可知残差序列平稳，说明变量间存在长期关系。

表 7 - 10　残差序列的平稳性检验

面板单位根检验方法					
LLC	Breitung	Hadri	IPS	Fisher - ADF	Fisher - pp
- 12. 061	- 2. 654	5. 438	- 3. 661	152. 545	199. 491
(0. 000)	(0. 038)	(0. 000)	(0. 005)	(0. 000)	(0. 000)

估计前还可能因为中部地区城乡收入差距反作用于教育水平、初等教育程度、中等教育程度和高等教育程度，产生内生性问题，致使回归结果不可靠；还可能由于教育水平、初等教育程度、中等教育程度和高等教育程度在影响城乡收入差距前，城乡收入差距已经发生了变化，而导致的内生性问题。故本节也取各解释变量的滞后二期作为工具变量，利用 Sys - GMM 法克服上述内生性问题进行估计。

7.3.3　实证结果分析

（1）整个地区实证结果。利用 Stata13.0 软件估计，结果如表 7 - 11 所示。第一，从中可知，中部地区教育水平提高 1%，泰尔指数下降 0.056%，在 10% 的水平上显著，说明中部地区教育水平提高有助于缩小城乡收入差距。主要原因在于两点：一是中部地区城乡收入差距较大的主要表现为农民收入增速较慢，其主要原因是长期以来我国农村教育落后，导致农民素质和技能水平偏低，又在附加值较低的第一产业就业，没有较好地分享改革开放成果。而教育可以提高中部地区农民技能，有助于其转移到城镇，从事附加值较高的第二产业和第三产业，进而提高他们的收入。具体是教育有助于中部地区农村劳动力更加容易转入城镇。当前，中部地区农村劳动力转移到城镇的机会成本较高，包括迁移成本和非经济成本等，通过教育可以获得转移所必要的知识和技能，提高预期收益，也使其更易接受新事物，具有更大的自信，更易于实现有效转移；教育也有助于提高农村劳动力转移后的职业稳定性和收入。目前，中部地区农村劳动力的"低素质屏障"使其在城镇的岗位容易被替代，进而被迫重新回流农村。据有关学者对已转移的农村劳动力回流数据分析，回流最少的是大专以上的，接着依次是中专、高中、初中、小学文化程度的，然后是文盲。可见受过教育后转移出的农村劳动力职业稳定性较高；教育还能使中部地区农村劳动力更易克服相对保守的思想意识，扩大活动半径、社交范围，教育也能使其视野更为开阔，提高接收外界信息的能力，进而有助于农村劳动力更加高质有效地转移；此外，受传统观念的影响，在农村接受职业教育的适龄女青年较多，使农村妇女的迁移率和就业机会明显增多，且在转移人口中，从事商业服务的女性偏多，职业教育有助于农村妇女转移。农村劳动力转移到城镇中往往从事附加值较高的第二产业和第三产业，进而提高了他们的收入。当然，教育也提高了中部地区城镇居民本身的技能，增加其收入，但农民由于接受教育而转变就业行业所带来的生产效率和劳动边际产品提高程度更大，教育对收入的提高更多地反映在农民身上，且农民收入增加会进一步提高其教育支出能力，促使他们及其子女接受更高层次的教育培训来提高收入，形成良性累积循环效应。可见教育对中部地区农民收入提高的边际效应更大，这有助于缩小中部地区城乡收入差距。二是国家实施的普通九年制义务教育在城乡低层次教育公平上起到了显著的促进作用，并且国家和中部地区各级政府通过助学贷款、设置奖助学金、勤工俭学以及贫困生补助等一系列措施在一定程度上降低了城乡较高层次普通教育的不公平。另外，职业教育作为一种教育分流机制在一定程度上促进了城乡教育公平，其较为完善的职业教育资助制度为转移的农民及其子女和城镇低收入家庭提供了更多受教育的机会，也因此，教育有助于增加转移农民和城镇低收入群体收入，缩小中部地区城乡收入差距。

表7-11 估计结果

变量	教育水平	初等教育程度	中等教育程度	高等教育程度
常数项	2.970	3.257***	2.421***	2.342
滞后一期的被解释变量	0.254***	0.215	0.228	0.220***
lnZj/lnZjc/lnZjz/lnZjg	-0.056***	-0.048**	-0.084**	0.061**
lnRd	0.402**	0.397***	0.386***	0.379***
lnRd^2	-0.027***	-0.022**	-0.025***	-0.018**
lnJy	-0.263***	-0.259**	-0.271**	-0.256***
lnCz	-0.211**	-0.187**	-0.198**	-0.185***
lnDw	0.098**	0.112***	0.119***	0.121**
lnCy	-0.195***	-0.204***	-0.186**	-0.199***
lnWs	0.102***	0.175**	0.113***	0.184**
Wald 检验	1 235.419	1 062.476	1 206.387	1 155.928
Sargan 检验	0.273	0.247	0.270	0.262
Arellano - Bond AR (1)	0.006	0.005	0.006	0.006
Arellano - Bond AR (2)	0.261	0.244	0.257	0.253

注：*、**和***分别表示在1%、5%和10%的水平上通过显著性检验。下同。

第二，由表7-11可知，中部地区初等教育程度提高1%，泰尔指数下降0.048%，在5%的水平上显著，说明中部地区初等教育程度提高有助于缩小城乡收入差距。原因可能在于中部地区农村初等教育程度提高有利于农民农业收入占比提高，不利于农民非农业收入占比以及其他收入占比提高，对于农业收入占比较高的中低收入和低收入群体而言，农村初等教育显然有利于提高中低收入和低收入群体的收入，而对于非农业收入和财产性收入等其他收入占比较高的中等收入、中高收入和高收入群体而言，农村初等教育显然不利于他们收入提高。中部地区城镇初等教育程度提高有利于人均工资性收入和人均转移性收入提高，但不利于人均财产性收入和人均经营净收入提高。对于工资性收入和转移性收入占比较高的中低收入和低收入群体而言，城镇初等教育显然有利于中低收入和低收入群体收入提高，而对于财产性收入和经营净收入占比较高的中等收入、中高收入和高收入群体而言，城镇初等教育显然也不利于这三类群体收入提高。据此，对中部地区农村与城镇而言，初等教育均提高了中低收入和低收入群体的收入，对中等收入、中高收入和高收入群体的收入则产生了负面影响，故中部地区初等教育程度提高有助于缩小城乡收入差距。

第三，由表 7 - 11 可知，中部地区中等教育程度提高 1%，泰尔指数下降0.084%，在 5% 的水平上显著，说明中部地区中等教育程度提高也有助于城乡收入差距缩小。原因可能在于受过中等教育的农民技能水平较高，信息获取能力较强，比较容易进行职业转换，进入城镇就业能力较强，较好地满足了中部地区城镇化和工业化用工需求，提升了农民收入；同时中部地区中等教育程度提高有利于城镇居民人均工资性收入提高，但未显著提高人均财产性收入和人均经营净收入，不利于人均转移性收入提高，其中对城镇居民人均工资性收入的提高作用大于对人均转移性收入的负面作用。对于工资性收入和转移性收入占比较高的城镇居民中低收入和低收入群体而言，中等教育仍然有利于这两类群体收入提高，而对于财产性收入和经营净收入占比较高的城镇居民中等收入、中高收入和高收入群体而言，中等教育并未显著提升这三类群体收入。因此，中部地区中等教育程度提高有助于城乡收入差距缩小。

第四，由表 7 - 11 可知，中部地区高等教育程度提高 1%，泰尔指数提高0.061%，在 10% 的水平上显著，说明中部地区城镇高等教育程度提高拉大了城镇收入差距。原因可能有两点：一是中部地区农村高等教育程度提高不利于农民农业收入占比提高，有利于农民非农业收入占比以及其他收入占比提高，对于农业收入占比较高的农村居民中低收入和低收入群体而言，农村高等教育显然不利于这两类群体收入提高，而对于非农业收入和财产性收入等其他收入占比较高的农村居民中等收入、中高收入和高收入群体而言，农村高等教育显然有利于这三类群体收入提高。中部地区城镇高等教育程度提高有利于人均工资性收入、人均财产性收入、人均经营净收入和人均转移性收入提高，但对人均财产性收入和人均经营净收入的提高作用更大。对于工资性收入和转移性收入占比较高的城镇居民中低收入和低收入群体而言，城镇高等教育对这两类群体收入的提高作用相对较低，而对于财产性收入和经营净收入占比较高的城镇居民中等收入、中高收入和高收入群体而言，城镇高等教育对这三类群体收入的提高作用相对较大。二是相对于中部地区受过初等和中等教育的农民，受过高等教育的农民在技能水平、信息获取能力、职业转换和就业能力等方面均最强，多进入城镇中资本技术附加值高的行业就业，这些人往往绝大部分已经由农业户口转变为城镇户口，已经市民化，转变成了城镇居民，中部地区农村高等教育并非促进了农民收入水平提高，而是提高了城镇居民收入水平。

第五，关于控制变量的估计结果。由表 7－11 可知，一是经济增长变量的回归系数为正数，而其平方项的系数为负数，且均通过了显著性检验，这表明中部地区经济增长与城乡收入差距的确成倒"U"形曲线，即中部地区经济增长一开始扩大了城乡收入差距，但当经济发展到一定水平会缩小城乡收入差距；就业率、城镇化水平和产业结构的回归系数均为负数，且在不同显著性水平上通过了检验，说明中部地区就业率增加、城镇化水平提高和产业结构优化均有助于缩小城乡收入差距；对外贸易的估计系数为正数，且通过了显著性检验，表明中部地区贸易开放度的提高并没有缩小城乡收入差距，而是扩大了城乡收入差距，原因可能在于依据斯托尔泊—萨缪尔森定理，中部地区主要出口初级产品以及劳动密集型产品，这些产品出口会增加非技能劳动力（更多是农村劳动力）的相对需求，进而提高农村劳动力的工资，缩小城乡收入差距，但是，在中部地区二元经济结构下，农村剩余劳动力可以不断地增加非技能劳动力供给，由于中部地区这些初级产品和劳动密集型产品工业附加值较低，贸易条件恶化，很多初级产品和劳动密集型产品出口企业在面对利润率降低的情况下，往往采取压低非技能劳动力工资或者解雇非技能劳动力等措施来降低成本，这不利于农村劳动力收入提高。同时，对外贸易中的模仿学习效应和竞争学习效应是有偏的学习效应，会使技术进步更偏向于技能密集型，增加技能劳动力（更多是城镇居民）相对需求，且中部地区高新技术产品出口比重的增加，也提高了技能劳动力相对需求，进而增加了城镇居民的收入，导致了城乡收入差距的扩大。二是外商直接投资的回归系数为正数，且通过了显著性检验，说明 FDI 会扩大城乡收入差距，前者的原因一方面可能在于外资虽然主要投资于中部地区制造业及其劳动密集型行业，吸纳了大量的农村剩余劳动力就业，但农村剩余劳动力供给弹性大，致使这部分劳动力收入增加极为有限，相比之下，技能劳动力较为稀缺，短时间内供给弹性较小，外资的流入增加了这部分劳动力的需求，在很大程度上提高技能劳动力的收入，由于技能劳动力主要分布在城市，非技能劳动力主要分布在农村，所以外商直接投资拉大了中部地区城乡收入差距；另一方面可能在于中部地区非技能劳动力的人力资本较低，很难通过"干中学"和在职培训去吸收外资的技术外溢效应，同时这部分劳动力自身人力资本低，很难进行劳动力职业转换，劳动力流动性较差，也很难获得外资的技术外溢效应，并且非技能劳动力自身人力资本低，得到金融信贷支持的概率很小，吸收技术外溢效应极为有限，而与此相反的是中部地区技能劳动力的人力资本并不低，他们可以通过"干中学"去吸收外资的技术外溢效应，可以较容易进行职业转换，流动性较强，进而容易获得外资的技术外溢效应，并且人力资本较高，得到金融信贷支持的概率较大，因此，吸收技术外溢效应较大，这样导致外资拉大了城乡收入差距。三是可能中部地区缺乏高精尖的人才，面对外资的流入与竞争，内资企业特别是中小企业难以抗衡，不少行业的企业被兼并和收购，在经济不景气时甚至裁员，而裁员的对象多是非技能劳动力，多是来自农村的剩余劳动力，这也导致了外资拉大了城乡收入差距。

（2）分地区实证结果。进一步利用Sys – GMM法分省会、地级市和县级市三类地区实证分析中部地区教育水平及其结构对城乡收入差距的影响，估计结果如表7 – 12所示。

由表7 – 12可知，中部地区省会地区教育水平提高1%，泰尔指数显著下降0.034%，地级市和县级市地区教育水平提高1%，泰尔指数分别显著下降0.055%和0.078%，说明相对于省会地区，中部地区地级市和县级市地区教育水平更有利于缩小城乡收入差距。原因可能在于中部省会地区产业结构中资本技术密集型行业、附加值高的制造业和现代服务业比重较高，地级市和县级市产业结构中劳动密集型行业、附加值较低的制造业和传统服务业比重较高，中部地区教育水平虽然提高了，但相对而言，转移的农村劳动力更容易满足地级市和县级市产业结构需求，提高这两类地区的农民收入水平，同时中部省会地区产业结构中资本技

表7-12 估计结果

变量	省会地区				地级市地区				县级市地区			
	教育水平	初等教育程度	中等教育程度	高等教育程度	教育水平	初等教育程度	中等教育程度	高等教育程度	教育水平	初等教育程度	中等教育程度	高等教育程度
常数项	3.025**	3.326	2.471	4.384***	4.817***	3.579	4.118	4.512**	3.351***	3.925	4.313***	3.208**
滞后一期的被解释变量	0.221	0.219***	0.230***	0.253	0.208***	0.234***	0.290**	0.237	0.240***	0.278**	0.226	0.247***
$\ln Z_j$	-0.034***	—	—	—	-0.055**	—	—	—	-0.078**	—	—	—
$\ln Z_{jc}$	—	-0.025**	—	—	—	-0.058***	—	—	—	-0.069***	—	—
$\ln Z_{jz}$	—	—	-0.054**	—	—	—	-0.087***	—	—	—	-0.099***	—
$\ln Z_{jg}$	—	—	—	0.047**	—	—	—	0.064***	—	—	—	0.073**
控制变量	加入	加入	加入	加入	加入	加入	加入	加入	加入	加入	加入	加入
Wald检验	1 231.652	1 059.243	1 245.816	900.738	774.631	1 152.764	1 113.943	958.016	1 126.757	1 064.901	915.832	1 213.435
Sargan检验	0.275	0.246	0.318	0.201	0.182	0.267	0.259	0.210	0.261	0.247	0.203	0.272
Arellano-Bond AR (1)	0.006	0.005	0.007	0.005	0.004	0.006	0.006	0.004	0.006	0.005	0.005	0.006
Arellano-Bond AR (2)	0.263	0.244	0.271	0.186	0.177	0.253	0.251	0.195	0.252	0.245	0.189	0.258

术密集型行业、附加值高的制造业和现代服务业比重较高，对于教育水平越高的城镇居民需求越多，使相对地级市和县级市地区而言，省会地区城镇居民收入水平较高。故相对于中部省会地区，中部地级市和县级市地区教育水平更有利于城乡收入差距缩小。

由表 7−12 可知，中部地区三类地区初等教育程度提高 1%，泰尔指数分别显著下降 0.025%、0.058% 和 0.069%，三类地区中等教育程度提高 1%，泰尔指数分别显著下降 0.054%、0.087% 和 0.099%，三类地区高等教育程度提高 1%，泰尔指数分别显著提高 0.047%、0.064% 和 0.073%。说明中部三类地区初等教育程度和中等教育程度提高均有助于缩小城乡收入差距，三类地区高等教育程度提高均拉大了城乡收入差距，相对而言，中部地区省会地区初等教育程度和中等教育程度提高对城乡收入差距的缩小作用较低，地级市和县级市地区初等教育程度和中等教育程度提高对城乡收入差距的缩小作用较大，中部地区省会高等教育程度提高对城乡收入差距的拉大作用较低，地级市和县级市地区高等教育程度提高对城乡收入差距的拉大作用较大。但随着省会、地级市和县级市地区高等教育的进一步发展，三类地区中低收入和低收入群体的收入结构将会改善，三类地区高等教育将有可能缩小各自城乡收入差距。

7.4　本章小结

首先，中部地区农村教育发展的同时，农村收入差距缩小并不明显，那么，中部地区农村教育对农村收入差距产生了何种影响？中部地区需侧重发展哪一层次农村教育，才能缩小农村收入差距显然值得研究，本章基于市域层面动态面板数据，利用 Sys−GMM 法克服内生性问题实证研究了中部地区农村教育水平及其结构对农村收入差距的影响。主要得到以下结论：

第一，中部地区农村教育水平提高拉大了农村收入差距，其中农村初等教育程度提高有助于农村收入差距缩小，农村中等教育程度和高等教育程度提高拉大了农村收入差距，但随着农村这两类教育进一步发展，农村中低收入和低收入群体的收入结构将会优化，这两类教育将有可能缩小农村收入差距。

第二，分地区类型，相对于地级市和县级市地区，中部省会地区农村教育水平对农村收入差距的拉大作用较大，三类地区农村初等教育程度提高均有助于缩小农村收入差距，三类地区农村中等教育程度和高等教育程度提高均拉大了农村收入差距，其中，省会地区农村高等教育程度对农村收入差距的拉大作用更大，地级市和县级市地区农村中等教育程度对农村收入差距的拉大作用更大，同样随着三类地区农村这两类教育进一步发展，三类地区农村中低收入和低收入群体的收入结构也将会改善，三类地区这两类教育将有可能缩小各自地区农村收入差距。

其次，中部地区城镇教育水平显著提高，但与之伴随的是城镇收入差距并未明显缩小，那么，中部地区城镇教育是否尚未缩小城镇收入差距？中部地区需侧重发展哪一层次城镇教育，才能缩小城镇收入差距显然值得探讨。本章基于中部地区动态面板数据，利用系统广义矩估计法实证检验了城镇教育水平及其结构对城镇收入差距的影响。主要得到以下结论：

第一，中部地区城镇教育水平提高有助于缩小城镇收入差距，其中，中部地区城镇初等教育程度和中等教育程度提高有助于缩小城镇收入差距，高等教育程度提高拉大了城镇收入差距，但随着城镇高等教育进一步发展，城镇居民中中低收入和低收入群体收入结构将会优化，城镇高等教育将有可能缩小城镇收入差距。

第二，分地区类型，中部省会城镇教育水平提高拉大了城镇收入差距，地级市和县级市城镇教育水平提高有助于缩小城镇收入差距，其中三类地区城镇初等教育程度提高均有助于缩小城镇收入差距，三类地区城镇高等教育程度提高均拉大了城镇收入差距，省会城镇中等教育程度提高拉大了城镇收入差距，地级市和县级市城镇中等教育程度提高缩小了城镇收入差距。同样随着三类地区城镇高等教育、省会城镇中等教育的进一步发展，城镇中低收入和低收入群体的收入结构也将会改善，三类地区城镇高等教育、省会城镇中等教育将有可能缩小各自城镇收入差距。

最后，中部地区教育发展取得显著成绩的同时，城乡收入差距缩小并不显著，那么，中部地区教育对城乡收入差距产生了何种影响？中部地区需侧重发展哪一层次教育，才能缩小城乡收入差距显然也值得关注。据此，本章实证探讨了中部地区教育水平及其结构对城乡收入差距的影响。主要得到以下结论：

第一，中部地区教育水平提高缩小了城乡收入差距，其中，初等教育程度和中等教育程度提高有助于城乡收入差距缩小，高等教育程度提高则拉大了城乡收入差距，但随着中部地区高等教育的进一步发展，中部地区中低收入和低收入群体的收入结构也将会优化，高等教育将有可能缩小中部地区城乡收入差距。

第二，分地区类型，相对于中部省会地区，地级市和县级市地区教育水平更有利于城乡收入差距缩小。三类地区初等教育程度和中等教育程度提高均有助于城乡收入差距缩小，高等教育程度提高均拉大了城乡收入差距，相对而言，中部省会地区初等教育程度和中等教育程度提高对城乡收入差距的缩小作用较低，地级市和县级市地区初等教育程度和中等教育程度提高对城乡收入差距的缩小作用较大，中部省会地区高等教育程度提高对城乡收入差距的拉大作用较低，地级市和县级市地区高等教育程度提高对城乡收入差距的拉大作用较大。但随着省会、地级市和县级市地区高等教育的进一步发展，三类地区中低收入和低收入群体的收入结构将会改善，三类地区高等教育将有可能缩小各自城乡收入差距。

第8章 结论与政策建议

8.1 农村层面的研究结论与教育发展建议

8.1.1 农村层面的研究结论

基于动态面板数据，本书利用系统广义矩估计方法实证研究了中部地区农村教育水平及其结构对农民收入水平、结构与差距的影响。

首先，关于中部地区农村教育对农民收入及其来源结构的影响。研究发现，中部地区农村教育促进了农民纯收入提高，主要是促进了农民非农业收入提高，其不利于农民农业收入提高，也未显著促进农民其他收入提高；分地区来看，省会、地级市和县级市三类地区农村教育均促进了农民纯收入提高，其中省会地区农村教育的促进作用最大，县级市地区农村教育的促进作用最小；三类地区农村教育均不利于农民农业收入提高，但均促进了农民非农业收入提高，其中省会地区农村教育对农民农业收入的负面作用和对农民非农业收入的促进作用均最大；省会地区农村教育促进了农民其他收入提高，但促进作用较小，地级市和县级地区农村教育的促进作用不显著。对于农村教育对农民收入水平结构的影响研究，实证发现中部地区农村教育程度提高，农村低收入和中低收入农民的收入未显著提高，但中等收入、中高收入和高收入农民的收入显著提高，即中部地区农村教育有利于中等收入、中高收入和高收入农民的收入提高，但没有显著提高低收入和中低收入农民的收入，对农民收入水平结构的优化作用不显著，该结论也适用于中部省会地区、地级市地区和县级市地区，相对于地级市和县级市地区而言，省会地区农村教育程度对中等收入、中高收入和高收入农民的收入提高效应更大。

其次，关于中部地区农村教育结构对农民收入来源结构的影响。研究发现，中部地区农村初等教育提高了农民农业收入占比，降低了促进了农民非农业收入占比以及其他收入占比，不利于农民收入结构优化；农村中等和高等教育均不利于农民农业收入占比提高，但有利于农民非农业收入占比以及其他收入占比提高，有利于农民收入结构优化，其中农村中等教育未显著提高农民其他收入占比，但与农村高等教育对中部地区农民收入结构的优化作用相比，中等教育的优化作用仍然较大；分地区来看，对于省会地区、地级市地区和县级市地区，中等教育和高等教育均有利于农民收入结构优化，其中省会地区高等教育对农民收入结构的优化作用最大，地级市地区和县级市地区中等教育的优化作用最大。对于农村教育结构对农民收入水平结构的影响研究发现农村初等教育程度提高，有利于农村低收入和中低收入农民的收入提高，不利于中等收入、中高收入和高收入农民的收入提高，农村中等教育程度和高等教育程度提高，不利于农村低收入和中低收入农民的收入提高，但有利于中等收入、中高收入和高收入农民的收入显著提高，该结论也适用于中部省会地区、地级市地区和县级市地区。相对于地级市和县级市地区而言，省会地区农村高等教育对中等收入、中高收入和高收入农民的收入提高效应更大，相对于省会地区，地级市和县级市地区农村中等教育对中等收入、中高收入和高收入农民的收入提高效应更大。

最后，关于中部地区农村教育及其结构对农村收入差距的影响。实证发现，中部地区农村教育水平提高拉大了农村收入差距，其中农村初等教育程度提高有助于农村收入差距缩小，农村中等教育程度和高等教育程度提高拉大了农村收入差距，但随着农村这两类教育进一步发展，农村中低收入和低收入群体的收入结构将会优化，这两类教育将有可能缩小农村收入差距。分地区而言，相对于地级市和县级市地区，中部省会地区农村教育水平对农村收入差距的拉大作用较大，三类地区农村初等教育程度提高均有助于缩小农村收入差距，三类地区农村中等教育程度和高等教育程度提高均拉大了农村收入差距，其中省会地区农村高等教育对农村收入差距的拉大作用较大，地级市和县级市地区农村中等教育对农村收入差距的拉大作用较大，同样随着三类地区农村这两类教育进一步发展，三类地区农村中低收入和低收入群体的收入结构也将会改善，三类地区这两类教育将有可能缩小各自地区农村收入差距。

8.1.2 农村层面的教育发展建议

第一，不断拓展融入国家重大区域发展战略的深度广度，提高农村籍学生中等教育和高等教育的预期收益率，降低农村籍学生中等教育和高等教育成本。具体而言，为了优化农民收入来源结构和水平结构，中部地区各省需充分利用中部崛起和长江经济带等国家重大区域经济发展战略赋予中部地区的政策优势，承接东部地区的产业转移，提高农民在这些产业中的就业率，进而提高农民对参加中等教育和高等教育的预期收益率。同时，中部地区各省需进一步深入贯彻落实乡村振兴战略，对于农村人口中参加中等教育和高等教育的贫困家庭学生在学杂费和生活费等方面可给予一定减免或补贴，中等学校和高校需强化对欠发达地区农村籍学生的支持度，减轻农村籍学生的家庭负担，降低其参加中等教育和高等教育的成本，进而提升农村中等教育和高等教育人口占比，优化农民收入来源结构和水平结构。

第二，完善制度，加大对农村贫困家庭学生招录的政策倾斜。为了优化农民收入来源结构和水平结构，中部地区各省需进一步落实《国务院关于深化考试招生制度改革的实施意见》，健全相关政策，要求中等学校和高校加大对农村贫困家庭学生招录的政策倾斜，达到有关中等学校和高校投档要求的建档立卡贫困家庭的农村考生，同等条件下优先录取，并加大这一政策在农村地区的招生宣传力度，采取多种形式广泛开展政策宣传；同时严格执行报考条件，完善资格审核办法，健全联合审核工作机制，确保户籍、学籍真实准确，做到招录手续简化，公开透明，对于违规行为从严查处，切实提升农村中等教育和高等教育人口占比，优化农民收入来源结构和水平结构。

第三，深化农村教育体制机制改革，加快农村教育事业发展。为了优化农民收入来源结构和水平结构，中部地区各省必须深化农村教育经费保障机制等各方面改革，加大农村教育经费支出，改革教育资源分配，合理整合教育资源，完善农村教育基础工程，提高教师收入，推动农村师资队伍建设，促进农村教育发展，提高农村中等教育和高等教育人口占比。

第四，巩固和拓展脱贫攻坚成果，全面推进乡村教育振兴。为了优化农民收入来源结构和水平结构，中部地区各省需巩固和拓展脱贫攻坚成果，全面推进乡村教育振兴，加快发展乡村产业，提高农村吸收和整合外部人才资源的能力，提升农村中等教育和高等教育人口占比。但值得注意的是，务必统筹兼顾，加快农业农村现代化发展，采取措施保障农民农业收入，不伤害农民种粮的积极性，保障粮食安全，同时也需完善政策，做好巩固拓展脱贫攻坚成果同乡村教育振兴有效衔接，提高农村低收入和中低收入农民的收入。

第五，中部不同地区农村，侧重发展不同层次教育。一方面，为了优化农民收入来源结构和水平结构，对于中部省会地区而言，要侧重提高农村高等教育人口占比，而对于地级市地区和县级市地区，则需侧重提高农村中等教育人口占比。但省会地区、地级市地区和县级市地区均需注意农村人口教育程度提高对农业收入的不利影响，需通过推进农业改革，提升农产品品质质量，提高农业生产效率和农业综合效益，保障农民农业收入，提高农村低收入和中低收入农民的收入，在此基础上优化本地区农民收入结构。另一方面，为了尽快缩小农村收入差距，中部地区尤其是地级市和县级市地区需大力发展农村教育，特别是发展农村中等教育和高等教育，虽然短期内会扩大当地农村收入差距，但长期农村中等教育和高等教育发展会提高当地中低收入和低收入群体的非农业收入和财产性收入等其他收入的占比，优化当地农村居民收入结构，进而缩小农村收入差距。具体而言，中部地区尤其是地级市和县级市地区需积极承接产业转移，以提高受过中等教育和高等教育农民在上述产业就业的预期收益，同时中部地区尤其是地级市和县级市地区需对欠发达农村地区和农村低收入家庭学生接受中等教育和高等教育给予费用减免和政策补贴，降低他们接受两类教育的成本，并且在两类教育录取方面，加大对欠发达农村地区和农村低收入家庭的政策支持，同等条件下优先录取。此外，中部地区尤其是地级市和县级市地区需加大农村中等教育和高等教育方面的经费投入，整合中等教育和高等教育资源，同时认真落实乡村振兴战略，积极吸收和整合外部受过中等教育和高等教育的人才资源，推动当地农村两类教育进一步发展。

8.2　城镇层面的研究结论与教育发展建议

8.2.1　城镇层面的研究结论

基于动态面板数据，本书利用系统广义矩估计方法实证研究了中部地区城镇教育水平及其结构对城镇居民收入水平、结构与差距的影响。

首先，针对中部地区城镇教育水平对城镇居民收入及其结构影响的研究发现，基于2002～2016年动态面板数据，利用系统广义矩估计方法克服内生性问题，纳入城镇化水平、经济发展水平等控制变量，实证研究了中部地区城镇教育水平对城镇居民收入及其结构的影响。结果发现，中部地区城镇教育促进了城镇居民人均可支配收入提高，主要是中部地区城镇教育显著提高了其人均工资性收入和人均财产性收入，但对人均经营净收入和人均转移性收入的提高效应不显著，说明中部地区城镇教育在一定程度上优化了城镇居民收入来源结构；分地区看，省会、地级市和县级市三类地区城镇教育均促进了城镇居民人均可支配收入提高，其中省会地区城镇教育的促进作用最大，县级市地区城镇教育的促进作用最小；省会、地级市和县级市三类地区城镇平均受教育程度提高，城镇居民人均工资性收入、人均经营净收入、人均财产性收入和人均转移性收入也相应提高，其中省会地区四类收入估计系数均显著，而地级市和县级市地区人均经营净收入和人均转移性收入的估计系数未通过显著性检验；相比较而言，省会地区城镇教育对人均经营净收入和人均财产性收入的提高效应更大，即省会地区城镇教育有利于省会地区城镇居民收入来源结构优化，而地级市和县级市城镇教育虽然显著提高了两类地区城镇居民人均工资性收入和人均财产性收入，但对人均经营净收入和人均转移性收入的提高效应不显著，即地级市和县级市城镇教育仅在一定程度上优化了城镇居民收入来源结构。对于城镇教育对城镇居民收入水平结构的影响研究，发现中部地区城镇教育有利于提高低收入和中低收入居民的收入，但没有显著提高中等收入、中高收入和高收入居民的收入，在一定程度上促进了城镇居民收入水平结构优化。相对于地级市和县级市而言，省会城镇居民教育程度对中等收入、中高收入和高收入居民收入的提高效应更大，地级市和县级市城镇教育程度提高有利于城镇低收入和中低收入居民的收入提高，但并未显著提高中等收入、中高收入和高收入居民的收入，即两类地区城镇教育在一定程度上优化了居民收入水平结构。

其次，针对中部地区城镇教育结构对城镇居民收入来源结构影响的研究发现，中部地区城镇初等教育有利于城镇居民人均工资性收入和人均转移性收入提高，对人均经营净收入和人均财产性收入产生了负面影响，不利于城镇居民收入来源结构优化；中等教育显著提高了城镇居民人均工资性收入，对人均经营净收入和人均财产性收入的提高效应不显著，对人均转移性收入产生了负面影响，进而对城镇居民收入来源结构的优化作用不明显；高等教育均提高了城镇居民上述四类收入，相对而言，其对人均经营净收入和人均财产性收入的提高效应更大，有利于城镇居民收入来源结构优化。分地区来看，对于省会、地级市和县级市地区，初等教育均不利于城镇居民收入来源结构优化，省会中等教育对城镇居民收入来源结构的优化作用不明显，高等教育有利于城镇居民收入来源结构优化，地级市和县级市中等和高等教育均有利于城镇居民收入来源结构优化，其中前者优化作用更高。对于城镇教育结构对城镇居民收入水平结构的影响研究发现，城镇初等教育程度提高，有利于城镇低收入和中低收入居民的收入提高，不利于中等收入、中高收入和高收入居民的收入提高。城镇中等教育程度提高，有利于城镇低收入和中低收入居民的收入提高，未显著提高中等收入、中高收入和高收入居民的收入。城镇高等教育程度提高，有利于城镇低收入、中低收入、中等收入、中高收入和高收入居民的收入提高，其中对中等收入、中高收入和高收入居民的收入提高效应更大。分类而言，中部省会、地级市和县级市城镇初等教育程度提高，均有利于城镇低收入和中低收入居民的收入提高，不利于中等收入、中高收入和高收入居民的收入提高。三类地区城镇高等教育程度提高，均有利于城镇低收入、中低收入、中等收入、中高收入和高收入居民的收入提高，其中对中等收入、中高收入和高收入居民的收入提高效应更大。省会城镇中等教育程度提高未显著提高城镇低收入和中低收入居民的收入，地级市和县级市城镇中等教育程度提高有利于城镇低收入和中低收入居民的收入提高，未显著提高中等收入、中高收入和高收入居民的收入。

最后，关于中部地区城镇教育水平及其结构对城镇收入差距的影响。实证发现中部地区城镇教育水平提高有助于缩小城镇收入差距，其中，中部地区城镇初等教育程度和中等教育程度提高有助于城镇收入差距缩小，高等教育程度提高拉大了城镇收入差距，但随着城镇高等教育进一步发展，城镇居民中中低收入和低收入群体收入结构将会优化，城镇高等教育将有可能缩小城镇收入差距。分类来看，中部省会城镇教育水平提高拉大了城镇收入差距，地级市和县级市城镇教育水平提高有助于城镇收入差距缩小，其中三类地区城镇初等教育程度提高均有助于城镇收入差距缩小，三类地区城镇高等教育程度提高均拉大了城镇收入差距，省会城镇中等教育程度提高拉大了城镇收入差距，地级市和县级市城镇中等教育程度提高缩小了城镇收入差距。同样随着三类地区城镇高等教育、省会城镇中等教育的进一步发展，城镇中低收入和低收入群体的收入结构也将会改善，三类地区城镇高等教育、省会城镇中等教育将有可能缩小各自城镇收入差距。

8.2.2 城镇层面的教育发展建议

第一，主动融入国家区域发展战略布局，提高城镇籍学生高等教育的预期收益率，降低城镇籍学生高等教育成本。为了优化城镇居民收入来源结构和水平结构，中部地区各省需充分利用国家战略给予的政策优势以及承东启西、连南接北的区位优势，在推动中部地区崛起和长江经济带发展中彰显新担当，在承接东部地区产业转移的同时，需结合本地区情况深化改革，积极引进高新技术产业，推动传统优势产业转型升级以及先进制造业和现代服务业融合发展，提高居民在这些产业中的就业率，进而提高城镇居民对参加高等教育的预期收益率。同时，中部地区各省需纵深推进和加快落实新型城镇化战略，完善城镇贫困家庭学生高等教育资助体系，对于城镇人口中参加高等教育的低收入家庭学生可给予一定比例的学杂费和生活费等方面的减免或补贴，高等院校需加大对城镇贫困家庭学生的支持，纳入"奖、助、贷、勤、减、免"学生资助政策体系范畴，享受相应助学政策，切实减轻城镇贫困学生的家庭负担，降低其高等教育的成本，进而提升城镇居民中高等教育人口占比，优化城镇居民收入来源结构和水平结构。

第二，积极探索地方高等院校招录向城镇贫困家庭学生适当倾斜。为了优化城镇居民收入来源结构和水平结构，中部地区各省可向国家争取相关政策，建议在地方高等院校试点探索对城镇贫困家庭学生招录的政策倾斜：可依据教育部印发的历年关于做好重点高校招收农村和贫困地区学生工作的通知精神，在严格报考条件、资格审核和招生管理前提下，对于达到有关地方高等院校投档要求的建档立卡贫困家庭的城镇考生，考虑同等条件下优先录取，切实提升城镇居民中高等教育人口占比，优化城镇居民收入来源结构和水平结构。

第三，深化高等教育改革，坚持内涵发展。为了优化城镇居民收入来源结构和水平结构，中部地区各省需创新高等教育体制机制，加强各类高等教育形式的统筹管理；在加大高等教育经费支出的同时，优化高等教育资源分配，注重资源的有效集成和配置，增强高等教育服务重大战略需求的能力；深化高校教师职称评审和考核评价等制度改革，积极推动高等教育师资队伍建设；提升科学研究水平，更加注重人才培养，促进高等教育内涵式发展，提高城镇居民中高等教育人口占比。

第四，加快实施以人为核心的新型城镇化战略，推动城镇教育高质量发展。为了优化城镇居民收入来源结构和水平结构，中部地区各省需以体制机制创新为抓手，统筹户籍及相关配套制度改革，健全保障体系，完善城镇在交通、公共文化、教育、医疗卫生、生态环境、养老服务等软硬件基础设施建设，加快推进以人为核心、以提高质量为导向的新型城镇化建设，提高城镇吸收和整合外部高层次人才资源的能力，提升本省城镇居民中高等教育人口占比，优化城镇居民收入来源结构和水平结构。

第五，中部不同地区城镇，侧重发展不同层次教育。一方面，为了优化城镇居民收入来源结构和水平结构，对于中部地区省会而言，要侧重提高城镇居民中高等教育人口占比，而对于地级市和县级市而言，短期需侧重提高城镇居民中等教育人口占比，地级市和县级市需积极承接省会和东部地区的产业转移，提高居民在这些技术含量相对不高和附加值相对低的产业中的就业率，进而提高城镇居民对参加中等教育的预期收益率，同时地级市和县级市对于城镇人口中参加中等教育的贫困家庭学生在学杂费和生活费等方面可给予一定减免或补贴，中等学校需强化对城镇低收入家庭中学生的支持度，减轻贫困学生的家庭负担，降低其参加中等教育的成本。地级市和县级市需制定政策要求中等学校加大对城镇贫困家庭学生招录的政策倾斜，达到有关学校投档要求的建档立卡贫困家庭的城镇低收入家庭考生，同等条件下优先录取。再者，地级市和县级市需加大中等教育经费支出，合理配置中等教育资源，加强双师型师资队伍建设，促进中等教育发展。地级市和县级市需完善本地区软硬环境条件，提高学历不高但技能水平高的人才的待遇，以提升城镇居民中中等教育人口占比。长期来看，需依据产业结构和金融发展水平情况，侧重提高城镇居民中高等教育人口占比。另一方面，为了尽快缩小城镇收入差距，中部地区需大力发展城镇教育，在加大城镇初等教育和中等教育经费投入的同时，要积极整合城镇初等教育和中等教育资源，提高初等教育和中等教育学校教师收入，推动两类教育师资队伍建设，提高两类教育水平，以缩小城镇收入差距。同时中部地区也需发展城镇高等教育，虽然短期内会拉大当地城镇收入差距，但长期城镇高等教育发展会提高当地中低收入和低收入群体的财产性收入和经营净收入在总收入中的占比，优化当地城镇居民收入结构，进而有可能缩小城镇收入差距。分类而言，中部地区省会需积极发展城镇初等教育，地级市和县级市需积极发展城镇初等教育和中等教育，以缩小各自城镇收入差距。同时着眼于未来，省会、地级市和县级市也需积极发展城镇高等教育，省会还需发展城镇中等教育，特别是加大技能中等教育培训，虽然短期内会拉大各自城镇收入差距，但长远来看，省会、地级市和县级市城镇高等教育、省会城镇中等教育发展会提高当地中低收入和低收入群体的财产性收入和经营净收入在总收入中的占比，优化各自城镇中低收入和低收入群体的收入结构，进而有可能缩小各自城镇收入差距。因此，对于中部地区省会、地级市和县级市可考虑采取如下措施发展高等教育，即充分利用中部崛起等国家战略的政策优势，在积极承接产业转移的同时，需结合本市情况引进高新技术产业，包括资本技术密集型的中高端制造业和现代服务业，提高城镇居民在这些高新技术产业中的就业率，进而提升居民对参加高等教育的预期收益率，同时省会、地级市和县级市对于城镇贫困家庭学生接受高等教育可给予费用减免和政策补贴，降低其参加高等教育的成本，并在高招录取方面，加大对城镇贫困家庭的政策支持，可考虑同等条件下优先录取。对于省会而言，产业结构中的非高新技术产业，包括劳动密集型的中低端制造业和传统服务业，还需要受过中等教育具有一定技能的劳动力，因此，需提高受过中等技能教育的城镇居民在相应行业就业的预期收益，同时省会也需降低城镇贫困家庭学生接受中等技能教育的成本，在招生录取时同等条件下优先考虑，以此发展城镇中等教育。

第六，为了缩小中部地区城乡收入差距，依据第 7 章的实证结果，中部地区也需提高初等教育程度和中等教育程度。长远来看，为了满足本地区经济发展和产业结构优化需要，中部地区省会、地级市和县级市地区均需要提高本地区高等教育程度，虽然短期内会拉大各地区城乡收入差距，但随着中部三类地区高等教育的进一步发展，三类地区中低收入和低收入群体的收入结构将会优化，高等教育将有可能缩小中部三类地区城乡收入差距。

参考文献

［1］ Battiston D, Gasparini L. Could an Increase in Education Raises Income Inequality? Evidence for Latin America ［J］. Latin American Journal of Economics – formerly Cuadernos de Economía, 2014, 51 (1): 1 – 39.

［2］ Celikay F, Sengur M. Education Expenditures and Income Distribution: An Empirical Analysis on European Countries ［J］. Humanomics, 2016 (3): 6 – 22.

［3］ Ludwig J. The Role of Education and Household Composition for Transitory and Permanent Income Inequality – evidence from Psid Data ［J］. Journal of Macroeconomics, 2015 (46): 129 – 146.

［4］ Medeiros M, Galvao J D C. Education and Income of the Rich in Brazil ［J］. Dados, 2016, 59 (2): 357 – 383.

［5］ Ozturk F. Education and Income Relationship in Turkey ［J］. Economics & Finance Letters, 2016 (3): 21 – 28.

［6］ Guardiola J, Guillen R M. Income, Unemployment, Higher Education and Wellbeing in Times of Economic Crisis: Evidence from Granada (Spain) ［J］. Social Indicators Research, 2015, 120 (2): 395 – 409.

［7］ Autor D H, Levy F, Murnane R. The Skill Content of Recent Technological Change: An Empirical Exploration ［J］. Quarterly Journal of Economics, 2003 (118): 1279 – 1333.

［8］ George P, Harry A P. Returns to Investment in Education: A Further Update ［J］. Social Science Electronic Publishing, 2004, 12 (2): 111 - 134.

［9］ De Brauw A, Rozelle S. Reconciling the Returns to Education in Off - farm Wage Employment in Rural China ［J］. Review of Development Economics, 2008, 12 (1): 45 - 76.

［10］ Malamud O, Cristian P. General Education Versus Vocational Training: Evidence from an Economy in Transition ［J］. The Review of Economics and Statistics, 2010, 92 (1): 43 - 60.

［11］ Newhouse D, Suryadarma D. The Value of Vocational Education: High School Type and Labor Market Outcomes in Indonesia ［J］. The World Bank Economic Review, 2011, 25 (2): 296 - 322.

［12］ Hannum E C, Zhang Y P, Wane M Y. Why are Returns to Education Higher for Women than for Men in Urban China? ［J］. China Quarterly, 2013, 215 (1): 616 - 640.

［13］ Meng X, Shen K, Xue S. Economic Reform Education Expansion and Earnings Inequality for Urban Males in China 1988 - 2009 ［J］. Journal of Comparative Economics, 2013, 41 (1): 227 - 244.

［14］ Ferreri C A, Gerxhani K. Financial Satisfaction and (in) Formal Sector in A Transition Country ［J］. Social Indicators Research, 2011, 102 (2): 315 - 331.

［15］ Kapteyn A, Smith J P, Van S A. Are Americans Really Less Happy with Their Incomes? ［J］. Review of Income and Wealth, 2013, 59 (1): 44 - 65.

［16］ Bonsang E, Van S A. Satisfaction with Job and Income among Older Individuals across European Countries ［J］. Social Indicators Research, 2012, 105 (2): 227 - 254.

［17］ Sahi S E. Demographic and Socio - Economic Determinants of Financial Satisfaction ［J］. International Journal of Social Economics, 2013, 40 (2): 127 - 150.

［18］ Khan M Z U, Rehman S, Rehman C A. Education and Income Inequality in

Pakistan [J]. Educational Sciences Theory & Practice, 2015, 12 (3): 1860 – 1866.

[19] Tselios V. The Granger – gausality between Income and Educational Inequality: A Spatial Cross – regressive Var Framework [J]. The Annals of Regional Science, 2014, 53 (1): 221 – 243.

[20] Thapa S B. Relationship between Education and Poverty in Nepal [J]. Economic Journal of Development Issues, 2015, 15 (1): 5 – 26.

[21] Abdullah A, Doucouliagos H, Manning E. Does Education Reduce Income Inequlity? A Meta – regression Analysis [J]. Journal of Economic Surveys, 2015 (29): 18 – 37.

[22] Qazi W, Raza S A, Jawaid S T, et al. Does Expanding Higher Education Reduce Income Inequality in Emerging Economy? Evidence from Pakistan [J]. Studies in Higher Education, 2018, 43 (2): 338 – 358.

[23] Panda S. Farmer Education and Household Agricultural Income in Rural India [J]. International Journal of Social Economics, 2015, 42 (6): 514 – 529.

[24] Muhammad Y Z. Human Resources, Social Capital and Income Structure of Seaweed Farmers in Indonesia: A Path Analysis for Poverty Causal Model [J]. Ryukoku Journal of Economic Studies, 2014 (53): 99 – 121.

[25] Luan J, Chen J, He Z, et al. The Education Treatment Effect on the Non – farm Income of Chinese Western Rural Labors [J]. China Agricultural Economic Review, 2015, 7 (1): 122 – 142.

[26] Panori A, Psycharis Y. Exploring the Links between Education and Income Inequality at the Municipal Level in Greece [J]. Applied Spatial Analysis & Policy, 2019, 12 (1): 101 – 126.

[27] Schendel R, Mccowan T, Oketch M. Global: The Economic and Noneconomic Benefits of Tertiary Education in Low – Income Contexts [J]. International Higher Education, 2014 (77): 6 – 8.

[28] Naito K, Nishida K. Multistage Public Education, Voting, and Income

Distribution [J] . Journal of Economics, 2017 (120): 1 – 14.

[29] Manna R, Ciasullo M V, Cosimato S, et al. Education Level and Income Attainment Inequalities: A Service Ecosystem Perspective [C] . Verona: The 20th Excellence in Services International Conference, 2017.

[30] Nie H F, Xing C B. Education Expansion, Assortative Marriage, and Income Inequality In China [J] . China Economic Review, 2019 (55): 37 –51.

[31] Zhou J Y, Zhao W. Contributions of Education to Inequality of Opportunity in Income: A Counterfactual Estimation with Data from China [J] . Research in Social Stratification and Mobility, 2019 (59): 60 –70.

[32] Hall J D. The Effects of the Quality and Quantity of Education on Income Inequality [J] . Economics Bulletin, 2018, 38 (4): 2476 –2489.

[33] Shahabadi A, Nemati M, Hosseinidoust S E. The Effect of Education on Income Inequality In Selected Islamic Countries [J] . International Journal of Asia Pacific Studies, 2018, 14 (2): 61 –78.

[34] Coady D, Dizioli A. Income Inequality and Education Revisited: Persistence, Endogeneity and Heterogeneity [J] . Applied Economics, 2018, 50 (25): 2747 –2761.

[35] Arshed N, Anwar A, Kousar N, et al. Education Enrollment Level and Income Inequality: A Case of SAARC Economies [J] . Social Indicators Research, 2018, 140 (3): 1211 –1224.

[36] Arshed N, Anwar A, Hassan M S, et al. Education Stock and Its Implication for Income Inequality: The Case of Asian Economies [J] . Review of Development Economics, 2019, 23 (2): 1050 –1066.

[37] Borensztein E. The Role of Human Capital in Economic Growth: The Case of Spain [R] . Imf Working Paper, 2000.

[38] Ngo S. Increasing Income through Education [J] . Black Enterprise, 2014, 45 (2): 41 –41.

[39] Connolly H, Gottschalk P. Do Earnings Subsidies Affect Job Choice? The Impact of SSP Subsidies on Job Turnover and Wage Growth [J] . Canadian Journal of Economics, 2009, 42 (4): 1276 – 1304.

[40] Umar H M, Ismail R, Lim H E. A Spatial Econometrics Analysis of Educational Distribution and Regional Income Disparities in Nigeria [M] . Pakistan: Pak Publishing Group, 2014.

[41] Alxandersen N, Zachrisson H D, Wilhelmsen T, et al. Predicting Selection Into ECEC of Higher Quality in A Universal Context: The Role of Parental Education and Income [J] . Early Childhood Research Quarterly, 2021 (55): 336 – 348.

[42] Marcella T. An Econometric Study of the Impact of Education on the Economic Development of Low – income Countries [R] . Mpra Paper 107729, 2021.

[43] Kayet A, Mondal D. Economic Growth, Education Expenditure and Income Inequality in India [J] . In Tevnational Journal of Research in Commerce, IT and Management, 2017, 7 (7): 38 – 43.

[44] Chen J, Wang Y, Wen J, et al. The Influences of Aging Population and Economic Growth on Chinese Rural Poverty [J] . Journal of Rural Studies, 2016 (47): 665 – 767.

[45] Nee V. The Emergence of A Market Society: Changing Mechanisms of Srati-fication in China [J] . American Journal of Sociology, 1996, 101 (4): 908 – 949.

[46] Zhang Y. Research on the Relationship between Education and Income Inequality of Urban Residents: From the Perspective of Gini Coefficient Decomposition [J]. Northwest Population Journal, 2014, 35 (3): 1 – 5 + 9.

[47] Saadv S, Adam A. The Relationship between Household Income and Educational Level. (South Darfur Rural Areas – Sudan) Statistical Study [J] . International Journal of Advanced Statistics and Probability, 2016, 4 (1): 27 – 27.

[48] Toth R J, Giller E . Regulatory Recommendations for the Department of Labor to Facilitate Dc Lifetime Income [J] . The Journal of Retirement, 2016, 3 (4): 28 – 33.

［49］ Huang K, Meng Q, Xue J. Balanced – budget Income Taxes and Aggregate Stability in a Small Open Economy ［J］. Journal of International Economics, 2016, 105 （3）: 90 – 101.

［50］ Wu Z, Li G. The Income Level of Farmers under the Background of New Urbanization ［J］. Grain Science and Technology and Economy, 2016, 41 （3）: 23 – 27.

［51］ Park K H. Education, Globalization and Income Inequality in Asia ［R］. Adbi Working Paper Series, 2017.

［52］ Tong G, Luo C. The Influence of Education on Income Gap of Different Groups ［J］. Economy and Management, 2017, 31 （1）: 30 – 37.

［53］ Ali A, Mariscal R, Muhaj D. Hollowing Out: The Channels of Income Polarization in the United States ［R］. Imf Working Papers, 2017.

［54］ Pellegrini T. Education and Income Inequality: An Empirical Analysis for the Slovak Republic ［R］. Udsdp Working Paper, 2017.

［55］ Rehman S, Muhammad Z R. The Relationship between Education and Income Inequality （The Case of Pakistan） ［J］. International Journal of Accounting and Economics Studies, 2017, 5 （1）: 55 – 55.

［56］ Long L H. Migration Differentials by Education and Occupation: Trends and Variations ［J］. Demography, 1973, 10 （2）: 243 – 258.

［57］ Speare A, Harris J. Education Earnings and Migration in Industry ［J］. Economic Development and Cultural Change, 1986, 34 （1）: 223 – 244.

［58］ Lanzona L A. Migration, Self – Selection and Earnings in Philippine Rural Communities ［J］. Journal of Development Economics, 1998, 56 （1）: 27 – 50.

［59］ Farmer J, Phillips R C, Singhal S, et al. Inequalities in Oral Health: Understanding the Contributions of Education and Income ［J］. Canadian Journal of Public Health. Revue Canadienne De Sante Publique, 2017, 108 （3）: 240 – 245.

［60］ Patrinos H A, Ridao – cano C, Sakellariou C. Estimating the Returns to Education: Accounting for Heterogeneity in Ability ［J］. Policy Research Working Paper，2006.

[61] Becker M. Neoliberalism Interrupted：Social Change and Contested Govern-ance in Contemporary Latin America ［J］. Journal of Latin American Studies，2015，47 (4)：880 – 882.

[62] Mincer J. Schooling，Experience，and Earnings ［M］. New York：Colum-bia University Press，1974.

[63] Psacharopoulos G. Unequal Access to Education and Income Distribution ［J］. De Economist，1977，125 (3)：383 – 392.

[64] Chiswick B R，Mincer J. Time – series Changes in Personal Income Inequal-ity in the United States from 1939，With Projections to 1985 ［J］. Journal of Political Economy，1972，80 (3)：34 – 66.

[65] Gregorio J D，Lee J. Education and Income Inequality ［J］. Blackwell Pub-lishers Ltd，2002，48 (3)：395 – 416.

[66] Arellano M，Bond S R. Some Tests of Specification for Panel Data：Monte Carlo Evidence and an Application to Employment Equation ［J］. Review of Economic Studies，1991 (58)：277 – 297.

[67] Arellano M，Bover O. Another Look at the Instrumental Variable Estimation of Error – components Models ［J］. Journal of Econometrics，1995 (68)：29 – 52.

[68] Blundell R W，Bond S R. Initial Conditions and Moment Restrictions in Dy-namic Panel Data Models ［J］. Journal of Econometrics，1998 (87)：115 – 143.

[69] Bond S R. Dynamic Panel Data Models：A Guide to Micro Data Methods and Practice ［J］. Portuguese Economic Journal，2002 (1)：141 – 162.

[70] Sims C A. Macroeconomics and Reality ［J］. Econometrica，1980 (48)：1 – 48.

[71] 胡守荣. 城镇教育现状及发展思路 ［J］. 河北教育，2013 (3)：20 – 21.

[72] 朱东明，丁海燕. 中国城镇居民收入差距变化及其原因——基于1999

年 - 2009 年城镇入户调查数据的实证研究 [J]. 现代管理科学, 2017 (6): 67 - 69.

[73] 田柳, 周云波. 基于教育和年龄结构调整的中国城镇居民收入差距研究 [J]. 经济学动态, 2017 (3): 74 - 85.

[74] 杨新铭, 邓曲恒. 中国城镇居民收入代际传递机制——基于 2008 年天津微观调查数据的实证分析 [J]. 南开经济研究, 2017 (1): 44 - 57.

[75] 杨新铭, 邓曲恒. 城镇居民收入代际传递现象及其形成机制——基于 2008 年天津家庭调查数据的实证分析 [J]. 财贸经济, 2016 (11): 47 - 61.

[76] 袁航, 刘景景. 农村教育培训: 非农培训优先还是农业培训优先? [J]. 教育科学, 2016 (3): 6 - 12.

[77] 刘宏, 毛明海. 村领导受教育程度对农村居民非农收入的影响——基于微观数据的实证分析 [J]. 中国城镇经济, 2015 (9): 69 - 79.

[78] 吕连菊, 阚大学. 农村教育对农民收入及其结构的影响研究——基于中部地区动态面板数据 [J]. 职业技术教育, 2017 (4): 48 - 51.

[79] 宋玉兰, 张梦醒, 范宏民等. 连片特困少数民族地区教育层次结构对农民收入增长的作用——以南疆三地州为例 [J]. 人口与经济, 2017 (2): 90 - 96.

[80] 赖志花. 通货膨胀与中国城镇居民收入不平等研究——基于 17 个省份收入分组数据 [J]. 北京工商大学学报 (社会科学版), 2016 (6): 112 - 122.

[81] 张超, 陈璋. 城镇居民地区间收入差距的演变与成因——基于引进式技术进步的视角 [J]. 中央财经大学学报, 2016 (5): 70 - 79.

[82] 刘新智, 刘雨松. 城镇化进程中农村人力资本积累对农民收入增长的影响 [J]. 当代经济研究, 2016 (6): 69 - 78.

[83] 崔玉平, 吴颖. 教育培训对苏州市农民工收入的影响——教育培训经济收益率的再检验 [J]. 教育与经济, 2017 (2): 42 - 50.

[84] 吴振华, 张学敏. 教育对农村居民收入差距有多大影响 [J]. 教育发展研究, 2017 (1): 36 - 44.

[85] 詹国辉, 张新文. 教育资本对城乡收入差距的外部效应 [J]. 财贸研究, 2017 (6): 37 - 46.

[86] 方超, 黄斌. 教育人力资本投资能够缩小农村居民的工资性收入差距吗? [J]. 教育与经济, 2017 (4): 33 - 41.

[87] 温涛, 杨涛, 王汉杰. 改造人力资本促进农民收入超常规增长的政策建议 [J]. 西南大学学报 (社会科学版), 2017 (3): 37 - 42 + 189.

[88] 李黎明, 许珂. 人力资本、社会资本与收入差距——基于中国城市居民收入的分位回归模型分析 [J]. 复旦教育论坛, 2017 (1): 83 - 90.

[89] 李盛基, 余项科, 王泓懿. 城乡居民收入差距的传递机制研究——以教育收益率为视角 [J]. 河南社会科学, 2018 (5): 44 - 49.

[90] 花亚州, 刘昌平. 教育对城乡劳动力收入差距的影响研究——基于平等与效率视角 [J]. 社会保障研究, 2018 (1): 58 - 69.

[91] 孙涛. 收入分配差距与教育不均等经验研究 [J]. 财经问题研究, 2015 (8): 69 - 74.

[92] 李晓. 教育扩展对中国居民收入分配的影响分析及政策选择 [J]. 黑龙江社会科学, 2014 (5): 86 - 89.

[93] 李祥云. 中国高等教育对收入分配不平等程度的影响——基于省级面板数据的实证分析 [J]. 高等教育研究, 2014 (6): 52 - 58 + 75.

[94] 郭小弦, 张顺. 中国城市居民教育收益率的变动趋势及其收入分配效应——基于分位回归模型的分析 [J]. 复旦教育论坛, 2014 (3): 51 - 56.

[95] 陈云, 王丽静. 我国城乡教育不平等与城乡收入差距的关系——基于全国 31 个省 (市) 数据的实证分析 [J]. 现代教育管理, 2018 (4): 31 - 36.

[96] 卢冲, 刘媛, 江培元. 产业结构、农村居民收入结构与城乡收入差距 [J]. 中国人口·资源与环境, 2014 (1): 147 - 150.

[97] 苏东坡. 城镇居民收入结构的城市化效应研究——基于中国省际面板数据的门槛模型分析 [J]. 城市发展研究, 2014 (1): 19 - 24 + 30.

[98] 杨畅, 白雪洁. 贸易开放、产出增长与收入结构优化——来自国家级

高新区的经验证据 ［J］. 当代经济科学, 2013 (4): 91 – 101 + 127.

［99］白凤娇. 关于农村居民收入结构的动态分析——以陕西省 1995 – 2011 年数据为样本 ［J］. 经济问题, 2013 (5): 66 – 68 + 112.

［100］陈宇辉, 倪志良. 收入结构与城乡家庭收入不平等——源于 CHIP2013 的实证研究 ［J］. 经济问题探索, 2018 (6): 54 – 62.

［101］李政, 杨思莹. 科技创新的城乡二元收入结构效应及其传导机制 ［J］. 经济问题探索, 2018 (1): 23 – 29 + 154.

［102］江克忠, 刘生龙. 收入结构、收入不平等与农村家庭贫困 ［J］. 中国农村经济, 2017 (8): 75 – 90.

［103］徐佳舒, 段志民. 中等收入持续期及其影响因素分析——构建橄榄型收入结构视角 ［J］. 江西财经大学学报, 2017 (2): 24 – 39.

［104］穆怀中, 吴鹏. 城镇化、产业结构优化与城乡收入差距 ［J］. 经济学家, 2016 (5): 37 – 44.

［105］王晓芳, 张娥, 孙韩璐. 经济增长对居民收入结构影响的异质性——基于非平衡省级面板数据的实证分析 ［J］. 大连理工大学学报 (社会科学版), 2015 (4): 59 – 66.

［106］徐春华, 刘力. 省域市场潜力、产业结构升级与城乡收入差距——基于空间关联与空间异质性的视角 ［J］. 农业技术经济, 2015 (5): 34 – 46.

［107］吴卫星, 张琳琬. 家庭收入结构与财富分布: 基于中国居民家庭微观调查的实证分析 ［J］. 东北师范大学学报 (哲学社会科学版), 2015 (1): 62 – 69.

［108］匡远凤. 选择性转移、人力资本不均等与中国城乡收入差距 ［J］. 农业经济问题, 2018 (4): 23 – 35.

［109］李昕, 关会娟. 各级教育投入、劳动力转移与城乡居民收入差距 ［J］. 统计研究, 2018 (3): 80 – 92.

［110］方超, 罗英姿, 黄斌. 研究生教育扩展、人力资本积累与劳动力的收入差距——兼论收入差距的空间分布机制 ［J］. 中国高教研究, 2018 (3): 93 – 98.

［111］江求川．婚姻中的教育匹配对中国收入差距的影响［J］．中南财经政法大学学报，2018（2）：32－42.

［112］阚大学，罗良文．外商直接投资、人力资本与城乡收入差距——基于省级面板数据的实证研究［J］．财经科学，2013（2）：110－116.

［113］吕连菊，阚大学．农村教育结构对中部地区农民收入结构的影响及对策研究［J］．中国农业资源与区划，2018（11）：264－270.

［114］杜育红，孙志军．中国欠发达地区的教育、收入与劳动力市场经历——基于内蒙古赤峰市城镇地区的研究［J］．管理世界，2003（9）：68－75.

［115］陈漫雪，吕康银，王文静．中学教育对城镇居民收入的影响效应［J］．湖南农业大学学报（社会科学版），2015（6）：83－89.

［116］陈迅，张艳云．中国城镇居民收入与人力资本投资相互关系的实证研究［J］．软科学，2008（3）：33－36.

［117］叶彩霞，徐霞，胡志丽．城市化进程对城镇居民收入结构的影响分析［J］．城市发展研究，2010（10）：26－30.

［118］叶彩霞，施国庆，陈绍军．地区差异对农民收入结构影响的实证分析［J］．经济问题，2010（10）：103－107.

［119］杨小玲．改革开放以来农村金融发展对农民收入结构影响的实证分析［J］．大连理工大学学报（社会科学版），2009（4）：28－33.

［120］荣庆娇，姚顺波，刘浩．集体林主体改革及配套改革对农民收入及其结构的影响测度与分析［J］．农村经济，2015（1）：54－59.

［121］于潇，陈世坤．教育会扩大流动人口收入差距吗？［J］．教育与经济，2019（5）：30－42.

［122］廖毅，张薇．公共教育投入与国民收入差异的关系研究［J］．大学教育科学，2019（5）：58－67＋125.

［123］王轶，熊文，赖德胜．乡村振兴战略下返乡农民教育收益与收入不平等——基于比较分析的视角［J］．教育研究，2019（9）：120－138.

［124］关会娟，李昕，谭莹．教育投入、交易成本与区域收入差距［J］．

财经研究，2019（7）：97-111.

［125］蔡文伯，黄晋生．高等教育投入与城乡收入差距：抑制还是促进
［J］．黑龙江高教研究，2019（2）：74-79.

［126］方超，黄斌．中国农村居民教育收益及工资收入差距的分解——基于
微观计量的因果关系推断［J］．经济经纬，2019（1）：49-55.

［127］柳光强，杨芷晴．基础教育差异对农村地区收入分配的影响——异质
性教育收益视角的解释［J］．教育研究，2019（2）：69-84.

［128］彭妮娅．教育经费投入对贫困地区农民收入影响的实证［J］．统计
与决策，2021（3）：67-70.

［129］史新杰，方师乐，高叙文．基础教育、职业培训与农民工外出收
入——基于生命周期的视角［J］．财经研究，2021（1）：153-168.

［130］田盈，向栩，潘晓琳．职业教育能改善城乡收入差距吗？［J］．教育
与经济，2020（6）：51-58.

［131］陈锋．教育扶贫背景下高等教育资本投资与城乡收入差距的关系探讨
［J］．黑龙江高教研究，2020（12）：50-56.

［132］方超．中职教育能够提高农村劳动力的非农收入水平吗？——兼论中
职教育发展低迷的微观成因［J］．扬州大学学报（人文社会科学版），2020
（5）：115-128.

［133］王少国，邓阳．财产性收入份额、教育投入与劳动者收入差距——基
于我国城镇居民2000-2017年省级面板数据的分析［J］．劳动经济评论，2020
（2）：1-17.

［134］张永奇，马梦迪．教育与农村居民相对贫困：收入视角的实证测度与
微观证据［J］．教育经济评论，2020（4）：56-69.

［135］吴强，柳潇，丁文娜．教育投入影响收入水平及收入差距的异质性效
应分析［J］．宏观经济研究，2020（5）：111-117+144.

［136］李实，李文彬．中国教育投资的个人收益率的估算［M］//赵人伟．
中国居民收入分配研究［M］．北京：中国社会科学出版社，1994.

[137] 肖萍. 农村教育对农村生产和居民收入的影响——基于河南省调查数据的分析 [J]. 郑州大学学报 (哲学社会科学版), 2010 (4): 160 - 162.

[138] 谭银清, 王钊, 陈益芳. 受教育程度对我国农民收入来源和结构的影响 [J]. 西部论坛, 2014 (4): 9 - 15.

[139] 姚旭兵, 罗光强, 黄毅. 区域异质性: 农村人力资本与农民收入增长 [J]. 华南农业大学学报 (社会科学版), 2015 (3): 79 - 91.

[140] 刘唐宇, 许文兴. 城镇非义务教育人力资本与城镇居民收入关系的实证 [J]. 湖南农业大学学报 (社会科学版), 2008 (2): 15 - 20.

[141] 刘万霞. 我国农民工教育收益率的实证研究——职业教育对农民收入的影响分析 [J]. 农业技术经济, 2011 (5): 25 - 32.

[142] 阳欢, 李峰. 农村劳动力人均受教育年限与农民收入关系研究——基于江西省数据的实证分析 [J]. 职业技术教育, 2011 (19): 55 - 58.

[143] 周亚虹, 许玲丽, 夏正青. 从农村职业教育看人力资本对农村家庭的贡献——基于苏北农村家庭微观数据的实证分析 [J]. 经济研究, 2010 (8): 55 - 65.

[144] 彭长生, 钟钰. 教育、流动与欠发达地区农民的收入分化——基于安徽省的农户调查数据 [J]. 农村经济, 2014 (5): 70 - 74.

[145] 程名望, 史清华, Jin YanHong. 农户收入水平、结构及其影响因素——基于全国农村固定观察点微观数据的实证分析 [J]. 数量经济技术经济研究, 2014 (5): 3 - 19.

[146] 卫龙宝, 施晟, 刘志斌. 中国农村教育的收益率与外溢性分析 [J]. 浙江大学学报 (人文社会科学版), 2012 (6): 27 - 35.

[147] 柳光强, 邓大松, 祁毓. 教育数量与教育质量对农村居民收入影响的研究——基于省级面板数据的实证分析 [J]. 教育研究, 2013 (5): 20 - 29.

[148] 黄斌, 钟晓琳. 中国农村地区教育与个人收入——基于三省六县入户调查数据的实证研究 [J]. 教育研究, 2012 (3): 18 - 26.

[149] 娄世艳, 李建民. 中国农村居民工资性收入影响因素实证研究——尤

其教育在其中的作用 [J]. 教育与经济, 2008 (3): 8 – 13.

[150] 张烨. 试论农村人力资本投资与农民收入增长 [J]. 农业经济, 2013 (9): 83 – 84.

[151] 李谷成, 冯中朝, 范丽霞. 教育、健康与农民收入增长——来自转型期湖北省农村的证据 [J]. 中国农村经济, 2006 (1): 66 – 74.

[152] 王婷, 汪三贵. 教育对甘肃农村居民收入的影响分析 [J]. 贵州社会科学, 2009 (7): 53 – 58.

[153] 陈斌开, 张鹏飞, 杨汝岱. 政府教育投入、人力资本投资与中国城乡收入差距 [J]. 管理世界, 2010 (1): 36 – 43.

[154] 程名望, YANHONG, 盖庆恩, 等. 农村减贫: 应该更关注教育还是健康?——基于收入增长和差距缩小双重视角的实证 [J]. 经济研究, 2014 (11): 130 – 144.

[155] 熊广勤, 张卫东. 教育与收入分配差距: 中国农村的经验研究 [J]. 统计研究, 2010 (11): 40 – 46.

[156] 李祥云, 刘慧, 陈芸. 中国教育扩展、教育分布与居民收入差距——基于省级面板数据的实证分析 [J]. 教育与经济, 2016 (3): 23 – 28.

[157] 张宗益, 杜鹏, 汪锋. 人口特征对收入分配的影响研究——基于深圳和重庆数据的分析 [J]. 人口研究, 2012 (4): 78 – 90.

[158] 杨娟, 赖德胜, 邱牧远. 如何通过教育缓解收入不平等? [J]. 经济研究, 2015 (9): 86 – 99.

[159] 罗勇, 王亚, 范祚军. 异质型人力资本、地区专业化与收入差距——基于新经济地理学视角 [J]. 中国工业经济, 2013 (2): 31 – 43.

[160] 杨晓军. 中国农户人力资本投资与城乡收入差距: 基于省级面板数据的经验分析 [J]. 农业技术经济, 2013 (4): 13 – 25.

[161] 杨娟, 高曼. 教育扩张对农民收入的影响——以文革期间的农村教育扩张政策为例 [J]. 北京师范大学学报 (社会科学版), 2015 (6): 48 – 58.

[162] 刘魏, 张应良, 田红宇. 人力资本投资与农村居民收入增长 [J].

华南农业大学学报（社会科学版），2016（3）：63 - 75.

　　［163］刘新智，刘雨松．城镇化进程中农村人力资本积累对农民收入增长的影响［J］．当代经济研究，2016（6）：69 - 78.

　　［164］张学敏，张明．教育能带来满意的收入吗？——受教育程度影响收入满意度的实证研究［J］．教育与经济，2016（1）：3 - 10.

　　［165］董良．教育、工作经验与家庭背景对居民收入的影响——对明瑟方程和"布劳—邓肯"模型的综合［J］．中国社会科学院研究生院学报，2016（4）：103 - 109.

　　［166］范蔚，张龙．城乡教育统筹发展的研究现状、问题及展望［J］．教师教育学报，2016（5）：83 - 88.

　　［167］谭怀芝，钟慧莉．新型城镇化教育服务均衡发展现状与对策［J］．当代教育理论与实践，2015（10）：31 - 33.

　　［168］杜继艳．城乡初等教育一体化进程的现状与对策［J］．中学政治教学参考，2015（21）：63 - 64.

　　［169］薛杰．城乡统筹发展视角下我国乡镇初等教育现状与发展［J］．中国人民大学教育学刊，2014（4）：100 - 116.

　　［170］陈巧云，张乐天，蒋平．管窥城乡统筹背景下的义务教育研究现状［J］．教育学术月刊，2014（3）：40 - 47.

　　［171］邹薇，张芬．农村地区收入差异与人力资本积累［J］．中国社会科学，2006（2）：67 - 79.

　　［172］贺寨平，董浩轩．人力资本对个人收入影响的城乡比较——基于CGSS2013数据的考察［J］．天津师范大学学报（社会科学版），2018（4）：53 - 58.

　　［173］吴振华．人力资本投资、就业能力与农民收入增长［J］．西部论坛，2015（5）：20 - 27.

　　［174］袁伟彦，周小柯．城镇化与中国农村居民收入增长——基于省级面板数据的经验研究［J］．贵州财经大学学报，2015（1）：89 - 98.

［175］成侃. 山西省农民收入与人力资本投资分析［J］. 合作经济与科技，2015（1）：36 - 37.

［176］梁树广. 山东省农民受教育程度与农民收入关系［J］. 山东工商学院学报，2014（2）：19 - 24.

［177］翟珊. 内蒙古农村人力资本与农民收入增长研究［D］. 呼和浩特：内蒙古师范大学，2014.

［178］熊萍. 重庆"两翼"农村人力资本与农民收入关系研究［J］. 农村经济与科技，2013（10）：137 - 140.

［179］彭傲天. 河南省农村人力资本投资与农民收入关系的实证分析［J］. 湖北农业科学，2013（19）：4812 - 4815.

［180］张烨. 试论农村人力资本投资与农民收入增长［J］. 农业经济，2013（9）：83 - 84.

［181］刘燕梅，段小红. 农民受教育程度对其家庭收入的影响分析——基于甘肃省13个市县的实地调研［J］. 浙江农业学报，2013（2）：404 - 409.

［182］周红利，和荣. 北京农村居民收入与人力资本研究［J］. 经济研究参考，2012（70）：59 - 64.

［183］郑程挺. 农村人力资本投资对农民收入影响的实证研究［D］. 福州：福建农林大学，2013.

［184］朱田，栾敬东. 安徽农村人力资本投资对农民收入影响的实证分析［J］. 邵阳学院学报（社会科学版），2012（3）：71 - 74.

［185］窦婷婷. 农村人力资本与农民收入增长的关系研究［D］. 保定：河北经贸大学，2012.

［186］徐辉，黎东升. 教育型人力资本对农民收入影响的典型相关分析［J］. 农业技术经济，2011（8）：44 - 49.

［187］冯哲英. 贫困地区人力资本对农民收入的影响［D］. 兰州：兰州大学，2011.

［188］朱韵洁，于兰. 人力资本投资与农民收入增长［J］. 华东经济管理，

2011 (1): 36 - 39.

[189] 宋英杰. 受教育程度与农民增收关系的实证研究——基于省际面板数据的分析 [J]. 农业技术经济, 2010 (10): 50 - 57.

[190] 张绍赢. 浙江农村人力资本投资与农民收入研究 [J]. 商场现代化, 2010 (17): 87 - 90.

[191] 蒋太红, 赵佳荣. 农村中职教育对农民收入增长的影响及相关分析 [J]. 中国农业教育, 2010 (2): 15 - 18.

[192] 楼裕胜. 农村教育与农民收入问题探讨——基于动态计量模型的再分析 [J]. 洛阳理工学院学报 (社会科学版), 2009 (4): 48 - 53.

[193] 杨菊. 贵州省农村人力资本与农民收入增长关系研究 [D]. 贵阳: 贵州大学, 2008.

[194] 辛岭, 王艳华. 农民受教育水平与农民收入关系的实证研究 [J]. 中国农村经济, 2007 (1): 93 - 100.

[195] 卢启程, 李怡佳, 邹平. 云南省区域农民收入与其受教育程度的关系调查 [J]. 教育与经济, 2007 (4): 7 - 10.

[196] 郭志仪, 常晔. 农户人力资本投资与农民收入增长 [J]. 经济科学, 2007 (3): 26 - 35.

[197] 张茜. 农村人力资本与农民收入的动态关系 [J]. 山西财经大学学报, 2007 (3): 27 - 31.

[198] 张艳华, 李秉龙. 人力资本对农民非农收入影响的实证分析 [J]. 中国农村观察, 2006 (6): 9 - 16 + 22 + 80.

[199] 李莉. 农民收入水平与受教育状况相关性分析 [J]. 广西社会科学, 2006 (7): 166 - 169.

[200] 张优智. 农村教育、人力资本约束与农民收入的实证分析 [J]. 广东商学院学报, 2006 (1): 65 - 70.

[201] 刘纯阳. 人力资本对典型贫困地区农民收入的影响——对湖南西部的实证分析 [J]. 经济问题, 2005 (6): 55 - 57.

［202］陈贤银．教育对我国农民收入持续增长的影响研究［J］．农业技术经济，2004（6）：52－56.

［203］任国强．人力资本对农民非农就业与非农收入的影响研究——基于天津的考察［J］．南开经济研究，2004（3）：3－10.

［204］白菊红．农村教育投资私人报酬率测算［J］．浙江大学学报（人文社会科学版），2003（4）：145－151.

［205］白菊红，袁飞．农民收入水平与农村人力资本关系分析［J］．农业技术经济，2003（1）：16－18.

［206］赵耀辉．中国农村劳动力流动及教育在其中的作用——以四川省为基础的研究［J］．经济研究，1997（2）：37－42＋73.

［207］王冲．农村人力资本投入对农民收入的影响分析［D］．北京：北京林业大学，2013.

［208］李婷婷，郭沛，栾江，陈建成．西部贫困农村地区教育与劳动力非农收入差距［J］．经济问题探索，2016（8）：142－149.

［209］朱建华．我国城市化进程对城乡居民收入结构的影响［D］．长沙：湖南师范大学，2016.

［210］马磊．人力资本结构、全要素生产率对城乡收入差距的影响［J］．经济与管理研究，2016（4）：52－58.

［211］王承宗．农业投资对中国农民收入结构影响的实证分析［J］．上海农业学报，2015（3）：108－111.

［212］魏青．福建省农民收入结构变动及其影响因素分析［D］．福州：福建农林大学，2015.

［213］王红姝，罗永，张滨，王云多．黑龙江省农民人力资本投资对非农收入的影响分析［J］．安徽农业科学，2014（27）：9605－9608.

［214］孙敬水，于思源．物质资本、人力资本、政治资本与农村居民收入不平等——基于全国31个省份2852份农户问卷调查的数据分析［J］．中南财经政法大学学报，2014（5）：141－149＋160.

［215］张萌. 乡村旅游对当地农民收入结构的影响——以河南紫云山风景区为例［J］. 通化师范学院学报，2014（7）：42－45.

［216］邢春冰，贾淑艳，李实. 技术进步、教育回报与中国城镇地区的性别工资差距［J］. 劳动经济研究，2014（3）：42－62.

［217］张云芳. 定西市农民家庭收入结构及其影响因素研究［D］. 兰州：兰州大学，2014.

［218］蔡武，陈广汉. 异质型人力资本溢出、劳动力流动与城乡收入差距［J］. 云南财经大学学报，2013（6）：24－32.

［219］邢春冰，贾淑艳，李实. 教育回报率的地区差异及其对劳动力流动的影响［J］. 经济研究，2013（11）：114－126.

［220］何旭波，郑延平. 异质型人力资本集聚对地区收入差距的影响研究——来自2001－2011年省级单位的经验数据［J］. 经济问题探索，2013（11）：12－19.

［221］蒋彩娜. 浅谈农民收入的结构、影响因素和增收途径［J］. 经济研究导刊，2013（25）：25－26.

［222］李国璋，赵桂婷，李春梅. 农村人力资本水平与城乡收入差距的关系——以小西北为例［J］. 财经理论与实践，2013（1）：97－101.

［223］习明明，张进铭. 教育对我国城乡收入不平等的影响——基于分位数回归分析方法［J］. 中国地质大学学报（社会科学版），2012（5）：123－131.

［224］刘渝琳，陈玲. 教育投入与社会保障对城乡收入差距的联合影响［J］. 人口学刊，2012（2）：10－20.

［225］陈刚，李树，吕惠娟. 中国的腐败与城镇居民收入不平等——基于收入来源的分解分析［J］. 制度经济学研究，2011（4）：90－114.

［226］杜华章. 城市化进程对农民收入及结构的影响分析——以江苏省为例［J］. 山西农业大学学报（社会科学版），2011（11）：1116－1122.

［227］尤梅芳. 我国产业结构变动对农民收入结构的影响研究［D］. 成都：西南交通大学，2011.

［228］周金燕，钟宇平．教育对中国收入不平等变迁的作用：1991～2006 ［J］．北京大学教育评论，2010（4）：106－119＋190．

［229］徐舒．中国劳动者收入不平等的演化［D］．成都：西南财经大学，2010．

［230］刘洁，陈方．珠三角地区农民收入结构及影响因素分析——以东莞市凤岗镇雁田村为例［J］．河北农业大学学报（农林教育版），2009（4）：497－501．

［231］姚洪心，王喜意．劳动力流动、教育水平、扶贫政策与农村收入差距——一个基于 multinomial logit 模型的微观实证研究［J］．管理世界，2009（9）：80－90．

［232］孙百才．经济增长、教育扩展与收入分配——两个"倒 U"假说的检验［J］．北京师范大学学报（社会科学版），2009（2）：92－98．

［233］邢春冰．农民工与城镇职工的收入差距［J］．管理世界，2008（5）：55－64．

［234］孙华臣，王晓霞．中国农民收入结构的变迁及影响因素分析：1987－2006［J］．财政研究，2008（3）：33－36．

［235］张东辉，司志宾．人力资本投资、就业双轨制与个体收入差距——收入差距问题代际间资本转移视角的一种解释［J］．福建论坛（人文社会科学版），2007（10）：14－19．

［236］田士超，陆铭．教育对地区内收入差距的贡献：来自上海微观数据的考察［J］．南方经济，2007（5）：12－21．

［237］任淑荣．河南农民收入结构变动及影响因素分析［J］．河南农业大学学报，2007（2）：232－236．

［238］高梦滔，姚洋．农户收入差距的微观基础：物质资本还是人力资本？［J］．经济研究，2006（12）：71－80．

［239］万广华，张藕香．人力资本与我国农村地区收入差距：研究方法和实证分析［J］．农业技术经济，2006（5）：2－8．

［240］赵丽秋．人力资本投资与收入不平等——教育质量不平等的影响
［J］．南方经济，2006（4）：15－23．

［241］孙百才．30年来教育扩展与收入分配研究综述［J］．西北师范大学
学报（社会科学版），2006（1）：90－94．

［242］胡士华．教育对我国农村劳动力流动影响研究［J］．经济问题，
2005（10）：42－44．

［243］万广华，陆铭，陈钊．全球化与地区间收入差距：来自中国的证据
［J］．中国社会科学，2005（3）：17－26＋205．

［244］赖德胜．教育扩展与收入不平等［J］．经济研究，1997（10）：
46－53．

［245］阚大学，吕连菊．中部地区农村教育水平及其不同层次对农民收入差
距的影响［J］．中国农业资源与区划，2020（8）：220－227．

［246］吕连菊，阚大学．农村教育结构对中部地区农民收入结构的影响及对
策研究［J］．中国农业资源与区划，2018（11）：264－270．

［247］黄静，王周伟，杜永康．收入差距分化、城市化发展与教育收益
率——基于分位数回归的实证分析［J］．教育与经济，2015（6）：18－24＋68．

［248］阚大学．职业教育对中部地区城镇化水平影响的实证分析：基于城市
动态面板数据［J］．清华大学教育研究，2015（3）：95－103．

［249］王春超，叶琴．中国农民工多维贫困的演进——基于收入与教育维度
的考察［J］．经济研究，2014（12）：159－174．

［250］黄斌，高蒙蒙，查晨婷．中国农村地区教育收益与收入差异［J］．
中国农村经济，2014（11）：28－38．

［251］王广慧，徐桂珍．教育——工作匹配程度对新生代农民工收入的影响
［J］．中国农村经济，2014（6）：66－73＋96．

［252］张兴杰，谢小蓉．农村教育：缩小农村居民收入差距的关键［J］．
东岳论丛，2009（4）：167－171．

［253］刘泽云．教育与工资不平等：中国城镇地区的经验研究［J］．统计

研究，2009（4）：53 - 59.

［254］唐平. 农村居民收入差距的变动及影响因素分析［J］. 管理世界，2006（5）：69 - 75.

［255］都阳. 教育对贫困地区农户非农劳动供给的影响研究［J］. 中国人口科学，1999（6）：26 - 33.

［256］李实. 中国农村劳动力流动与收入增长和分配［J］. 中国社会科学，1999（2）：16 - 33.

［257］万广华. 不平等的度量与分解［J］. 经济学（季刊），2008（1）：347 - 368.

后　　记

　　本书的撰写得到了教育部哲学社会科学研究后期资助项目"中部地区教育水平及其结构对收入水平、结构与差距的影响：基于农村与城镇二维视角"（编号：18JHQ092）的资助，从章节安排、写作、修改直至定稿，是在南昌工程学院各位领导和同事悉心指导帮助下完成的。

　　我还要特别感谢我的家人，尤其是我的父亲和母亲，他们身体不好，身为人子，我只有更努力地学习和工作，才能报答双亲。感谢妻子和儿子，长路相随，所有的支持和鼓励，所有的欢欣和期盼，将永伴我心。

　　最后，由于本人学识、能力有限，书稿中难免有不足之处，恳请各位专家学者批评指正，以便我在今后的工作和研究中进一步完善。